기억 안아주기

기억 안아주기

소확혐小確嫌, 작지만 확실히 나쁜 기억

최연호
지음

글항아리

나쁜 기억이 없는 사람은 없다.

나쁜 기억을 어떻게 정의할 수 있을까? 내 마음 안에서 일어나는 좋지 못한 감정들, 예를 들어 슬픔, 무서움, 실망, 분노, 외로움 등등 모든 부정적인 생각에 관여한 기억들은 다 나쁜 것일까? 그 기억으로 인하여 나에게 해가 되는 영향을 미치는 것들이 나쁜 기억일까? 모두 맞는 말이다. 그런데 특이한 점은 똑같아 보이는 나쁜 기억을 가지고도 누구는 아무렇지 않은데 누구는 두려워하고 가슴이 찢기는 고통을 호소한다는 것이다. 애초에 나쁜 기억을 만들어낸 사건이 워낙 크고 치명적이면 외상후 스트레스 장애라는 정신의학적 질병명이 붙게 된다. 하지만 이 책에서 외상후 스트레스 장애는 다루지 않으려 한다. 책 내용 중 언급되는 기억은 대부분 우리 일상에서 늘 경험하는 작지만 확실히 나쁜 기억, 소확혐小確嫌을 의미한다. 이것은 물론 소확행小確幸에서 힌트를 얻어 새로 만들어낸 단어이긴 하다. 그런데 의외로 사소해 보이는 이 나쁜 기억에 참으로 많은 사람이 병처럼 아픈 가슴앓이를 하고 있다는 것을 직접 듣고 또 볼 수 있었다. 바로 병원 진료실에서였다.

나는 소아청소년과 의사로서 아이들 몸의 소화기와 영양을 전공했다. 그런데 소아청소년과 의사의 주고객은 소아 환자가 아니다. 이상한 소리로 들리겠지만, 실제로 환자의 정보는 주로 엄마와 아빠, 즉 어른 가족으로부터 얻는다. 25년 넘게 진료해오면서 뼈저리게 느낀 것은 아이들의 고통이 진짜 질병이 아니고 그 아이의 과거 경험과 기억에서 비롯된 게 생각보다 많다는 사실이었다. 더 놀라운 점은 병이 없던 아이를 환자로 만든 사람이 가족이나 의사라는 것이다. 물론 어른들이 일부러 그런 행위를 한 것은 절대로 아니다. 관심을 더 많이 갖고 도와주려 했는데 그것이 아이에게 매우 아픈 마음의 상처가 되고 나쁜 기억으로 남았다. 문제는 어른들도 나쁜 기억을 안고 있었다는 사실이다. 아이와 가족 모두가 나에게 보여준 것은 두려움이었다. 그 두려움을 떨치기 위한 과정 중에 아이는 여러 증상을 호소하는 신체화장애somatization를 나타냈다. 그것은 아이가 나쁜 기억을 잠시라도 잊을 수 있는 유일한 통로였던 것이다. 아파하는 아이들과 가족을 상대로 얘기를 듣고 원인을 분석하며 해결책을 제시하는 와중에 수많은 궁금증이 생기기 시작했다. 의학 교과서에는 전혀 기술되어 있지 않은 이 상황들을 내가 어떻게 풀어나갈 수 있을까 고민되었다. 그리고 진료실 밖의 세상을 바라보았다. 답은 그곳에 있었다. 세상 사는 이치는 모두 같다는 것을 알게 된 것이다. 세상에는 워낙 똑똑한 현자가 많아 그들은 살아가는 방법 하나하나를 실험을 통해서 혹은 사유를 통해서 명확하게 서술해놓았다. 20세기의 화가 파울 클레가 '관찰은 보이는 것을 표현하는 것이 아니라 보이지 않는 것을 보이게 하는 것'이라고 한 말을 마음속에 새기고 아픈 아이들을 문진하다보니 실제로 많은 아이의 복통이 겉으로는 보이지 않던 두렵고 나쁜 기억에서 유발된 것을 알게 되었다. 그리고 수천 명의 기능성 증상을 가진 아이들을 진료하면서 비슷한 패턴을 인식할 수 있었다. 이 책의 내용은 바로 그 패턴에 대한 관찰에서 시작해 여러 방면으로 확장된 심층적인 분석을 포함한다.

우리는 본능적으로 나쁜 기억이 다시 떠오르는 것을 피하려고 한다. 나는 프롤로그에서 나쁜 기억을 두려워할 수밖에 없는 이유를 기억의 시작과 그 기억이 강화되는 과정의 실제 사례인 소아변비를 통해 살펴볼 것이다. 제1장은 기억에 관련된 뇌과학적 지식을 쌓는 시간이다. 이 부분은 학술적으로 꽤 복잡할 수도 있으니 읽다가 어려우면 2장으로 넘어가도 괜찮다. 단 가장 기본이 되는 해마, 편도체, 전전두엽의 주 기능을 이해하는 것은 도움이 될 것이다. 해마는 기억을 저장하고 편도체는 두려움을 관장하며 전전두엽은 뇌의 모든 정보를 모아 올바른 판단을 내리는 곳임을 알아야 한다. 이 점을 알아야 나쁜 기억이 어떻게 형성되고 소환되는지 언급될 때마다 도움을 받을 수 있다.

제2장은 인간의 가장 근본적인 본능인 손실 기피에 대한 이야기다. 나쁜 경험을 겪으면 인간은 회피 반응을 보인다. 우리가 나쁜 기억을 두려워하는 이유는 바로 손실 기피에서 비롯된다. 나 자신이 당했던 좋지 않은 일이 또다시 발생할까봐 두려워 우리는 이것을 예방하려고 한다. 문제는, 나는 미리 대비하여 손실을 피할 수 있었는데 그 피해를 주변의 누군가가 오롯이 짊어지게 된다는 것이다. 우리 눈앞에 드러나는 허망해 보이는 피해들 중 상당수는 소수의 사람이 자신의 나쁜 기억을 피하기 위해 벌인 작은 일에서 촉발되는 비합리적인 사건들이다. 하지만 알게 모르게 인간은 자신을 위해서 혹은 타인을 위해서 선의의 손실 기피 현상을 보인다. 진화적 관점에서 볼 때 합리적으로 인간에게 도움을 주는 이 상황들은 대부분 겉으로 드러나지 않고 당연한 일처럼 지나치기 쉽다. 그러므로 나쁜 기억의 두려움으로부터 벗어나고 싶어하는 인간의 손실 기피는 좋고 나쁨을 따지기 어려워지고, 합리성과 비합리성의 구분을 초월하는 '메타 합리성'의 영역에 속하게 된다.

제3장과 4장에서는 나쁜 기억의 귀환을 막아보려는 인간의 개입과 프로이트의 방어기제와 같은 자기합리화 현상을 다룬다. 소확험을 가진 사람은 그 나빴던 상황이 다시 전개되는 것을 막아보고자 뭔가 행동을 벌이게 된다. 아니면 차라리 아무 일도 안 하

는 것이 더 낫다는 생각을 하기도 한다. 이러한 행동 편향과 부작위 편향은 인간의 본능에 기반한 가장 기본적인 대응이 되며, 또한 소확혐에 대해 스스로 보기에 가능하다고 믿는 컨트롤을 미리 시도하게 되는 것이다. 성공적인 결과로 이어지면 좋으련만 많은 경우 그 컨트롤은 어설픈 개입으로 끝나버린다. 제4장은 소확혐 앞에서 인간이 보여주는 회피와 방어 행동을 상세히 나열해보겠다. 여기에 쓴 내용 외에도 더 많은 방어기제가 있겠지만, 어쨌든 소확혐을 가진 우리가 공통되게 드러내는 대표적인 행동이므로 나쁜 기억 때문에 괴로운 나 자신을 자각하고 성찰하는 데는 충분할 것이다.

　제5장은 관점에 관한 이야기다. 하나의 사건이 벌어지면 가해자와 피해자가 있기 마련인데, 나쁜 기억에서도 보는 관점에 따라 가해자와 피해자가 달라질 수 있다. 나 자신이 과정을 중시하는 성향이라면 결과보다 과정에서 잘못된 부분은 없는지 따지게 되고, 결과를 중시한다면 확실히 결과에 대해 두려움을 갖기 쉽다. 양극단에 서는 것을 좋아하지 않는 사람은 중간에서 양쪽 모두를 바라보게 되는데 중간자 입장에서 예상했던 것과 다른 결과로 인해 마음의 상처를 받고 딜레마에 빠지는 것은 당연해 보인다. 이렇듯 관점에 따라 나쁜 기억이 나 자신으로부터 생길 수도 있고 가족이나 사회가 만들어낼 수도 있다는 것을 통찰할 수 있어야 한다.

　제6장에서는 기억이 왜곡되는 오류 현상을 짚어본다. 우리 뇌가

하나의 경험을 비디오로 찍듯이 통째로 보관할 수 있다면 기억이 왜곡되지 않겠지만 인간의 기억은 뇌 곳곳에 보관된 자료를 다시 불러 모아 만들어지기 때문에 기억은 늘 정확하기 어렵다. 특히 나쁜 기억은 사건 이후의 정보에 따라 자신의 관점에서 편향적으로 왜곡될 가능성이 높다. 기억의 오류에 대한 상세한 설명을 이 장에 담았다.

제7장은 망각을 다룬다. 나를 괴롭히던 나쁜 기억이 사라지면 좋은 것인데, 이게 시간이 흐르면서 자연적으로 발생하는 것인지 우리 뇌가 능동적으로 망각을 만들어내는 것인지, 망각에 대한 두 가지 해석을 소개한다. 건망증 이야기도 꺼내본다. 건망증이 심해도 나쁜 기억은 잊히지 않고 오히려 건망증 때문에 또 하나의 소확혐이 생긴다. 기억하는 법을 가르치는 곳은 많은데 망각하는 법을 알려주는 곳은 없듯이 망각의 기술이 따로 존재하지 않을 것 같지만, 사실 거꾸로 인간이 능수능란하게 잘하는 기억의 왜곡을 이용해 좋은 기억으로 합리화하는 방법은 훈련해볼 수 있는 망각의 기술이 된다.

제8장은 치유다. 치료는 아니다. 이 부분이 매우 조심스럽다. 질병이라면 약물과 수술로 치료할 수 있지만 마음의 상처는 한 방에 해결할 수 없고 그래서도 안 된다. 사람마다 감수성이 다르기 때문에 누구에게는 소확혐일 것이 누구에게는 트라우마가 된다. 그렇기 때문에 접근부터 주의해야 하고 함부로 상대방의 나쁜 기

억을 재단해서도 안 된다. 여기에 기술된 방법들이 모든 이에게 적용될 수는 없다. 외상후 스트레스 장애에는 더더욱 해당되지 않을 수 있다. 하지만 수많은 사람이 가지고 있는 소확혐이 우리 주변에서 일상적으로 만들어지는 것처럼 치유도 일상적인 방법에서 찾아보도록 기술했다. 인공지능의 시대에 들어서도 나쁜 기억을 삭제하는 약물은 나오기 어려울 것이다. 결국 자신에 대한 자각과 통찰이 치유로 들어가는 열쇠가 될 것으로 여겨진다.

에필로그에서는 앞서 소개한 내용들을 요약하고 지구상에 살아 있는 사람 수만큼 많은 소확혐에 대처하는 우리 스스로의 모습을 되짚어보고자 했다. 그리고 강조하고 싶은 것은 소확혐 자체가 언제나 피해야 할 대상은 분명히 아니라는 점이다. 우리의 자각과 극복을 통해 좋은 '나쁜 기억'으로 변환시키고 이를 이용해 우리는 스스로를 한 단계 더 높게 완성할 수 있을 것이다.

나는 기억을 전공한 기억 전문가는 아니다. 하지만 제자들에게 늘 가르치는 말이 있다. "의학 지식만으로 환자를 볼 수는 없다." 환자와 가족, 그리고 주변에서 벌어지는 모든 맥락을 알지 못하고 환자의 증상에만 집중하면 올바른 진단과 치료를 할 수 없다는 의미다. 마찬가지로 의사의 입장에서 기억만 쳐다보려고 하지 않았다. 기억의 입장이 되어, 다시 말해 나쁜 기억을 가진 사람의 입장이 되어 그 사람의 기억과 관련되는 면면을 모두 이해해보고자 했다. 그랬더니 큰 틀 안으로 들어온 나쁜 기억이 보이기 시작했고 그제야 기억을 다룰 수 있게 되었다. 나는 이 책이 전문 서적이 되지 않게 하려고 미흡하나마 노력을 기울였다. 그렇지만 과학적, 특히 의학적 배경을 언급하지 않을 수는 없어서 일반 독자가 읽기에 부담 없도록 전문 지식을 최소한으로 얇게 도포했다. 그리고 많은 이가 스스로에 대한 이야기임을 쉽게 눈치챌 수 있도록 흥미로운 일반 사례를 곳곳에 곁들였다. 모두에게 읽기 편안한 책이 되었으면 하는 바람이다.

나쁜 기억이 없는 사람은 없다. 하지만 좋은 기억이 없는 사람도 없다.

2020년 11월 최연호

차례

우리는 왜 나쁜 기억을 두려워하는가?

나쁜 기억의 시작

진료실 문을 여는 엄마 손을 붙잡고 들어온 18개월 된 수미는 몹시 불안해 보였다. 뒤따라 들어온 아빠는 양손에 엄마와 아이의 짐을 가득 들고 있었다. 상기된 얼굴의 엄마와 달리 아빠는 무뚝뚝해 보였다. "앉으세요, 어머니." 내 말에 엄마는 앉자마자 걱정을 털어놓는다. "애가 변비가 있어요, 교수님. 벌써 9개월 넘도록 동네 의원에서 치료를 받았는데 전혀 호전되지 않고 지금도 변을 안 보려고 해요." 엄마의 긴 이야기가 시작되었다. 쪽지에 적어놓은 것도 아닌데 9개월간 엄마의 고생이 시간 순서대로 빠짐없이 입에서 술술 흘러나왔다. 엄마는 어떻게 저리도 마음고생을 했으며, 게다가 그것을 머릿속에 모두 기억할 수 있을까 생각하니 놀라움과 동정심이 교차했다. 사실 대부분의 엄마가 비슷하긴 하다. 아이의 행동 하나하나는 엄마의 머리에 자동으로 저장되고, 엄마는 순간순간마다 데이터를 출력해서 아이의 다음 행동과 결부시킨다. 입력과 추출, 저장과 피드백으로 이어지는 그 복잡한 과정에서 자신감을 잃은 엄마는 결국 전문가의 도움을 빌리고자 병원을 찾게 되는 것이다. 엄마들의 한숨 섞인 호소는 내용이 하나같이 똑같다. 변비에 걸린 아이가 변 보는 것을 무서워하기 시작했고, 병원에 가서 관장을 여러 번 했으며, 변을 묽게 만들어주는 약을 꽤 오랜 기간 불규칙하게 써왔는데 아무 소용이 없더라는 이야기다. 엄마는 하루 종일 아이의 항문만 바라보면서, 끙끙거리는 아이 모습에 식음도 전폐하고, 그 스트레스는 아빠를 비롯한 가족들에게 고스란히 전해져 집안 분위기가 아주 엉망이 되어버리는 것이 일상이다. 엄마의 긴 설명이 끝나자 내가 메모지를 엄마 앞에 놓으며 얘기했다. "보세요, 수미 어머니. 변비는 우리 눈에 보이는 '현상'이에요. 여기에 초점을 맞추면 그 뒤에 숨어 있는 '본질'을 놓치게 된답니다. 변비는 병이 아니에요. 제가 이제부터 그 '본질'이 무엇인지, 왜 수미가 변비에 걸리게 됐는지 설명해드릴게요. 그러면 어머니가 조금 더 이해할 수 있을 겁니다."

나는 펜을 꺼내 엄마 앞에 놓인 메모지에 대장과 항문 그림을 간단히 그려놓고 설명을 시작했다. 보통 이유식을 시작하는 시기인 6개월에서 돌 사이에 최초로 변이 딱딱해진다. 이 딱딱한 변이 나오다보면 아이의 연약한 항문이 약간 찢어지고 피가 나오기도 한다. 이 시기에 아이는 통증을 느낀다. 이 과정이 몇 번 반복되면 아이의 뇌에서는 통증에 대한 두려운 기억이 자리잡기 시작한다. 우리 어른들에게 그 정도는 대수롭지 않겠지만 아이들에게 그것은 태어나서 겪는 최초의 통증이면서 정말로 무서운 일이 되어버린다. 그다음부터 아이는 변을 항문 밖으로 내보내지 않으려고 노력하게 된다. 어른 입장에서 볼 때는 변이 배출되어야 안 아픈 것인데, 아이 입장에서는 변이 나갈 때 항문이 아픈 것이기 때문에 변을 참아야 안 아픈 것이다. 이렇게 항문의 괄약근을 쥐고 있어 아이는 당장 변을 안 볼 수 있지만 계속 쌓이는 변은 결국 양이 많아지고 굳은 채 쏟아져 나오게 된다. 이때 항문은 더 찢어지고 피가 나오며 통증은 우리 어른들이 상상하는 이상으로 아프게 느껴질 수 있다.

　나쁜 기억은 깊게 각인되어간다. 변 볼 때 매번 울고 변을 보지 않으려 악을 쓰는 아이 앞에 장사는 없다. 엄마는 바로 아이를 들쳐 업고 동네 의원으로 향한다. 병원에서 의사는 신이다. 무엇이든 해결해주려고 한다. 엄마의 고민은 한 방에 날아간다. "아이 변이 아래에 꽉 차서 변이 안 나오고 있으니 관장을 해야 합니다. 막힌 부분을 뚫고 난 뒤 약을 쓰면서 지켜보면 됩니다." 친절한 의사 선생님의 권유에 엄마는 아이와 함께 약간 어두컴컴한 치료실로 간다. 따라 들어온 간호사가 숙련된 솜씨로 아이의 항문을 벌리고 젤리를 듬뿍 묻힌 고무관을 넣은 뒤 관장약을 투여한다. 이미 항문에 두려움을 가지고 있는 아이는 겁에 질려 발악하지만 어른들은 무덤덤하게 치료를 계속한다. 이 정도 상황이면 아이에게 이미 정신적 트라우마가 드리워진다. 의사와 엄마는 자기 입장에서 관장을 '치료'라고 믿고 있다. 하지만 아이 입장에서 생각해보자. 두 살도 안 된 아이가 관장이 무엇인지 알까? 아이에게 관장은 무서운 공간에서 자기가 그토록 두려워하는 항문에 어른들이 강제로 손을 대고 고통을 가한 공포일 뿐이다. 반면 '치료'를 행한 어른들은 만족한다. 어른들은 끔찍이도 자기 생각만 한다. 다른 예를 들어보자.

옆집 아이 엄마가 변비 있을 때 이렇게 해보라며 방법 하나를 알려준다. "면봉으로 항문 주변을 자극하면 변이 잘 나온대요." 물론 맞는 말일 수 있다. 엄마가 면봉을 드는 것은 엄마 입장에서 볼 때 아이를 도와주려고 생각해낸 방법이겠지만 아이 입장에서 보면 또 하나의 고문이 되는 것을 어른들은 왜 모를까? 한두 살이 넘은 아이들은 변의가 느껴질 때 양다리를 꼭 붙인다. 그러고는 방바닥에 특이한 자세로 앉거나 누워 자신의 변 보는 과정을 조절한다. 다리를 벌리면 변이 나오기 쉬워진다는 것을 본능적으로 알기 때문이다. 변이 나올 때 항문이 아팠던 나쁜 기억을 가진 아이는 어떻게 해서라도 변이 나오는 것을 지연하려는 자세를 취할 수밖에 없다. 이 모습이 보일 때 엄마는 아이를 아기 변기에 앉히고, 안 벌리려고 하는 아이의 양다리도 벌려주며 변 보기를 강요한다. 변기에 앉은 아이 주변으로 할머니, 할아버지가 모여 '응가 응가' 하며 아이를 응원하지만 그 집단적 히스테리 같은 모습에 아이는 완전히 공포에 휩싸인다. '난 변 보는 것이 세상에서 가장 무서운데.' 더 심해지면 아이는 숨는다. 변의가 느껴질 때 어른들이 또 항문에 손을 댈까봐 아이는 다른 방에 들어가서 문을 잠그거나 외진 곳에 숨어버리게 된다. 그리고 늘 똑같은 표정과 행동으로 변을 참는다. 이 나이에 오는 변비는 가족과 의사가 만드는 것이다. 아이는 죄가 없다. 아이의 입장을 전혀 고려하지 않은 어른들로 인해 작은 고통이 반복적으로 가해지고 이것이 모여 정신적 트라우마로 확대된 것이 소아 변비다.

아이의 관점을 고려하지 않고 어른의 눈으로만 바라보는 세상에서 아이의 변비 발생은 한 번 더 피크를 맞는다. 두 살이 넘으면 대부분 변기 훈련이 시작된다. 변기 훈련의 가장 처음은 기저귀 떼기다. 외래에서 엄마에게 물어본다. "기저귀를 떼면 아이가 어디에 변을 볼까요?" 엄마는 바로 답한다. "변기요." 같이 온 아빠에게도 질문을 던지면 잠시 생각하던 아빠는 이렇게 답한다. "바지에 그냥 싸지요." 대부분 어른은 변기, 옷, 바닥 등으로 답하는데 이것은 누구의 생각일까? 어른의 생각이다. 아이는 2년이라는 삶을 살아오면서 늘 기저귀에 변을 봐왔다. 변을 보는 곳은 언제나 기저귀인 것이다. 그러던 어느 날 기저귀가 사라지면 아이 입장에서 "아, 기저귀를 떼는 시기이군요. 그러면 오늘부터 변기에 보겠습니다"

라는 생각을 할 수 있을까? 어른들이 그렇게 착각할 뿐 아이에게 는 기저귀가 없어지면 변 볼 곳이 아예 사라진 것과 똑같다. 즉 변을 보지 못하고 참게 된다는 의미다. 이 연령의 70~80퍼센트 아이에게는 아무 일 없이 변기 훈련이 순조롭게 진행된다. 하지만 20~30퍼센트의 예민한 아이들은 기저귀가 사라지면 자동으로 변을 참으며 엄마에게 기저귀를 도로 달라고 조른다. 기저귀를 주면 안심하면서 아주 편안하게 다시 변을 본다. 이런 아이에게 기저귀를 떼는 과정은 일종의 지옥 훈련이 되어버리는 것이다.

기저귀가 없어서 변을 참기 시작한 아이는 앞서 언급했듯이 변이 딱딱해지며 항문 통증을 반복적으로 느끼고 그 나쁜 기억 때문에 배변을 두려움으로 받아들이는 변비 발생 기전으로 다시 들어가게 된다. 변기 훈련 과정의 부적응으로 변비가 발생했다면 변기 훈련을 중지하는 것이 좋다. 아이가 편하게 느낄 수 있도록 배변 시에 기저귀를 돌려주어야 한다. 예민했던 아이는 유치원 등의 공동생활에서 친구가 배변하는 모습을 보고 배우게 된다. 매우 자연스럽게 변화를 받아들이며 어른의 강요 혹은 훈육과 상관없이 스스로 변기 훈련을 해나간다. 사실 옆집 아이가 두 살에 변기 훈련을 했으니 우리 아이도 이때 해야 한다는 어른들의 욕심, 늦어짐에 대한 두려움이 작동해 아이의 나름대로의 정상 행동과 발달을 그르치게 만드는 것이지 이 아이가 세 살에 변기 훈련을 마치건 네 살에 마치건 아이에게 맡기는 것이 옳다. 5세 이전에 대부분의 아이는 변기를 이용할 수 있게 된다. 성인 중 어느 누구도 항문이 아플까봐 두려워서 배변을 못하는 사람은 없다. 아이의 변비는 질병이 아닌 것이다. 변비 치료의 목적이 '나쁜 기억의 소거'여야 하는데 아이의 변만 쳐다보고 있는 어른이 변에 집중해 아이를 다그치면 그 기억이 사라질 리 만무하다. 아이를 믿고 기다려주면 다 이룰 텐데 내 자식에 대한 어른의 두려움은 또다시 아이를 좌절하게 만든다. 변을 보고 말고는 아이 자신이 결정해야 한다. 자고 놀고 먹고 배변하는 생리적 현상은 어른이 조정하면 안된다. 어른인 나는 하루에 한 번 배변하니까 내 자식도 하루에 한번 변을 봐야 한다는 생각은 잘못된 인식이다. 엄연한 하나의 자아로서 아이는 나와 다른 것인데 내 경험과 판단에서 벗어났으니 틀렸다고 추론하는 '인지 오류cognitive error'로서 '다름'과 '틀림'을 착각하는 것이다.

나쁜 기억이 강화되는 이유: 가해자 측면

2017년 5월 7일 스페인 프리메라리가의 FC 바르셀로나는 캄프누에서 비야레알을 상대로 득점 행진을 벌이고 있었다. 이미 3대 1로 앞선 후반 36분에 네이마르가 왼쪽 페널티 구역의 수비를 헤

집고 가운데로 공을 올렸고 이를 받은 수아레스는 강력한 오른발 킥을 날렸다. 그러나 바로 앞에 서 있던 수비수의 몸에 공이 맞으면서 골 기회를 놓치는 듯한 순간에 주심의 호루라기가 울렸다. 주심은 거침없이 비야레알의 수비수에게로 다가가 옐로카드를 내보이며 페널티 킥을 선언했다. 잠깐 사이에 일어난 일이라 모든 선수가 어리둥절해 있었지만 카메라가 포착한 슬로모션을 보니 공이 수비수의 팔에 맞으며 튕겨나간 것이 명확했다. 주심의 눈이 정확했던 것이다. FC 바르셀로나의 키커는 리오넬 메시였다. 메시는 공을 킥 지점에 놓고 뒤로 물러났다. 골키퍼는 부지런히 몸을 움직이고 있었지만 가만히 숨을 고르던 메시는 골키퍼를 쳐다보지도 않은 채 땅만 응시하고 있었다. 관중의 환호성 속에 호루라기가 울리고 메시가 움직였다. 그 순간 골키퍼는 왼쪽으로 몸을 움직이는 듯하다가 바로 오른쪽으로 몸을 던졌다. 그런데 이게 무슨 일인가. 달려오던 메시는 강력한 슛이 아니라 공의 중앙 아랫부분을 가볍게 툭 차올렸고 공은 골문의 중앙으로 힘없이 떠서 천천히 골키퍼가 처음 서 있던 지점의 머리 방향으로 향했다. 오른쪽으로 쓰러진 골키퍼는 허망한 표정으로 골대 안으로 들어가는 공을 쳐다보기만 할 뿐이었다.

과거 체코슬로바키아의 미드필더 안토닌 파넨카가 최초로 시도해 세상에 알려진 이 파넨카 킥은 골키퍼가 늘 좌측 혹은 우측으로 몸을 날리기 때문에 만들어진 킥이다. 사실 골대 중앙에 서 있는 골키퍼를 중심으로 보면 좌측 구석 3분의 1, 중앙의 위쪽 3분의 1, 우측 구석 3분의 1의 빈 공간이 보인다. 키커는 이 셋 중에 한 곳으로 공을 차면 되는데 대부분의 골키퍼가 양옆으로 몸을 날리기 때문에 파넨카 킥이 탄생한 것이다. 여기서 생각해보자. 골키퍼는 가만히 서 있기만 해도 중앙 위쪽의 3분의 1은 막을 수 있다. 그런데 왜 좌측 우측으로 몸을 던질까? 답은 간단하다. 가만히 있으면 일을 안 하는 것처럼 보이니까. 골키퍼는 틀린 방향이라도 한쪽으로 몸을 날려야만 훨씬 좋아 보이는 것을 알고 있다. 미국의 철학자 잭 보언은 이렇게 말한다. "아무것도 하지 않고 있다가 불운을 겪을 때 느끼는 부정적 감정은 실제로 무언가 행동을 하고 나서 불운을 겪을 때 느끼는 부정적 감정보다 더 크다."[1] 우리는 아무것도 하지 않고 있는 것보다 무언가를 해보는 것이 더 낫다고 믿는 이 심리적 기전을 '행동 편향action bias'이라고 부른다.

돌도 안 된 아이가 매일 변을 못 보고 끙끙대며 참고 있다면 어느 부모라도 무언가를 해주는 것이 당연해 보인다. 하지만 부모도 인간이기에 눈앞에 보이는 현상에만 집중할 뿐 아이의 마음을 고려하지 못함으로 인해 아이는 스스로 이길 수도 있었던 고통을 반복적으로 느끼게 되고, 이런 기억이 강화되어 두려움의 단계에 이른다. 변의를 느끼면 배출하도록 아랫배에 힘을 주어야 하는데 변을 볼 때 아플까봐 거꾸로 항문의 외부 괄약근을 조임으로써 변을 참는 것이다. 의사도 아이의 나쁜 기억 강화에 한몫한다.

일종의 행동 편향에서 유발된 관장을 비롯해 아이의 항문에 손을 댈 때마다 아이는 우리가 상상하는 이상의 고통과 두려움으로 나쁜 기억을 뇌 세포 안에 고정하게 된다. 그리고 한번 각인된 두려움은 비슷한 상황을 맞닥뜨렸을 때 또다시 뇌를 지배한다.

변비로 고생하는 아이의 부모 입장에서 보면 아이에게 무슨 일이 벌어질 것에 대비해 본능적으로 두려움이 생기며, 이는 이성적으로 불안과 걱정으로 표출된다. 내가 낳은 자식을 내 몸의 일부분으로 인지하는 순간 아이가 겪는 모든 것은 내가 겪는 것이며 아이의 고통에 대하여 나는 그것을 손해로 판단하고 이를 막기 위한 행동을 시작한다. 우선 정보를 찾아본다. 인터넷 포털에서 '아이 변비'라는 키워드를 입력하면 수많은 내용이 쏟아진다. 정보의 양을 줄이고자 다시 '변비 심한 아이'라고 치고 들어가면 눈이 휘둥그레진다. 선천성 거대결장증 같은 질병을 의심하라는 블로그를 보게 되는 것이다. 혹시 내 아이가 이런 질환을 가지고 있나? 다시금 선천성 거대결장증에 대한 정보를 찾기 시작하고 이들 내용 속에서 내 아이의 증상과 일치하는 몇몇 단어를 또 찾게 된다. 덜컥 겁이 난다. 그동안 내 아이를 방치한 것은 아닐까? 내 뇌 안에서 불안을 담당하는 영역이 더욱 활성화된다. 사실 선천성 거대결장증은 매우 희귀한 질환으로 항문이 아파서 변을 참게 되는 변비와는 아무 상관이 없다. 전문 지식이 없는 부모에게 너무나 많은 정보는 두려움을 극대화하는 데 일조한다. 정보의 홍수도 문제이지만 정보의 속도 또한 두려움을 증가시키는 인자다. 예전에 손편지를 쓰던 시절에는 빨리 답장할 필요도 없었고 연락이 조금 늦는다고 탓하는 사람도 없었다. 변비가 심하면 날짜를 잡아 병원을 찾은 뒤 전문가의 의견을 물어보고 치료하면 끝이었다. 하지만 지금은 매일 여러 통의 이메일을 받고 빠르게 답장하게 된다. 변비에 대해 바로바로 정보를 구할 수 있게 된 우리는 얄팍한 잘못된 지식으로 걱정에 사로잡힌 채 병원 가는 날만 초조하게 기다리게 되었다. 인터넷 기술의 발달로 우리는 시간을 절약한다고 생각하지만 실은 삶을 살아가는 속도가 수십 배나 빨라졌고 그래서 우리는 늘 두렵고 불안한 마음을 가지고 사는 것이다.

내일 무슨 일이 벌어질지 전혀 예측할 수 없는 인간에게 미래는 곧 두려움이다. 대니얼 길버트는 명저 『행복에 걸려 비틀거리다』에서 인간은 두려움 때문에 미래를 통제하려 한다고 했다.[2] 그 결과가 어떻게 나오든 인간은 미래에 대해 통제력을 행사하는 데서 만족감을 늘린다는 의미다. 변을 보지 못해 끙끙거리는 아이를 위해 부모는 '컨트롤'하기로 마음먹고 아이의 항문을 면봉으로 자극하거나 병원에 데려가 관장을 시켰지만 아이의 입장이 되어보지 못한 어른으로서는 잘못된 선택일 수밖에 없다. 아이는 변을 보지 않는 것이 목표이고 어른은 변을 보게 하는 것이 목표이기 때문에 양자 사이의 갈등은 해결될 수 없는 것이다. 특히 아이에 대한 결정권을 쥔 부모는 정보의 홍수 속에서 아이를 손해로부터 지켜내야 한다는 잘못된 신념으로 아이 마음에 상처 주는 행위를 서슴지 않고 자행한다. 인터넷이 상용화되면서 얕고 잘못된 정보를 자주 접하게 된 부모는 자식에 대한 보호본능을 더욱 심하게 작동시키는데, 그 피해는 고스란히 아이에게로 간다. 아이의 고통을 본인의 손실과 동일시한 부모는 이 손실을 회피하기 위해 '컨트롤'이라는 방식으로 어설프게 개입하게 된다. 손실 기피 현상은 인간이 가지고 있는 대표적인 본능으로서 이에 대해서는 뒷부분에 자세히 설명하도록 하겠다. 아동심리학자 주디스 해리스는 "최근 20년 사이 아이에게 집착하는 양육 방식은 진화 역사상 아주 새로운 관습이다"라고 언급했다.[3]

잦은 고통과 공포로 마음의 상처를 입은 아이의 변비를 치료하는 방법은 의외로 단순하다. 첫째, 1년 이상 장기간 대변 연화제를 매일 사용해 좋은 경험을 하게 하는 것이다. 소아에게 사용되는 대변 연화제는 삼투압성 제제라고 하여 장 안의 수분을 빨아들여서 부피를 크게 만들어 변의를 느끼고 배출하게 만드는 약이다. 락튤로스 같은 고분자 화합물이라 장에서 흡수되지 않기 때문에 부작용이 없다. 즉 대변을 보게 만드는 음식이라고 생각해도 된다. 인간은 어려서, 특히 5세 이전의 기억이 거의 없다. 기억이라는 것은 저장 당시의 언어적 능력을 필요로 하는데 이것이 부족한 영유아 시기의 기억은 시간이 흐르면서 쉽게 소멸한다. 또한 뇌의 신경학적 성숙 속도의 차이로 인해 5세 이전의 기억은 거의 없어진다.[4]

그래서 아이 변비의 치료 목적은 변의 모양이나 횟수를 개선하는 것이 아니라 나쁜 기억을 소멸시키는 것이다. 1년 이상 매일 변을 묽게 만들면 딱딱한 대변에 의한 항문 통증은 없어지고 이러한 좋은 경험을 통해 아이의 나쁜 기억은 점차 사라진다. 1년이 지나 약을 끊으면 다시 대변이 딱딱해질 수 있다. 일반 사람들도 가끔 변비에 걸릴 수 있고 항문 열상이 생겨 통증을 느낄 때가 있다. 하지만 우리는 통증을 두려워하지 않는다. 바로 없어질 현상임을 알기 때문이다. 아이도 그렇게 키우면 된다. 대변을 보다가 항문이 찢어져도 아무 일 아니라는 것을 알려주면 된다. 이것이 바로 두 번째 치료 방법이다. 어른이 뒤로 물러나면 되는 것이다.

　나쁜 기억을 소멸시키려면 기억을 떠오르게 만드는 모든 행위를 없애서 아이로 하여금 그 기억에서 벗어나게 해야 하는데, 묘한 일이지만 아이를 자신의 일부로 오인한 부모는 손해를 피하기 위해 계속 '변비'에 관심을 두고 '변비' 관련 단어를 언급함으로써 아이의 나쁜 기억을 상기시킨다. 할아버지와 할머니를 포함해 변비에 대한 온 가족의 '관심'은 아이에 대한 '개입'으로 이어지는데, 어른들의 이야기를 다 알아들으며 변이라는 단어를 혐오하는 아이 앞에서 매일같이 대변을 언급한다. 대변을 왜 못 가리냐며 아이를 탓하고, 부모끼리 의견 충돌을 보이기도 하며, 변 보는 것을 두려워하는 아이에게 강제로 다리를 벌리게 하고, 면봉으로 항문을 자극하는 것이 모두 '개입'인 것이다. 심지어 어떤 부모는 변의 모양과 횟수를 매번 기록하고 사진으로 남기기까지 한다. 물론 선의에서 시작된 행위인 것은 분명하다.

결론적으로 완전히 변화된 가족의 태도, 즉 서로 대변 이야기를 하지 않고, 수미가 숨어도 모른 척해주며, 작은 성공에 대한 수십 배의 큰 갈채를 보내는 등 수미의 주의의 방향이 다른 곳을 향하도록 재설정하는 것은 수미에게 새로운 경험이 된다. 새 경험은 수미의 공포를 우회해 새로운 행동을 실행하는 데 디딤돌이 되어준다.

『블랙 스완』의 저자 나심 탈레브는 1930년대 뉴욕에서 벌어진 한 사례를 통해 인간의 비합리성을 날카롭게 지적했다. 389명의 어린이가 병원을 찾았는데 174명이 편도선 절제 수술을 권유받았다. 나머지 215명은 다른 병원에 보내졌는데 99명이 같은 수술을 권유받았고, 다시 남은 116명이 다른 의사들에게 갔더니 52명이 또 같은 수술을 권유받았다. 현대 의학에서 편도선에 이상이 있는 환자는 2~4퍼센트이고 편도선 절제 수술을 받다가 사망하는 경우는 1만 5000분의 1인데 389명 중 325명이 절제술을 권유받았던 것이다.[5] 나심 탈레브는 이것을 '어설픈 개입naïve interventionism' 이라 불렀다.

쓸데없는 개입이 가져온 손실 가능성을 적나라하게 보여준 이 '의원병iatrogenesis'은 지금도 우리 주위에 상존하고 있다. 부모의 어설픈 개입에 더하여 의사도 어설픈 변비 치료로 개입한다. 장기간의 좋은 경험을 쌓게 해 나쁜 기억을 잊어버리게 하는 것이 변비 치료의 목적이어야 하는데 어설프게 대처함으로써 아이의 두려움을 배가시킬 수 있다. 한두 달 변비 약을 사용하면 사실 변이 묽어지면서 호전을 보인다. 아이의 참는 모습이 줄고 변 횟수도 늘다 보니 부모는 다 나은 줄 안다. 그리고 의사에게 언제쯤 약을 끊을 수 있는지 당연한 질문을 하게 된다. 의사가 보기에도 아이가 많이 좋아졌고, 부작용은 없지만 약을 오래 쓸 필요는 없다고 판단해 투약을 중지해본다. 1년 정도 꾸준히 약을 복용했다면 약을 끊은 후 대변이 다시 딱딱해져도 아이의 뇌는 1년 전 기억을 잊었을 텐데, 한두 달 만에 약을 중지했다면 대변이 도로 딱딱해지는 순간 오래되지 않은 통증 기억이 바로 돌아온다. 이렇듯 한두 달 간격으로 자주 약을 중지하면 그 기억은 사라지는 게 아니라 강화되는 것이다. 지속적으로 나쁜 기억을 부스터로 심어주니 아이는 항문에 관한 한 패닉에 빠질 수밖에……. 그뿐만이 아니다. 의사의 어설픈 개입은 관장 외에 아이의 취향과 상관없이 물을 많이 먹이라고 하든가 야채라면 질색하는 아이에게 야채 섭취를 강권한다. 뒤에서 언급하겠지만 우리 어른들도 어려서 녹색 야채를 잘 먹지 않았다. 사춘기가 지나고 20대가 되면서 식성도 바뀌고 어른이 되면 대부분 야채 애호가가 될 텐데 아이에게 식이섬유를 먹이면서 더 큰 스트레스를 주게 되는 것이다. 또한 치료에 잘 따르지 않는다며 아이나 부모를 탓하기도 한다. 더 심한 것은 아이의 변을 매일 체크하여 기록으로 남기라고 하는 것이다. 대부분의 보호자는 의사의 지침을 따르게 되어 있다. 아이의 기저귀를 매번 확인하고 항문을 쳐다보며 변이 있으면 사진을 찍기도 하는데, 이 모든 행동은 변의 '비읍' 자만 나와도 숨어버리는 아이의 나쁜 기억을 계속 자극해 아이를 더 위축하게 만든다.

'두려움'에서 시작해 생길지 안 생길지도 모르는 '손해'를 피하고자 취한 비합리적인 '행동'은 '통제' 본능에 따라 '어설픈 개입'이 되어간다. 그사이 아이의 '나쁜 기억'은 점점 더 깊어진다.

나쁜 기억이 강화되는 이유: 피해자 측면

9개월이 된 앨버트는 흰쥐와 강아지 그리고 가면이나 종이 등 새로운 물건을 보고 호기심을 드러냈다. 모든 것이 신기해서 마냥 좋은 앨버트는 이것저것 만져보며 즐겁게 놀 수 있었다. 이때 어른 한 명이 앨버트의 방 안으로 들어와서 갑자기 망치로 쇠막대기를 두드리며 크게 소음을 냈다. 깜짝 놀란 앨버트는 자지러지듯 울기 시작했다. 두 달이 흘러 앨버트가 11개월이 되었을 때 어른이 앨버트에게 흰쥐를 다시 보여주었다. 그리고 또다시 앨버트가 흰쥐를 만질 때마다 쇠막대기를 두드려 놀라게 했고 이 상황을 일곱 차례나 반복했다. 이후에 앨버트는 흰쥐를 보기만 해도 공포가 일어 울음을 터뜨렸다. 이 이야기는 100년 전에 발표되었던 한 심리학 연구의 일부다. 파블로프의 고전적 조건 형성 실험을 재현한 '어린 앨버트 실험'에서 행동주의 심리학자 존 왓슨은 인간에게 특정한 자극과 조건을 가하면 공포심을 비롯한 행동의 변화를 가져올 수 있다고 주장했다.[6]

통증의 고통을 아이들은 어떻게 기억할까? 우선 2002년 심리학자 최초로 노벨경제학상을 수상한 대니얼 카너먼의 실험을 살펴보도록 한다. 대장 내시경을 수면마취 없이 한다면 그 고통은 어느 정도일까? 행동경제학자이자 심리학자인 카너먼은 비수면 대장 내시경을 두 군으로 나누어 시행했는데 1분마다 고통의 정도를 점수화했다.[7] 한 군은 내시경 시작 후 8분이 지나 가장 통증이 심할 때 바로 내시경을 중지했고, 다른 군은 24분이 지나 고통이 다 사라진 후 내시경을 정상적으로 종료했다. 그러고는 두 군에게 한 번 더 대장 내시경을 해볼 의향이 있냐고 물었을 때 어느 군에서 긍정적인 답변이 많았을까? 두 번째 군에서 호응이 많았다. 사람은 늘 어떤 상황을 경험하고 있는데 나중에 그 상황을 떠올릴 때는 피크peak와 엔드end만 기억한다peak-end rule고 카너먼은 설명한다. 대장 내시경을 하며 겪은 총 고통의 양은 시간이 오래 걸린 두 번째 군이 많았지만 사람들은 고통의 총 지속 시간은 무시하며 피크와 엔드만으로 판단한다는 것이다. 예를 들어 모차르트의 아름다운 선율을 두 시간 동안 들으며 경험 자아experiencing self는 행복했는데, 공연 마지막에 관객석에서 휴대전화 벨소리가 울렸다면 나의 기억 자아remembering self는 공연이 망쳐졌다고 기억하는 것이다.[8] 어떤 상황이 됐든 의사결정의 핵심은 경험 자아가 아니라 기억 자아라는 의미다.

아이가 딱딱해진 대변에 의한 항문의 통증을 반복적으로 경험하고 이 고통이 기억으로 자리잡으면 음식을 섭취한 후 변의를 느낄 때 무엇을 떠올릴까? 당연히 가장 아팠고peak 가장 최근의 마지막end 나쁜 기억을 떠올릴 것이다. 아직 통증이 나타난 것도 아닌데 미리 그 심했던 통증을 예측한다고 보는 것이 맞다. 통증의 강도를 예측하는 기준이 바로 사전에 경험했던 가장 강렬한 통증이 되는 것이다. 확률 계산은 크게 두 가지 방법으로 나뉜다. 하나는 빈도를 기준으로 계산하는 피셔 확률이고 다른 하나는 사전 확률을 토대로 추가 관측을 통해 사후 확률을 알아내는 베이스 확률이다. 통증의 경험과 기억의 문제에서 아이들은 통증의 고통을 베이지안 추론Bayesian reasoning을 통해 기억한다고 앨리슨 고프닉은 말했다.[9] 다윈의 후계자인 조지 로매니스는 인간의 발달 단계에서의 심리학적 능력을 연구했는데 출생 시 인간은 이미 쾌락과 고통을 느끼고 생후 1주에는 기억을 시작한다고 했다.[10] 아이들이 베이지안 추론을 못할 이유가 없는 것이다.

통증으로 시작된 두려움과 공포는 관장을 겪으며 곧 트라우마

수준이 되어버린다. 정신적 트라우마가 전쟁이나 천재지변으로 인한 충격 혹은 사고 현장을 체험한 소방 공무원의 커다란 정신적 외상만을 의미할까? 정신건강의학과의 구분에 따르면 트라우마는 1) 큰 트라우마 2) 작은 트라우마 3) 단일 트라우마 4) 복합성 트라우마가 있다. 큰 트라우마는 전쟁, 재난, 성폭행 등이 개인의 삶에 극적인 영향이 미친 경우를 의미하고, 작은 트라우마는 자신감이나 자존감을 잃게 만드는 일상에서의 실수, 놀림 등을 의미한다. 단일 트라우마는 일회성이지만 충격이 심각하게 가해지는 큰 트라우마가 여기에 속하며, 복합성 트라우마는 지속적인 학대 같은 반복적인 트라우마로 인해 복잡한 심리적 문제를 안게 되는 경우를 의미한다.[11] 아이가 변비로 인해 숨거나 공포에 떠는 것도 트라우마인데 아마도 작은 트라우마보다 더 미미한 통증과 두려움이 반복적으로 쌓이면서 복합성 트라우마로 나아갔을 것으로 생각된다.

후일담에 따르면 '어린 앨버트'는 간호사인 펄 바거의 아들로 2007년 사망했고, 그의 조카딸은 앨버트가 개나 작은 동물을 좋아하지 않았다고 말했다. 항문으로 시작된 '통증'의 '고통'이 반복되며 가장 강렬했던 통증에 대한 '두려움'을 '나쁜 기억'으로 가진 아이는 관장에 이르러 '트라우마'를 겪고, 비슷한 자극이 주어질 때 '베이지안 추론'에 의해 사전 경험을 토대로 견딜 수 없는 '공포'를 예측한다.

아이 변비 치료 목표가 '변 잘 보게 하기'보다 '나쁜 기억 없애기'인 이유

'어린 앨버트 실험'에 대한 존 왓슨의 강의를 들은 메리 존스는 기발한 아이디어가 떠올랐다. '자극에 의해 공포가 유발되었다면 거꾸로 자극에 의해 공포를 누그러뜨릴 수도 있지 않을까?' 메리는 토끼를 무서워하는 3세 남아 피터를 데리고 새로운 실험을 했다.[12] 연구진은 처음에 토끼를 피터로부터 멀리 떨어져 있게 했다가 조금씩 피터에게 가까이 가게 하면서 그때마다 피터가 좋아하는 음식을 먹을 수 있게 했다. 피터는 점차 토끼에 대한 두려움이 사라지며 결국 토끼를 만질 수 있게 되었다. 존 왓슨이 무서운 소음과 흰쥐를 결합해 공포를 만들어냈다면 메리 존스는 긍정적인 자극을 통해 역조건화를 이루어낸 것이다. 이것은 고전적인 행동 치료의 시초가 된다.

아이 변비의 치료는 장기간 대변 연화제를 사용하면서 '좋은 경험'을 쌓게 하여 '나쁜 기억'을 점진적으로 감소하게 하는 것이라고 했다. 묽은 변을 만들어주면 이것은 아이에게 긍정적인 자극으로 느껴지고 시간이 흐르면서 공포의 기억이 사라지는 것이다. 이 연령은 충분한 시간이 주어질 경우 예전의 기억을 못하는 특징을 가지고 있기 때문에 이 방법이 유효할 수 있다. 물론 치료 기간에 과거 기억이 상기되지 않도록 주의를 기울여야 한다는 조건이 붙긴 한다. 전문적 행동 치료인 혐오자극과의 연합이나 체계적 둔감화, 혹은 홍수법, 강화와 처벌, 그리고 대리 시연 등과는 엄연히 다르지만 '좋은 경험'은 '좋은 기억'으로 아이의 기억 뇌를 대체할 수 있는 것이다.

「해리 포터」 시리즈보다 늦게 나왔지만 해리 포터 탄생 이전의 마법 세계를 보여주는 영화 「신비한 동물 사전」을 보면 이런 내용이 나온다. 머글인 빵집 주인 제이컵은 마법사 뉴트 일행과 많은 사건을 겪으면서 좋은 기억과 나쁜 기억을 모두 갖게 된다. 위험했던 모험이 나쁜 기억이었다면 티나의 동생 퀴니를 만나 사귀었던 좋은 기억도 가지고 있었다. 모든 일이 해결되고 마법사들은 머글들의 기억을 없애고자 천둥새를 날려 스우핑 이블의 기억을 없애는 독을 비로 뿌린다. 비를 맞은 제이컵은 바로 그동안 겪었던 나쁜 기억들을 잊게 되었다. 제이컵이 궁금했던 퀴니는 제이컵의 빵집을 찾아갔다. 빵집은 대성황이었다. 손님이 너무 많아 '직원 구함' 푯말을 붙인 그 빵집에는 신비하게 생긴 동물 모양의 빵들이 먹음직스럽게 놓여 있었다. 자신을 보며 웃음 짓는 퀴니를 의아하게 여긴 제이컵에게 퀴니가 빵 모양이 특이하다며 말을 걸었다. "도대체 어디서 이런 아이디어를 얻으세요?" 제이컵은 덤덤하게 답했다. "잘 모르겠어요. 그냥 떠올라서 말이죠." 제이컵에게는 좋은 기억만 남은 모양이다.

수미는 두 달 뒤 다시 외래에 왔다. 엄마의 얼굴이 벌써 싱글벙

글이다. "많이 좋아졌어요, 교수님. 그동안 제가 뭘 잘못했는지 뼈저리게 알게 되었고요. 약만 주고 모른 척 가만히 있었는데 아이가 참는 것도 사라지고 일단 무서워하지 않습니다." 아이를 칭찬할 일이 많아졌다며 약을 받아가는 부모의 가벼운 뒷모습에서 뿌듯함을 느꼈다. 진료실 밖으로 나갔던 아빠가 잠시 후 혼자 문을 열고 다시 들어왔다. "사실 처음에 여기 왔을 때 애 엄마와 할머니가 아이를 다루는 모습에 문제가 있다고 말씀드리려고 했습니다. 그런데 교수님이 제가 그동안 고민했던 부분을 다 긁어주시더라고요. 집안 분위기가 정말 좋아졌습니다. 대변 얘기는 하나도 안 하고 즐거운 얘기만 해요. 고맙습니다." 무뚝뚝했던 아빠의 모습은 이제 찾아볼 수가 없었다.

'좋은 기억'은 '나쁜 기억'을 이기는 법이다.

제1장
기억

기억의 뇌, 해마

1936년 열 살이 된 헨리 몰레이슨은 약한 간질 발작을 일으켰다. 아홉 살 때 자전거를 타다가 넘어져 머리를 다친 것 외에 아무 일도 없었던 헨리는 5년이 지나면서 심각한 간질 환자가 되었지만 정확한 원인은 찾을 수 없었다. 간질 때문에 학교와 사회 활동에 지장을 받으면서 아무 일도 못하게 된 그는 강력한 항경련제를 사용하는데도 호전이 없자 뇌수술을 결심하게 된다. 1953년 윌리엄 스코빌 박사의 집도로 양쪽 내측두엽을 자른 뒤 간질 빈도는 많이 줄어들었다. 그런데 예상치 못한 일이 벌어졌다. 병실에서 회복 중이던 그는 매일 해야 하는 반복되는 일들을 수행할 수 없었고 특히 그를 돌봐주는 의료진을 알아보지 못했다. 특이한 점은 그의 지적 능력과 성격에는 변화가 없다는 것이었다. 언어와 지각력은

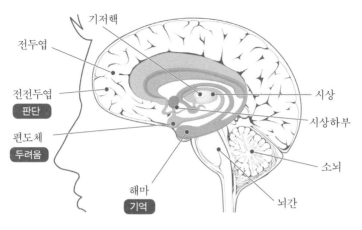

기저핵

전두엽

전전두엽
판단

편도체
두려움

시상

시상하부

소뇌

해마
기억

뇌간

[그림 1] 뇌의 구조

정상이었고 수술 후 10개월째 시행된 IQ 테스트에서도 평균 이상의 점수를 받은 데다 작업 기억 능력도 정상이었다. 그런데 자신이 할 일을 열심히 연습함으로써 그 일이 무엇인지 알고는 있었지만 정보들을 장기 기억으로 저장하지는 못했고, 말을 잘 하다가도 몇 분, 몇십 분이 지나면 말했던 상대가 누구였는지 기억해내지 못했다. 또한 반복되는 행위에 대해서 배울 수는 있었지만 무엇을 배웠는지 말을 할 수는 없었다. 그의 비서술적 학습nondeclarative learning은 내측두엽과는 분리되어 있는 기억 회로에 의존한 것이고 의식적 기억 과정과는 별개였던 것이다. 결국 그의 뇌는 새로운 서술적 기억declarative memory을 형성할 수 없게 되었는데 이것은 해마와 주변의 내측두엽이 양쪽 모두 잘려나갔을 때 나타나는 증상과 같았다. 1957년 스코빌 박사에 의해 헨리에 대한 증례 보고가 의학 저널에 발표되었고 이것은 최근까지도 의학 저널에서 가장 많이 인용되는 논문 중 하나로 알려져 있다.[1] 1984년 헨리의 뇌 CT 촬영이 이루어졌지만 측두엽 손상의 정확한 상태와 범위는 확실히 밝혀지지 않다가 1992년 이후 촬영된 MRI를 통해 손상 부위가 자세히 밝혀졌다. 스코빌 박사의 수술 당시 평가보다는 덜 잘려나갔지만 해마와 주변 조직의 반 정도가 사라졌고, 남아 있던 해마 조직도 내후각피질의 절제로 인해 구심회로가 차단됨으로써 기능을 상실했을 것으로 판단되었다. 2008년 헨리는 호흡부전으로 사망했고 UC 샌디에이고에서 부검이 시행되어 그의 뇌는 디지털 3D 복원으로 재탄생되었다.[2] 헨리 몰레이슨의 사례는 인간의 기억 연구에 획을 긋게 만든 의학적 사건이었다.

기억에는 외현 기억explicit memory과 내현 기억implicit memory이 있다. 외현 기억은 서술적 기억으로 사람이나 장소, 대상에 대하여 의식적인 회상을 토대로 기억하며 헨리의 경우처럼 내측두엽과 해마가 필요하다. 단기로 기억된 것을 내측두엽과 해마가 장기 기억으로 전환시키는 것이다. 내현 기억은 비서술적 기억인 운동, 지각, 감정 등의 무의식적 회상에 의한 절차 기억으로서 편도체와 선조체가 담당하고 있다. 이렇게 기억을 구분하게 된 것도 헨리의 임상 예가 없었으면 이루어질 수 없었을 것이다. 개인으로서는 불행했지만 헨리는 뇌과학 발전에 매우 중요한 한 축을 제공한 셈이다.

대뇌 피질의 바로 안쪽에는 원형으로 도는 변연계가 자리하는데 본능적인 행동과 감정을 관장하며 행동의 학습과 기억 과정에서 주된 역할을 한다. 변연계는 해마, 편도체, 시상, 시상하부로 이루어져 있다. 뇌간에서 전달된 모든 감각 신호는 시상을 거쳐 피질로 전달되며 시상하부는 체온, 생체 리듬, 배고픔, 갈증 등을 관장한다. 편도체는 감정, 그중에서도 특히 두려움을 느끼는 곳이고, 해마는 단기 기억을 장기 기억으로 전환하며 장기 기억인 서술 기억과 의식적 기억을 주관한다.

두려움의 뇌, 편도체

두려운 일이 벌어졌다. 순간 내 몸은 얼어붙고 나의 다음 행동은 바로 결정된다. 순식간에 벌어지는 일이지만 우리의 뇌, 특히 편도체와 전전두엽은 무의식적 혹은 의식적으로 일을 처리한다. 공포를 인지하는 것이 무의식적인 처리라면 뇌의 어느 부분에서 일어날까? 두려움을 인지하고 도망칠 결정을 하는 것이 의식적인 처리라면 도대체 얼마나 빠르게 일어나는 것일까? 1998년 하버드 의대의 폴 월른 박사 팀은 두려움에 대한 편도체의 무의식적인 처리 과정을 기능적 자기공명영상fMRI 연구를 통해 밝혀냈다.[3] 연구 팀은 백워드 마스킹backward masking이라는 방법을 고안해 실험을 진행했다. 두려워하는 얼굴 사진을 매우 짧은 시간 동안 보여주고 곧바로 무표정의 얼굴, 즉 가면으로 바꿔 보여주었다. 두려운 얼굴 사진은 실험군이 알아채지 못할 정도의 짧은 시간 동안 제시된 것이고 가면 사진은 봤다고 알아챌 정도의 시간(0.167초)이 주어졌다. 그래서 피험자는 사진 두 장이 아니라 한 장을 본 것으로 착각했다. 두려워하는 얼굴 사진은 0.01초에서 0.03초 사이로 제시되었고 이 시간 동안은 의식이 알아채지 못한 것이었다. 동시에 시행한 fMRI 결과는 매우 흥미로운 사실을 알려주었다. 무섭지 않은 가면 사진만 봤다고 느낀 피험자는 두려워하는 표정의 사진이 제시되었음을 몰랐지만 연구팀은 두려움의 사진이 제시된 순간 뇌에서 활성화된 전류가 증가된 곳이 어디인지 알아낼 수 있었다. 편도체로 가는 혈류가 증가했던 것이다. 우리 의식에서는 감지하지 못한 것도 뇌 안의 편도체는 매우 신속하게 무의식에서의 두려움을 간파해낸다.

갑자기 응급실 밖이 소란스러워졌다. 새벽 시간에 큰 사고가 터졌음을 직감한 당직의 로버트는 응급 환자를 분류하는 곳인 트리아제 룸으로 달려나갔다. 교통사고였다. 다중 추돌 사고였던지 피투성이가 된 환자가 많았고 그중 몇 명은 이미 주검으로 실려왔다. 출혈이 심해 혈압이 잡히지 않는 한 환자에게 여러 명의 의료진이 달라붙었다. 신음과 고성이 뒤섞인 긴박한 수십 분이 지난 뒤 로버트는 경찰 조사관이 경상을 입은 환자와 대화를 나누는 것을 들을 수 있었다. 새로 뽑은 스포츠카에 친구 4명이 탔고 새벽의 고속도로를 시속 220킬로미터로 달렸다고 했다. 경상을 입은 환자는 그중 한 명으로, 겁이 나서 혼자만 안전벨트를 매고 있었다고 진술했고 운전한 친구는 추돌 사고 후 즉사한 것 같다고 말했다. 응급 상황이 정리되어가면서 두어 명의 내장 파열 및 골절 환자가 응급 수술을 받을 준비를 시작했다. 수술을 담당할 외과 스태프들이 응급실로 모여들었는데 그중에는 로버트가 잘 아는 외과 전문의 존도 있었다. "존, 고생하시겠네요. 성공을 빕니다." 로버트의 응원에 존은 씨익 웃으며 한마디를 던졌다. "그럼, 잘될 거야. 그런데 그 사망한 운전자 말이야. 혈액 샘플링 해놓고 톡소플라스마 검사해봐. 내 스승님이 말씀하시던 것 있잖아. 과속 사고 낸 사람은 늘 톡소플라스마에 감염된 사람이라고." 무슨 이야기인지 바로 눈치챈 로버트도 답했다. "알아요. 이번마저 맞히면 올해만 벌써 열 명째네요. 톡소플라스마는 정말 대단한 것 같습니다."

미미한 기생충 톡소플라스마는 실제로 대단했다. 2013년에 발표된 한 연구에 따르면 원충성 기생충인 톡소포자충에 감염된 쥐는 본능적으로 피해야 하는 고양이의 냄새에 반응하지 않는 상태로 변해간다고 한다.[4] 정상적인 쥐라면 고양이 냄새에 도망가야 하지만 톡소포자충에 감염되면 오히려 이 냄새에 끌리는 경향을 보인다는 것이다. 이것은 톡소플라스마증의 증상 중 하나인데 고양이에 대한 두려움이 사라졌음을 의미한다. 또한 연구진은 감염 후 고양이 냄새에 대한 공포가 사라진 다음, 톡소포자충에 유전적 조작을 가하여 실험 쥐가 효과적인 면역 반응을 생성함으로써 톡소플라스마 감염을 극복할 수 있도록 했다. 그런데 더 이상 톡소플라스마가 쥐에서 발견되지 않게 된 상황에서도 쥐는 여전히 고양이 냄새에 영향을 받지 않았다. 고양이에 대한 두려움을 느끼는 뇌의 회로가 영구적으로 망가졌다는 뜻이다. 톡소포자충은 고양이가 종숙주가 되고 쥐가 중간숙주다. 일부 진화론자들은 톡소포자충이 번식을 위해 일부러 쥐를 중간숙주로 택했으며 감염된 겁 없는 쥐가 고양이에게 쉽게 잡아먹히면서 쥐 안에 살던 유충이 고양이 몸에 들어가 다시 성충이 된다고 주장했다. 스탠퍼드대학의 신경생물학자 로버트 새폴스키는 톡소포자충을 생쥐에게 감염시킨 뒤 6주를 기다려 이 기생충이 창자에서 신경계로 옮겨가게 했다.[5] 톡소플라스마는 쥐의 뇌 전체에 피낭을 형성하며 퍼져 있었는데 특히 편도체 주위에 자리잡는 것이 관찰되었다. 또한 편도체 안에서 뉴런들을 연결하는 가지돌기들을 오그라뜨림으로써 회로가 끊기고 결국 뉴런의 수가 감소했다. 고양이에 대한 공포와 불안에 관여하는 핵심 부위의 배선이 단절된 것이다. 사람도 톡소포자충에 쉽게 감염되는데 세계 인구의 약 3분의 1이 감염된 것으로 추정하고 있다. 사람에게는 별다른 증상을 일으키지 않는 것으로 알려져 있지만 2002년 발표된 연구에 따르면 톡소포자충에 감염된 인간이 행동의 변화를 일으켜 조금 더 충동적이 되며 교통사고 위험을 3배가량 높인다고 한다.[6] 존의 스승은 경험적으로 이 사실을 깨달았던 것이다.

두려움을 운반하는 뉴런이 끊어지면 두려움이 사라질 수밖에 없다. 톡소플라스마 감염으로 인해 고양이에 대한 본능적이고 나쁜 기억이 사라진 쥐가 고양이에게 달려드는 모습을 상상하면 오래된 애니메이션 「톰과 제리」가 떠오른다. 그렇게도 고양이 톰을 놀리고 곤란에 빠뜨린 걸 보면 제리는 톡소플라스마에 감염된 쥐였는지도 모르겠다.

2014년 과학적 논쟁거리를 담은 논문 한 편이 발표되었다. 스탠퍼드대학의 연구자들은 76명의 어린이를 대상으로 일상에서의 불안을 측정하면서 동시에 뇌의 fMRI를 촬영해 편도체의 크기와 불안의 정도를 비교했다.[7] 그 결과 7~9세 어린아이들의 불안의 수준이 높을수록 편도체가 더 비대함을 확인했다고 발표했다. 그러나 아이들의 불안 정도는 부모가 그들의 행동을 관찰함으로써 판단한 것이었고 아이들의 실제적인 불안 느낌을 알 수는 없었다. 편도체의 크기와 아이들의 실제 불안한 느낌 사이의 관련성을 검증하지는 못한 것이었다. 뉴욕대학의 조지프 르두는 공포나 불안이 의식적 느낌을 의미할 때 편도체는 공포 중추도 아니고 불안 중추도 아니라고 말했다. 그는 과학자들이 공포라는 용어를 의식적인 느낌과 비의식적인 반응의 근간에 있는 신경 메커니즘에 모두 사용할 때 이런 혼란이 일어난다고 했다.[8] 또한 공포라는 자극이 우리의 공포 시스템을 활성화하여 공포 반응을 일으켰다고 말하는 대신 위협 자극이 방어 시스템을 활성화해 방어 반응을 유발했다고 말하는 것이 옳다고 주장했다. 즉 인간이 동물 조상으로부터 공포라는 정서를 물려받았다기보다는 위험을 느끼고 이에 반응하는 능력을 오랜 세월에 걸쳐 선천적으로 물려받았다고 보는 게 옳다는 것이다.

이상에서 편도체의 역할에 대하여 전통적으로 알려진 것과 더불어 다른 관점에서 본 최근의 연구 결과를 소개했다. 미묘한 차이는 있어 보이지만 결국 편도체는 공포 상황에서 가장 빠르게 반응하는 뇌 영역이라는 명제에는 이의가 없을 것이다. 하지만 두려움이 곧 편도체라는 오래된 가설은 앞서 언급했듯이 뇌과학의 발전과 함께 의미가 조금씩 변해가는 중이다. 특히 편도체가 공포 반응을 관장하는 것과 달리 두려움에 의한 기억을 갖게 하는 것은 별개의 문제가 될 수 있다.

감정 기억은 어떻게 만들어지는가

편도체 하나만으로 두려움에 의한 나쁜 기억의 생성을 설명할 수는 없다. 편도체를 제거하면 본능적인 두려움과 학습된 두려움이 모두 사라진다. 감정의 핵심적인 역할을 수행하는 편도체는 뇌의 다른 영역들과의 연결을 통해 감정을 조율한다. 즉 인간은 위험한 일이 벌어지고 있다는 느낌이 들 때 바로 의식적인 감정 반응으로 전환할 수 있게 된다.9 편도체와 전전두엽은 서로 긴밀하게 연결되어 있는 것이다.

이론물리학계의 세계적 석학이자 미래학자 미치오 카쿠는 인간의 의식을 설명하는 데 매우 흥미로운 모델을 제시했다. 두뇌의 각 영역을 주식회사의 부서로 묘사한 '주식회사' 모델이다.10 그는 기억과 사고력의 고등 행동을 관장하며 다른 영역에서 들어오는 정보를 조정하고 계획하고 결정을 내리는 전전두엽을 CEO(Chief Executive Officer)라고 표현했다. 대부분의 정보는 잠재의식에 저장되는데 이 정보들을 CEO가 모두 알 필요는 없으며, 특히 감정이란 하위 부서에서 빠르게 내리는 결정이라고 했다. 모든 생각은 CEO의 관심을 끌기 위해 노력하고 있으며 한 개인의 마음은 하나가 아니라 여러 마음의 집합체라고도 했다. 그리고 최종 결정은 CEO가 내린다. CEO가 각 부서로 내리는 정보는 방대하기 때문에 여러 분기점으로 이루어진 네트워크 모양을 취해야 한다. 명령 하달에는 최소한의 에너지를 사용하는 것이 요구되므로 인간은 진화하면서 절차를 무시하고 빠르게 결정을 내리는 장치를 다양하게 개발해왔다. 그래서 우리 뇌는 급한 상황에서는 지름길을 택한다.

2015년 개봉했던 애니메이션 「인사이드 아웃」에서처럼 인간의 뇌에 난쟁이가 들어 있다면 셀 수 없이 많은 난쟁이가 뇌의 각 부서에서 열심히 뛰어다니는 모습을 상상해볼 수 있을 것이다. 편도체 난쟁이는 벌어지는 일 때문에 매일 불안해하고, 해마 난쟁이는 서고에 가득한 기록을 정리하는 데 바쁘며, 전전두엽의 CEO 난쟁이는 책상 위로 올라오는 끊임없는 정보를 살펴보는 가운데 결정장애decision paralysis를 일으키고 있는지도 모르겠다.

미치오 카쿠는 인간의 의식을 세 단계로 분류했는데, 1단계 의식은 감각 정보가 뇌간에서 시상을 거쳐 전전두엽으로 흘러가는 것을 의미한다고 했다. 워낙 밥 먹기를 싫어하는 입 짧은 아이는 오늘도 밥상 위에 놓여 있는 버섯을 보고 혀에 닿는 음식의 기분 나쁜 질감을 느끼면서 엄마와 밥 먹는 전쟁을 치러야 하는데 이 감각들은 시상을 거쳐 뇌의 피질로 전달된다. 전전두엽은 이 감각 신호들을 모아 현재의 상황을 판단하게 되고 다음 단계의 행동을 결정하는 것이다. 2단계 의식은 집단 속에서 자신의 위치를 파악하는 것이라고 했다. 예를 들어 부서장이 주도하는 회식 자리에 나갔다고 해보자. 이 자리에서는 나의 해마와 편도체 그리고 전전두엽이 몹시 바빠진다. 낮에 나를 괴롭혔던 상사를 보며 두려움과 분노를 느끼면서도 같은 부서에서 짝사랑하는 동료를 바라보며 행복과 불안을 느낄 수도 있다. 이러한 감정은 편도체에서 처리되고, 관련된 과거 기억을 해마에서 받아 전전두엽이 정보를 종합하게 되는 것이다. 이렇게 만들어진 새로운 정보는 내 의식에서 단기 기억으로 저장되는데 이 기억이 오래 유지되려면 해마에서 여러 조각으로 분리되어야 한다. 해마는 한곳에 이런 기억 모두를 저장하지 않고 항목별로 구분해 담당 피질로 전송한다. 감정에 관련된 기억은 편도체로 보내고, 새로운 단어는 측두엽에 저장하며, 색상에 관련된 것은 후두엽으로 전송하고, 촉각과 움직임은 두정엽으로 보내 저장한다. 이렇게 분산된 기억을 모아 하나의 기억으로 재생하는 과정에서 기억의 왜곡이 일어날 수 있다. 내 몸이 비상 사태에 처하면 감정은 전전두엽의 재가를 받지 않고 변연계에서 빠른 반응을 유도한다. 반드시 과거 사례를 참조해야 하기 때문에 해마가 매우 중요한 역할을 할 수밖에 없다. 그래서 미치오 카쿠는 2단계 의식이 생성되는 핵심 부위는 편도체와 해마 그리고 전전두엽이라고 했다. 3단계 의식은 가장 높은 단계로서 미래를 시뮬레이션할 수 있다. 우리는 사람을 만날 때마다 열심히 미래를 시뮬레이션하고 있다. 물론 좋은 상상일 수도 있고 나쁜 그림일 수도 있다. 변비로 고생하는 아이들이 방에 홀로 들어가 숨는 이유도 '내가 지금 변의를 느껴 무서운데 오늘도 엄마가 나를 해코지하려나?'라고 열심히 시뮬레이션하기 때문이다. 시뮬레이션을 주관하는 곳은 CEO가 위치하는 배외측전전두엽인데 여기서는 과거의 기억이 중요한 정보로 이용된다.

　나 자신이 겪은 감정에서 단기 기억 하나를 생성하는 게 이렇게 복잡한 일이라면 장기 기억으로 저장하는 것은 얼마나 더 복잡한 과정을 거쳐야 하는지 상상하기조차 어렵다. UC 어바인의 제임스 맥거프 박사는 "기억의 목적은 미래를 시뮬레이션하는 것"이라고 했다.[11] 동물과 달리 인간만이 장기 기억을 할 수 있게 된 것은 미래를 시뮬레이션할 때 반드시 필요하기 때문이다. 뇌과학 연구에 따르면 기억을 떠올리는 데 사용되는 뇌 부위는 미래를 시뮬레이션하는 과정에서 활성화되는 부위와 거의 동일하다고 한다. 미래를 계획하거나 과거를 떠올릴 때 CEO가 상주하는 배외측전전두엽과 기억을 관장하는 해마를 연결하는 부위가 활성화된다. 미치오 카쿠는 우리는 "미래를 기억한다"라는 표현을 사용하기도 했다. 즉 인간은 미래를 예측하기 위해 과거의 기억을 미래에 투영한다는 뜻이다. 과거의 기억 없이는 미래도 없다.

나쁜 기억으로 자리 잡기

연달아 기침을 해대는 시우를 보는 엄마는 불안했다. 얼마 전에도 감기를 앓았지만 지금의 기침은 엄마가 보기에 아픈 사람의 기침이었다. 이튿날 열이 나기 시작하고 밥을 잘 못 먹는 시우를 데리고 동네 의원을 찾은 엄마의 불안감은 곧 현실이 되었다. 시우의 가슴을 청진해본 소아과 의사가 진료의뢰서를 한 장 써주며 바로 큰 병원으로 가보라고 권유한 것이다. 10개월 된 예쁜 딸 시우의 긴긴 병원 생활은 그렇게 시작되었다. 대학 병원에 입원한 시우는 두 가지 호흡기바이러스에 동시에 감염된 것을 알게 되었다. 폐렴 치료를 하던 며칠 후 호전만을 기대하던 식구들에게 악몽의 밤이 시작되었다. 연신 기침을 하며 가쁘게 숨을 몰아쉬던 시우가 갑자기 컥 소리를 내며 더 이상 숨을 쉬지 못했다. 얼굴색이 새파랗게 변한 시우에게 의료진이 달려왔고 아수라장이 된 병실에서 곧 한 전공의의 다급한 외침이 들렸다. "CPR 방송 내주세요." 여러 의사가 뛰어오고 모니터링 기구들이 붙여지며 바로 심폐소생술CPR이 시작되었다. 기도내 삽관(자가 호흡이 불가능하거나 마취 시에 기계 호흡을 유지하기 위해 입을 통해 관을 기도 내로 넣는 방법)이 이루어지고 앰부배깅(탄력성 있는 고무 재질의 풍선 모양의 백으로 관과 연결해 손으로 눌러가며 공기를 공급하는 법)으로 산소 공급이 이어졌다. 시우의 침대는 바로 중환자실로 향했고 넋을 잃은 엄마는 바닥에 주저앉았다. 급성 호흡부전 진단을 받은 시우의 상태는 계속 악화되었다. 신장 기능의 소실로 인해 혈액 투석의 일종인 지속적 신대체요법continuous renal replacement therapy, CRRT을 시행해야 했고 결국에는 다발성 기관 부전의 마지막 단계에서 사용한다는 에크모ECMO를 달기까지 했다.

하늘이 도왔을까. 패혈증을 비롯해 죽을 고비를 여러 차례 넘긴 시우의 폐는 서서히 호전을 보였고 입원 5개월 만에 드디어 병실로 옮길 수 있다는 소식이 전해졌다. 그런데 시우를 맡게 된 병실의 주치의는 중환자실 주치의가 작성한 오프 듀티 인계장에서 이상한 점을 발견했다. 그 수많은 중증의 문제점 가운데 가장 강조된 항목이 '구토를 동반한 식욕 저하'였던 것이다. 아직 폐도 온전하지 않고 신장 문제도 심각한데 중환자실에서는 왜 첫 번째 인계 사항으로 잘 안 먹고 토한다는 얘기를 했을까? 시우를 보게 된 장영양 파트의 스태프진은 중환자실 의료진으로부터 그동안의 매우 특이한 문제점들을 듣게 되었다. 병실로 돌려보내기 전 중환자실에서는 금식을 유지해왔던 시우에게 총정맥영양(장기간 금식해야 하는 환자에게 정맥으로 영양제를 주입하는 방법)을 줄이고 먹는 양을 늘리고자 노력을 기울였다. 입으로 잘 먹지 않으려 했기 때문에 코위영양관을 삽입해 모자라는 칼로리를 투여했고 입으로도 충분한 영양을 섭취시키고자 지속적으로 시우에게 음식을 가져다 떠먹여주었다. 물론 시우는 입으로 들어오는 음식을 계속 거부했다. 그 과정에서 조금만 먹어도 구역질과 구토를 보였고 고무 재질의 젖꼭지에 강한 거부감을 나타냈으며, 엄마의 말에 따르면 고무 냄새를 몹시 싫어했다고 한다. 간호사가 가래 제거를 위한 석션을 시행할 때 큰 반감을 보였고 시우의 입 쪽으로 간호사가 손을 대려고 하면 바로 구토 증세를 보였다. 경험이 많은 장영양 파트의 의료진은 이런 얘기를 듣자마자 바로 상황 판단이 됐다. 이것은 나쁜 기억 때문이었던 것이다. 엄마에게 물어 시우가 병이 생기기

전부터 입이 매우 짧아 음식 먹는 것을 별로 좋아하지 않았고 가족들이 음식을 강요해왔던 사실도 파악했다. 중환자실에서의 과정도 병으로 인해 못 먹는 것이 아니라 입으로 먹기 싫어 거부하는 행동을 보인 것임을 알게 되었다. 장영양 스태프진이 빠르게 결정한 것은 시우에게 먹는 데 관련된 자극을 최소화하는 것이었다. 입으로 먹는 것을 강요하지 않고 되도록 코위영양관을 통해 음식을 공급하며 입 쪽에 대한 자극을 줄이면서 시우의 먹는 양은 미세하게 늘어가고 있었다.

그러던 어느 날 극적인 사건이 벌어졌다. 장영양팀 의료진이 장기간의 정맥 영양을 위해 시우의 피부 밑에 삽입했던 케모포트(피부 밑에 심어 정맥과 연결한 후 주삿바늘을 반복적으로 꽂을 수 있게 하는 기구)를 제거하고, 퇴원에 대비해 쉽게 뽑을 수 있는 일반 중심정맥관을 삽입하기 위해 마취과에 도움을 요청했다. 마취과 의료진은 시우를 수술장으로 불러 내렸다. 케모포트를 제거하고 중심정맥관을 삽입하는 짧은 시간 동안 전신 마취를 해야 했는데 장영양팀은 기도내 삽관은 필요 없고 입 위를 덮는 마스크를 통해 마취제를 잠시 공급할 것으로 예상했다. 하지만 마취과는 아무 생각 없이 평소처럼 바로 기도내 삽관을 시행하고 전신마취를 걸었다. 영상의학과 의사가 성공적으로 시술을 끝내고 시우는 회복실로 이동해 마취가 풀리기를 기다렸다. 회복실 간호사의 다급한 호출에 밖에서 기다리던 엄마는 시우에게 뛰어 들어갔는데 매우 기이한 장면을 보게 되었다. 마취가 깨어 정신이 돌아온 시우는 기도내 삽관이 된 상태로 누워 있었는데 목소리는 내지 못하면서(기도내 삽관 하에서는 목소리가 나오지 못한다) 두 눈을 최대로 크게 뜨고 무언가에 충격을 받은 듯 전신에 땀을 흘리며 바둥거리고 있었다. 나중에 엄마가 한 말을 빌리자면, 이렇게 놀란 딸의 모습은 한 번도 본 적이 없고 사람 같지 않았다고 했다. 기도내 삽관이 제거되고 병실로 올라온 시우는 여전히 충격에 빠진 모습이었다. 엄마는 격앙되었고 뒤늦게 상황을 알아차린 의료진은 할 말을 잊은 듯했다. 그것은 트라우마의 재소환이었다. 코위영양관의 삽입과 고무 재질의 젖꼭지에 강한 거부 그리고 가래 제거를 위한 석션에 대한 반감은 그 전에 장기간 시우의 입에 꽂혀 있었던 기도내 삽관이 일으킨 트라우마의 인과응보적 결과였고, 입 쪽에 손이 가면 바로 구토하고 고무 냄새를 싫어했던 그 모든 조각난 이야기는 워낙 입이 짧았던 시우의 자아 내면에서 마치 퍼즐처럼 딱 들어맞았다. 한동안 고민하던 장영양 스태프진은 최종 결정을 내릴 수밖에 없었다. "코위영양관도 뽑으세요." 부작용이 예상되는 장기간 정맥영양을 줄이고자 넣었던 코위영양관을 도로 제거한다는 것은 치료 과정의 가슴 아픈 후퇴였다. 하지만 트라우마를 계속 떠올리게 할 고무 냄새 나는 영양관을 그대로 둘 수는 없었던 것이다. 그리고 두 달이 흘러 시우는 먹는 것이 몰라보게 좋아졌다. 여유를 찾은 엄마는 당시 상황을 회상하며 이렇게 말했다. "그때 가장 잘했던 치료는 콧줄을 뽑았던 거예요."

조지프 르두는 정서 기억emotional memory과 인지 기억cognitive memory으로 이루어진 병렬 기억의 개념을 소개했다.[12] 정서 기억은 무의식적인 기억으로 편도체가 매개한다. 인지 기억은 관자엽이 주관하며 외현 기억으로서 우리가 일상에서 말하는 의식적인 기억이다. 이 중 내측두엽에 해마가 위치하고 있다. 관자엽 기억이 손상되면 5분 전의 기억을 못하게 된다. 의식 기억이 없어지는 것이다. 변 볼 때 항문에 대한 통증을 두려운 기억으로 가지고 있는 아이가 어른들에 의해 강제로 관장을 당하거나 배변에 대해 끊임없이 지적을 받으면 그것은 일종의 학대가 된다. 그러면 아이는 관자엽의 기억 체계를 가동하기 전에 편도체를 통한 무의식적 정서 기억을 발달시킨다. 이 기억은 컴퓨터의 플래시 메모리처럼 지워지지 않는 비휘발성 기억으로 남게 마련이다. 조지프 르두는 20세기 초에 있었던 기억상실증 여자를 소개했다. 이 환자는 한 의사와 만날 때마다 매일 처음 보는 것처럼 악수를 나누었다. 어느 날 이 의사는 압정을 손에 쥐고 환자와 악수를 하며 뾰족한 부분으로 환자의 손바닥을 찔렀다. 환자는 소리를 지르며 아파했다. 얼마 후 의사가 되돌아와서 본인을 아느냐고 물었더니 환자는 모른다고 했다. 그러나 의사가 악수를 청하며 손을 내미는 순간 환자는 움찔하며 뒤로 물러섰다. 편도체의 내현 기억이 살아 있었던 것이다. 악수가 위험하다는 암묵적인 기억은 있었지만 환자는 그 기억을 만든 경험을 기억할 수 없었기에 움찔한 이유는 알지 못했다. 편도체는 나름대로 기억을 형성하고 있었지만 관자엽의 의식 기억 체계는 그렇지 않았다. 정상적인 경우는 병렬 기억 체계가 같이 작용하기 때문에 무의식적인 정서 기억과 의식적인 정서 기억이 모두 형성된다.

중환자실에서 올라온 시우의 이야기로 돌아가보자. 기계 호흡 하에 사경을 헤매던 시우가 정신을 차린 후 아마도 처음 느낀 새로운 경험은 '기도내 삽관'이었을 것이다. 숨은 쉬고 있는데 목소리는 내지 못하고, 주변은 처음 보는 무섭고 시끄러운 중환자실 환경인데 눈앞에 가장 가까이 보이는 것은 내 입을 막고 있는 실리콘 재질의 호흡 관이다. 우리가 보는 모든 것은 과거의 경험에서 필터링을 거친 후 뇌가 판단한다. 새로운 상황이나 사건을 마주하면 과거 상황에서 비슷했던 기억을 소환하여 나의 다음 순간 선택을 결정한다는 의미다. 이러한 과거의 필터를 벗어날 수 있어야 우리는 새로운 것을 접하고 반응하게 된다. 하지만 겨우 돌이 지난 시우는 그러지 못했다. 시우는 병이 생기기 전에 이미 '입'이 매우 예민했다. 입 짧은 아이에 대해서는 뒤에서 자세히 설명할 텐데, 이들은 혀와 코로 느끼는 감각이 정상인보다 훨씬 더 예민하다. 시우에게 혀는 바로 입이고 과거에도 음식의 질감이 싫어서 뱉어내고 토했는데 지금 그 입이 처음 보는 이상한 관에 막혀 있는 것이다. 시우는 냄새도 잘 맡는다. 내 입을 막고 있는 실리콘 관의 냄새는 어느 음식보다 더 역겹게 느껴진다. 이 상황에서 벗어날 수 없음을 직감한 시우는 두려움이라는 정서 기억으로 편도체를 크게 활성화하게 된다. 하루하루 지나면서 똑같은 상황의 반복은 시우의 의식에 뿌리를 내리게 된다. 해마가 정보를 받아 시각 피질과 후각 피질 그리고 청각 피질에 장기 기억을 전달하는 것이다. 반복은 습관이 되고 결국 '조건화'에 이른다. 조건화는 뇌신경 세포들이 반복적으로 전기 신호를 전달하면서 발생한다. 두렵고 위험한 상황을 맞이했을 때 나중에 다시 닥칠 위험을 피하기 위해 우리는 기억을 하게 된다. 처음에는 암묵적으로 편도체가 움직였지만 결국에는 해마가 의식의 기억으로 장기 기억을 남긴다. 수미와 시우가 가장 두려워했던 항문과 입의 나쁜 기억은 조건화되어 남들은 눈치채지 못하는 상황에서 자신만의 자동적 공포를 떠올리게 되었던 것이다. 우리 뇌는 우리 몸을 보호해야 할 의무가 있어 위험한 상황이 벌어졌을 때 몸에게 다른 일을 하지 않도록 명령한다. 그래서 두려움이 조건화되면 우리는 위험으로부터 안전해질 수 있지만 다른 새로운 경험은 하지 못하게 된다. 두려움 앞에서 우리는 무기력해진다.

흰옷을 입고 나간 날 비를 맞았다면 우리는 흰색 계열의 옷을 입으려 할 때마다 비가 오지 않을까 불안해진다. 사실을 검증하는 안와전두피질은 열심히 인과관계를 따져보겠지만 항상 편도체가 문제를 유발한다. 흰옷은 분명 중립적인 요소인데 편도체는 흰

옷에 대해서도 경고를 보낸다. 즉 편도체는 중립적인 맥락에 대해서 두려움과 연결해야만 이해하게 되는 것이다. 우리는 두려움(비)과 관련된 맥락(흰옷)으로도 조건화되는데 이것을 '맥락 조건화'라고 부른다. 두려움을 기억하는 뇌세포들은 맥락을 기억하는 세포들과 복잡하게 얽혀 있는데 맥락 회로만 자극해도 두려움 회로는 자동적으로 발화하게 된다. 두려운 요소와 함께한 중립적 요소가 두려운 기억으로 학습된 것이다. 이런 새로운 변화는 인간의 뇌가 소성을 기반으로 만들어진다. 뇌가소성은 정의상 뇌 세포와 뇌 부위가 유동적으로 변하는 것을 말하는데, 학습에 의해 새로운 뉴런이 연결되며 강화될 뿐만 아니라 장애가 생기면 그 부분의 기능을 다른 부위가 대신한다는 의미다. 수많은 연구에 따르면 뇌는 학습이나 환경 변화를 겪으면서 신경세포가 성장하거나 쇠퇴한다고 알려져 있다. 특히 해마에 대한 연구에서는 매우 오래된 뇌세포는 쇠퇴하고 새로 연결된 뇌세포가 활성화되는 등 해마의 뇌가소성이 매우 활발한 것으로 보고되고 있다.[13] 그러므로 편도체와 연결되어 있는 전전두엽의 긍정적 기능을 향상시키는 훈련을 꾸준히 한다면 인간이 가지고 있는 뇌가소성의 장점을 충분히 발휘하는 훌륭한 치료 방법이 될 수 있다.

뇌과학의 발전은 일반 사람들의 직업과 관련된 뇌 부위의 차이도 알아내게 했다. 전 세계에서 가장 자부심 강한 택시 기사들이 있는 나라는 어디일까? 아마도 영국일 것이다. 영국, 특히 런던의 택시 기사가 되기 위해서는 2500개의 도로명을 다 외워야 하고 각 길의 연결관계까지 손바닥 보듯이 훤히 알아야 한다. 보통 3년 이상 공부한다고 하며 그렇게 해도 합격률은 50퍼센트밖에 안 된다니 자부심을 가질 만하다. 그 자부심을 설명해주는 뇌과학의 증거가 발표되자 언론에서는 특집 기사로 보도했다. 런던대학 신경연구소의 연구팀이 런던의 택시 기사와 버스 기사의 뇌의 해마 안 회백질 양을 비교한 것이다.[14] 택시 기사는 손님의 요구에 따라 목적지를 가장 빠르게 가기 위해 매번 다른 골목 곳곳을 지나가야 하지만 버스 기사는 정해진 루트를 안전하게 운행만 하면 된다. 길 찾기를 위해 뇌의 공간 표상을 사용하고 업데이트하는 능력이 택시와 버스 기사 사이에 차이가 날 수밖에 없고 이것은 해마 안의 회백질 양의 차이로 나타났다. 택시 기사의 중간 뒷부분 해마의 회백질이 버스 기사에 비해 더 많은 것으로 드러나 공간 지식의 차이를 보였던 것이다. 사람의 뇌는 학습을 하면서 뉴런의 연결이 강화되는 것이기 때문에 회백질 양의 차이를 충분히 설명할 수 있다. 이 연구 역시 인간의 뇌가소성을 명백하게 보여주는 증거가 된다.

하지만 도움이 되는 새로운 변화에 내 몸이 저항하게 되면 뇌가소성은 매우 부정적인 결과를 초래한다. 스트레스가 강하게 지속되면 관자엽의 외현 기억이 붕괴될 수 있다. 왜냐하면 코르티솔 같은 스트레스 호르몬은 해마와 편도체가 표적이 되는데 해마로 하여금 장기 강화 작용을 못하게 해 생리적으로 해마가 차단되기 때문이다. 스트레스가 지속되면 뉴런 연결이 끊긴 신경 세포가 죽어 결국 해마의 크기가 줄어든다.[15] 트라우마가 생기면 해마와 편도체를 포함하는 기억 체계에 혈류가 증가하지만 장기적으로 해마로 가는 혈류는 감소해 결국 스트레스 호르몬은 해마의 크기를 작아지게 만든다. 이와 더불어 기억 능력이 손상됨은 물론이다. 또한 학대당한 아이들의 좌뇌와 우뇌를 연결하는 뇌량corpus callosum 의 신경 섬유 수가 감소한다는 연구 결과가 있다. 그 영향으로 아이는 생각과 느낌을 제대로 연결할 수 없고 자기 감각을 상실하며 지나친 걱정과 무언가 빠진 듯한 느낌을 갖게 된다.[16] 스트레스 상황에서 뇌가소성이 작용하고 해마는 기능을 상실하지만, 반대로 편도체는 더 강하게 활성화되며 무의식적으로 기억을 형성할 뿐만 아니라 그 일을 전보다 더 잘한다. 즉 편도체는 자체 기억을 갖고 그 기억을 해마와 공유하지 않는다.[17] 편도체는 어떤 경우라도 나쁜 기억을 독점한다.

나쁜 기억이 꿈에 나타나는 것은 모두가 겪어본 일이다. 흔히 악몽이라 불린다. 당연히 해마와 편도체에 자리잡거나 거쳐간 기억에서 시작할 것이다. 미치오 카쿠는 꿈과 기억의 관계를 매우 흥미롭게 해석했다.[18] 깨어 있는 동안 우리는 너무 많은 정보를 입력했기 때문에 포화 상태가 된다. 밤이 되어 뇌는 더 이상 무리하지 않으려고 수면에 들어간다. 수면 중에 뇌에서는 기억의 파편들이 떠돌다가 무작위로 결합해 새로운 기억을 형성한다. 이렇게 만들어진 꿈이란 두뇌가 기억을 체계적으로 저장하기 위한 일종의 청소 작업이라고 볼 수 있다는 것이다. 연구에 따르면 수면을 취할 때 활동하는 뇌 부위가 무언가를 새로 배울 때 활성화하는 부위와 일치한다고 했다. 흥미롭게도 수면 중에 기능하는 뇌 부위와 기능을 멈추는 부위는 따로 있다. 잠이 들면 시각 담당 부위는 활성화한다. 이곳은 렘수면(수면의 단계 중 수차례 안구가 급속히 움직이는 시기로 꿈을 꾸는 단계)을 담당한다. 해마도 깨어 있는데 기억이 사용되기 때문이며, 편도체와 전대상피질이 켜져 있어 꿈속에서 공포를 느낄 수 있게 한다. 자는 동안 기능이 멈추는 곳은 배외측 전전두엽으로 CEO 역할을 하는 부위인데 꿈에서 뇌가 무슨 일을 벌이든 상관 않겠다는 의미가 된다. 두 번째로 안와전두피질이 꺼지는데 사실 검증을 하는 부위가 일을 하지 않는 것이므로 당연하다. 감각과 공간 지각을 처리하는 측두두정피질도 기능을 멈춰 우리는 꿈속에서 하늘도 날고 갑작스런 공간 이동도 가능해진다. 결국 CEO가 없고 시스템이 작동하지 않는 꿈속에서 나쁜 기억은 해마와 편도체의 합작으로 활개를 친다. 현실에서 두려움에 불안해하던 우리가 꿈속에서도 공포에 떤다면 인생은 정말 피곤하고 무기력해질 수밖에 없다. 나쁜 기억은 이렇게 우리를 괴롭힌다.

제2장
회피

손실 기피:
삼풍백화점이 무너진 보이지 않는 이유

장마철이었지만 한여름의 더위는 저녁이 되어도 식을 줄 몰랐다. 그래도 아이들에게는 집 안보다 놀이터가 더 좋았다. 잠실 아파트 단지의 놀이터에는 그네를 타고 모래 장난을 하는 아이들이 활기차게 뛰어놀고 있었다. 이때 갑자기 개 짖는 소리와 함께 주변이 약간 어두워지기 시작했다. 곧 먼지 폭풍이 일더니 놀이터를 순식간에 덮쳤다. 아이들의 노는 모습을 옆에서 지켜보던 엄마들은 깜짝 놀랐다. "이게 뭐죠?" "글쎄 말이에요. 갑자기 먼지가 심하네요." 입안까지 텁텁하게 느껴지는 먼지 바람에 엄마들은 황급히 아이들을 데리고 집으로 들어갔다. 남아 있던 아이들도 의아해하며 하늘만 쳐다보고 있었다. 1995년 6월 29일, 508명이 사망하고

937명이 부상당한 서울 서초구의 삼풍백화점 붕괴 현장에서 일어난 먼지는 한 시간도 안 되어 10킬로미터 떨어진 송파구의 잠실 아파트 단지를 덮치고 있었다.

1989년 12월에 개장한 삼풍백화점은 당시로서는 매우 파격적인 분홍색 외벽에 콘크리트와 유리가 조화된 호화로운 콘셉트의 고급 백화점을 지향했다. 지금이야 대부분의 백화점에서 볼 수 있지만 1990년대 초반에 이미 구치, 버버리, 페라가모, 베르사체 등의 명품 브랜드가 입점되어 있었고 명품 화장품에 이름도 못 들어본 수입품들이 백화점을 가득 채우고 있었다. 주변의 강남 부자들이 자주 찾던 이 백화점은 사실상 최악의 부실 시공 건물이었다. 훗날 외국 건축 전문가들의 진단에 따르면 이렇게 지어놓고 5년 이상 버텼다는 것이 신기할 정도였다고 한다. 원래 이 부지는 주거용이어서 상업용지 허가가 나지 않는 곳이었지만 공무원들에게 뇌물을 주고 용도 변경을 해 공사가 시작되었다. 처음에는 대단지 종합상가로 설계되어 한 건설회사가 시공을 맡았는데 완공에 가까워질 무렵 건축주인 삼풍 회장은 용도를 백화점으로 바꾸고 4층이었던 원래 설계에 1층을 증축하도록 건설사에 요구했다. 붕괴 위험 때문에 건설사가 이를 거부하자 회장은 계약을 파기한 뒤 자사 계열사인 삼풍건설이 나머지를 이어 짓도록 했다. 백화점은 무량판 구조로 대들보 없이 바닥이 직접 기둥으로 하중을 전달하도록 설계되었지만 실제로는 기둥과 바닥 사이에 하중 전달을 보조하는 지판 두께가 충분하지 않았고 일부 기둥은 지판조차 없기도 했다. 바닥 끝쪽의 철근도 ㄴ자로 꺾어 시공해야 연쇄 붕괴가 일어나더라도 철근 끝부분이 일종의 갈고리로 제동장치 역할을 하게 되는데 ㄴ자로 꺾지도 않았다. 게다가 기둥들의 지름을 25퍼센트 깎기도 하고 몇 개는 아예 없애버리기도 했다. 개장한 이후에도 잦은 용도 변경으로 건물은 점점 더 버티기 어려워졌다. 불법 증축된 5층에는 원래 롤러스케이트장이 설치될 예정이었지만 고급 백화점의 이미지와 맞지 않는다는 이유로 철수하고 고급 식당가가 들어섰다. 이로 인하여 무게가 많이 나가는 냉장고 등의 주방 기기와 온돌 난방 시설까지 설치되었다. 붕괴 사고 1년 전에는 2층에 삼풍문고라는 대형 서점이 들어섰다. 책은 단위 면적당 무게가 상당한 물품으로서 서점으로 용도를 변경하려면 진단과 구조 검토를 거쳐 건물을 보강했어야 하지만 삼풍 측은 그러지 않았다. 1995년 3월 문제점을 파악한 삼풍은 서점을 지하 1층으로 이전했지만 이미 건물은 한계를 넘고 있었다. 붕괴의 가장 큰 원인이 된 것은 옥상의 에어컨 냉각탑이었다. 총 세 대가 있었는데 무게만 해도 36톤으로 냉각수까지 채우면 87톤이 넘어 옥상이 견딜 수 있는 무게의 4배나 되었다. 건설 초기에 소음으로 인해 주민들의 민원이 속출하자 1990년 초에 삼풍 측은 냉각탑을 옥상 반대편으로 옮기는 작업을 했다. 원래대로 하면 크레인을 이용해 옮겼어야 하는데 예산을 줄이기 위해 냉각탑 아래에 롤러를 장착해 천천히 끌어서 이동하는 방법을 택했다. 한 대당 12톤이나 되는 냉각탑은 옮기는 과정에서 옥상 바닥과 지지 구조에 엄청난 압력을 가했고 백화점 붕괴의 단초가 된 5E 기둥 부분에 큰 충격이 가해졌다. 개장 후 냉각탑에서 발생하는 진동은 5층 구조물에 지속적으로 전달되었고 균열이 시작되었다. 계속되는 균열과 진동에도 삼풍은 때때로 부서를 옮기는 공사를 했으며 대형 서점도 입점시켰던 것이다. 사태의 심각성을 눈치채면서 서점을 지하 1층으로 내렸지만 뼈대 구부러짐 현상이 일어나면서 건물이 약간씩 기울기 시작했다. 붕괴 2개월 전부터 5층 식당가 천장에서 시작된 균열이 증가하자 삼풍은 토목공학자들을 불러 조사했고 건물 붕괴 위험에 대한 경고를 듣게 되었다. 이런 상황에서조차 삼풍은 아무런 조치를 취하지 않았다. 사고 하루 전 무량판 구조에서 바닥과 지판이 기둥으로 전달할 수 있는 하중을 넘어서면서 바닥이 처지고 기둥이 바닥을 뚫고 올라오는 펀칭 현상이 발생했다. 6월 29일 붕괴 사고 당일 오전 9시, 5층 한 식당의 기둥에서 20센티미터의 균열과 천장이 뒤틀려 내려앉아 있는 것을 발견했다. 오전 11시가 넘어 다른 식당에서도 천장에서 물이 쏟아지고 바닥이 내려앉기 시작했다. 바닥이 기울면서 주방의 조리대가 넘어졌고 천장에서 떨어진 콘크리트 부스러기가 음식에 떨어지기도 했다. 붕괴 5시간 전인 12시 30분경, 백화점 임원들은 현장을 살펴본 뒤 점포 여러 곳의 영업을 중단시켰으며 옥상의 냉각탑 작동을 중지하고 냉각탑의 물을 빼도록 했다. 사실 이날 폭염이 기승을 부렸는데 에어컨이 중단되는 바람에 더위를 견디지 못해 백화점을 미리 빠져나간 사람도 꽤 있었다. 붕괴 2시간 전인 오후 4시, 회장 주재하에 긴급대책회의가 열렸다. 이 자리에서 건축설계사는 바로 영업을 중단하고 긴급 보수를 시행해야 한다고 주장했지만 구조 기술자가 현재 붕괴 위험은 없고 보강하는 방법이 있다며 반대 의견을 냈다. 다른 임원들도 고객을 대피시키자는 의견을 내놓았으나 경제적 손실을 우려한 삼풍 회장은 노발대발하며 반대했다. 그리하여 긴급대책회의는 영업 중지 없이 보수 공사를 택하는 것으로 결론 내려지며 끝났다. 사고 이후에 복기를 해보니 이때가 영업을 중지하고 대피를 시작했다면 그나마 인명 피해를 최소화할 수 있었던 마지막 골든 타임이었던 것으로 판명되었다. 다음은 붕괴 직전 마지막 한 시간 동안의 과정이다.[1]

붕괴 1시간 전 오후 5시, 4층의 천장이 가라앉기 시작하자 백화점 측은 고객의 4층 진입을 막았다.

오후 5시 30분, 임원 회의가 계속되고 있을 때 건물에서 "탕" 소리가 났다.

오후 5시 40분, 4층 천장이 "뚝" 소리를 내며 움직였고 5층 천장에서 시멘트가 떨어졌다.

오후 5시 47분, 다시 "뚜둑" 소리가 났고 4층 사람들이 비상구로 대피를 시작했다.

오후 5시 50분, 백화점에 비상벨이 울렸다.

오후 5시 51분, 건물 전체에 굉음이 발생하기 시작했다.

오후 5시 52분, 5층의 균열로부터 흙먼지가 뿜어져 나왔고 5층 직원들이 대피를 시작했다. 다른 지상층에도 소리를 질러 대피를 알렸지만 지하에 있던 많은 사람은 이를 듣지 못해 탈출하지 못했다.

붕괴 20초 전, 옥상의 하중을 견디지 못하고 5층 슬라브 전체가 4층 바닥으로 떨어졌다.

오후 5시 57분, 4층부터 펀칭 시어punching shear 현상과 함께 연쇄적으로 붕괴가 시작돼 삼풍백화점은 완전히 주저앉고 말았다.

1500명의 사상자를 기록하며 세계 건물 붕괴 역사상 사망자가 열 번째로 많았던 삼풍백화점 붕괴는 우리나라에서 6·25 전쟁을 제외하고는 건국 이래 가장 많은 인명 피해를 낸 참사였다. 대형 사고가 발생하면 왜 이런 일이 벌어졌는가에 대한 전문가들의 심층 조사가 있게 마련이다. 제일 먼저 떠오르는 원인은 부실 공사일 테고 업자와 공무원 간의 뇌물 공여 비리도 분명 한몫할 것이다. 천재지변이 아니라 인재인 경우 곰곰이 들여다보면 인명을 구할 수 있는 '골든 타임'이 항상 존재한다. 그리고 사고의 내면에 인간의 욕심이 끼어든 경우라면 대부분 '보이지 않는 인간 본능에 의한 비합리적 판단'이 자리하게 된다. 바로 '손실 기피 현상'이다. 지금은 나에게 손해가 주어지지 않았는데 앞으로 벌어질지 모르는 손실을 예상해 미리 걱정하고 여기에 집착하면서 합리적이지 못한 행동을 저지르게 된다. 문제는 이것의 결말이다. 손실을 미리 걱정한 나 자신의 어설픈 행동이 아무 일 없이 끝나는 경우도 많겠지만 누군가의 피해로 돌아갈 수도 있다는 것이다. 누군가의 피해가 미미할 수도 있지만 어떤 경우에는 재산 피해는 물론 인명 사고에 이르기까지 한다.

삼풍백화점 사고를 돌이켜보면 여러 차례의 비이성적인 인간 심리가 등장한다. 우선 4층을 5층으로 불법 증축한 과정이다. 원래의 설계 계획대로 시공했어도 영업하고 경제적 이득을 취하는 데 문제가 없었겠지만 5층을 만들 수 있다는 것을 상상하고 나서는 4층 건물이 이미 '손해'라고 느껴진 것이다. 같은 맥락으로 5층에 고급 식당가를 유치한 것도 고급 백화점이라는 콘셉트를 정해놓고 보니 롤러스케이트장은 역시 '손해'인 것이다. 기둥과 지판을 보강하고 옥상의 냉각탑을 이전하는 과정에서도 안전한 방법을 택했어야 하는데, 이미 겉으로 치장하는 부분만 신경 쓰고 보이지 않을 부분에 대한 비용 투자를 꺼리는 성향의 소유자인 회장은 안전을 외면했다. 가장 결정적인 손실 기피 성향은 붕괴 당일 보여주었다. 이미 천장이 뒤틀리고 바닥이 가라앉는 모습을 확인한 상황에서도 붕괴 2시간 전 마지막 긴급대책회의에서 회장은 임원 대다수의 즉각 영업 중지 의견을 무시하고 영업과 병행하는 구조 보강을 지시했다. 이득을 놓치는 것을 싫어하는 그의 성향으로 볼 때 충분히 예상되는 수순으로 작은 손실을 피하려다가 결국 몰락하고 말았다. 사고 후에 삼풍은 공중 분해되었고 배상금이 3317억 원에 달해 전 재산을 처분해도 다 갚을 수 없었다. 회장은 대법원의 판결로 7년 6개월의 징역형을 살고 2003년 만기 출소했으나 그해 말 지병으로 사망했다. 사고로 인한 후폭풍으로 1100여 곳의 중소기업이 부도 처리되어 많은 인력이 실업자가 되었다고 하니 손실 기피에 의한 한 사람의 실수가 얼마나 거대한 악영향을 미쳤는지 알 수 있다.

나심 탈레브는 『스킨 인 더 게임』에서 사람이 살아오며 알게 된 인류의 오래된 지혜 아홉 가지를 나열했다.[2] 하나, 인지 부조화다. 심리학자 레온 페스팅거가 정리한 이론인데 기존의 믿음에 배치되는 현실을 부정하는 사고나 자기가 먹을 수 없는 포도를 맛없는 신 포도라고 판단하는 사고를 가리킨다. 둘, 부정의 길이다. 우리는 무엇이 옳은지보다 무엇이 틀렸는지를 더 쉽게 판단할 수 있다. 셋, 현실 참여와 책임이다. 외국의 속담에 "타인의 치아로 씹을 수는 없다" "가려운 곳을 가장 잘 긁을 수 있는 것은 내 손톱이다"라는 것이 있다. 넷, 반취약성이다. 키케로는 정신을 놓으면 벌에게 쏘일 수 있다고 했다. 다섯, 시간의 중요성이다. 손안의 새 한 마리가 나무 위의 새 열 마리보다 낫다. 여섯, 집단 광기다. 니체는 이렇게 말했다. "인간이 개인으로 있을 때는 광기가 발현되는 일이 거의 없다. 하지만 집단, 당파, 국가 수준에서는 빈번하게 광기가 발현된다." 일곱, 적은 게 많은 것이다. 굳이 해외 사례를 들지 않아도 과유불급過猶不及이라는 우리의 한자 성어가 있다. 여덟, 과신하지 말라. 고대 그리스 시인은 확신에 모든 것을 잃었고 경계심에 모든 것을 지켜냈다고 말했다. 아홉, 손실 기피 성향이다. 이익에 따른 기쁨의 크기보다 손실에 따른 고통의 크기가 더 크다는 심리학 이론이다.

도대체 '손실 기피'가 무엇이기에 평범한 인간의 일상 중 하나가 되었으며 현자들로 하여금 수많은 연구를 낳게 만들었을까? 그 바탕에는 '두려움'이 있는데, 즉 손실을 피하려고 하는 인간의 두려움을 말한다. 그 두려움은 본인의 직간접적 경험에서 비롯되며 이 경험은 '나쁜 기억'을 이룬다. 사람마다 갖는 개개인의 '나쁜 기억'이 유전자형genotype이라면 이 기억에 대한 '두려움'으로부터 누구나 드러나게 되는 표현형phenotype이 '손실 기피'인 것이다.

하버드 경영대학원의 맥스 배저먼 교수의 '20달러 경매' 수업은 사람들이 손실 기피에 의한 집착에 얼마나 쉽게 빠지는지를 보여주는 고전적 실험이다.[3] 수업이 시작된 첫날, 배저먼 교수는 학생들에게 20달러짜리 지폐를 꺼내 경매를 하겠다고 선언한다. 단, 두 가지 규칙을 지켜야 하는데 하나는 입찰가를 1달러씩 높여 부를 수 있고, 다른 하나는 경매 낙찰자의 경우 당연히 20달러를 차지하지만 차점자는 자신이 부른 입찰가만큼 돈을 내놓아야 한다는 것이다. 실제로 경매가 시작되고 20달러를 싼값에 따기 위한 학생들의 호응에 불이 붙는다. 12~16달러까지는 경매가 빠르게 진행된다. 그리고 점점 현실이 인식되면 상위 입찰자 두 명을 제외하고는 모두 경매를 포기한다. 최고가를 부르던 두 명은 미끼에 걸려든 것이다. 한 명이 16달러를 부르면 다른 입찰자는 17달러를 부른다. 그러면 16달러를 부른 학생은 18달러를 부르거나 16달러의 손실을 봐야 한다. 당연히 그 학생은 18달러를 부르게 되어 있다. 손실을 볼 수도 있다는 두려움 때문에 지지 않기 위한 집착에 빠져든다. 18, 19, 그리고 20달러에 이르면 일단 학생들은 폭소를 터뜨린다. 어느 정도 감을 잡은 것이다. 누구라도 중단하면 작은 손실로 끝나겠지만 대부분 손실에 대한 집착을 포기 못해 입찰가는 계속 올라가기 마련이다. 배저먼 교수의 경험에 따르면 100달러를 넘기기는 쉬웠고 204달러까지 올라간 적도 있다고 했다. 배저먼 교수는 기업 임원을 대상으로 100달러짜리 경매를 해보기도 한다. 5달러 단위로 입찰가가 올라가는데 위험 부담이 매우 큰데도 불구하고 경매의 열기가 식은 적은 없었다고 한다.

인간은 손해에 매우 민감하다. 다음의 실험을 보자. 회사의 수익이 많이 나서 보너스를 지급하기로 했다고 한다. 한 군은 100만 원을 주기로 했는데 동전을 던져 앞이 나오면 다 주고 뒤가 나오면

한 푼도 주지 않는다. 다른 군은 무조건 70만 원을 지급한다고 한다. 자, 어느 군을 택하겠는가? 대부분은 70만 원을 선택한다. 두 번째로, 회사의 사정이 어려워져 월급에서 100만 원을 삭감하기로 했다고 하자. 한 군은 100만 원을 삭감하되 동전을 던져 앞이 나오면 다 삭감하고 뒤가 나오면 삭감하지 않는다. 다른 군은 무조건 70만 원을 삭감한다고 한다. 이제 어느 군을 택하겠는가? 특이하게도 이번에는 대부분이 반대로 동전 던지기를 선택한다. 대니얼 카너먼은 그의 '전망 이론'에서 사람은 이득을 볼 때는 안전을 택하지만 손해가 예상될 때는 이를 피하려고 도박을 선택한다는 것을 입증했다.[4] 위의 예는 카너먼의 예시를 좀더 이해하기 쉽게 해석한 것인데 같은 100만 원이라도 이득일 때보다 손해일 때 고통은 두 배 이상 크게 느껴지는 것이다. 실험에 의하면 손실 회피율loss aversion ratio은 일반적으로 1.5~2.5배로 추정된다. 결국 인간은 작은 손실이 예상될 때 이를 확대 해석하면서 과잉 반응하게 되고, 일이 생기지도 않았는데 미리 걱정하면서 이를 피하려고 집착하게 된다. 이때 문제가 발생한다. 삼풍백화점 붕괴 사고처럼 그 사람의 손실 기피로 인해 아무것도 모르고 있던 타인이 큰 손해를 보게 되는 경우가 생기는 것이다. 작은 손해를 보는 일들은 그 야말로 일상적이다.

손실 기피가 남의 일이고 나나 내 가족과는 상관없는 일이라고 치부할 사람이 많을지도 모른다. 하지만 우리 주위에 늘 존재하는 것이 이 행동이고 현상이다. 예상되는 손해를 피하기 위해 이득을 좇다보면 어느 순간 나는 이득이라고 생각했는데 나의 사랑하는 사람이 그 피해를 고스란히 떠안게 되는 상황에 우리는 맞닥뜨리곤 한다. 다음의 예를 보자. 항생제 하루 두 번, 기침약 하루 세 번, 가래약 하루 세 번, 스테로이드 하루 두 번, 소염제 하루세 번, 소화제 하루 세 번. 이것은 주변에서 가끔 볼 수 있는 소아의 감기 처방전이다. 너무 심하다는 생각이 든다. 감기는 원래 바이러스 질환이어서 특별한 치료약이 있는 것은 아니다. 증상을 완화하는 정도의 소량의 약과 수분 및 영양섭취면 충분하다. 그런데왜 이러한 처방이 나올까? 엄마는 옆집 아이가 폐렴으로 병원에입원해 있는 것을 알게 되었다. 우리 아이를 살펴보니까 초기 증상이 똑같고 보통 감기와는 달라 보이기도 한다. 그렇게 힘들어 보이지는 않는데 혹시나 싶어 병원을 찾는다. "폐렴이 될까봐 걱정돼서 왔어요." 의사가 아이를 진찰한다. 폐렴은 아니다. 아이는 코감기, 목감기에 걸렸고 대증치료면 충분해 보인다. 하지만 엄마의 걱정이 몹시 심하다. 아이가 입원하면 직장에 휴가를 내고 간병을해야 하니까 약을 세게 써서 폐렴을 예방해달라고 주문한다. 사실폐렴이 오는 것을 예방할 수는 없지만 엄마가 이토록 걱정하는데그냥 감기라고 했다가 나중에 폐렴이 되면 나한테 크게 원망하겠지 하며 의사도 걱정하기 시작한다. 결국 엄마와 의사의 걱정이 합쳐진 결과가 처방전에 반영된다. 그런데 주목해야 할 점은 본질적으로 이 걱정이 '손해에 대한 두려움'에서 비롯된다는 것이다. 항생제와 스테로이드가 들어간 감기 처방전을 낸 의사와 받아든 엄마는 만족한다. 예상되는 손해를 피할 것 같고 걱정이 없어진다. 자, 그렇다면 이제 그 약은 누가 먹는가? 아이다. 내 아이가 이렇듯 항생제를 자주 먹고 자라나 정말로 중요한 감염이 닥쳤을 때 항생제 내성으로 쓸 약이 없다면 어떻게 할 것인가? 내가 피한 손해가 내 아이에게 더 큰 피해로 갈 수 있다는 것을 왜 모를까. 오늘도 많은 엄마가 아이에게 유산균을 주고 있다. 그 유산균의 어떤 기전이 우리 아이의 몸에 도움이 되는지 큰 고민을 하지는 않는다. 여하튼 장에 도움이 될 것이라고 믿어 먹이는 경우가 대부분이겠지만, 엄마 마음의 기저에는 남들도 다 먹이는데 우리 아이만 복용하지 않으면 손해 보는 것 같다는 두려움이 앞선 것은 아닐까?[5]

합리적 두려움:
파푸아뉴기니 원주민의 편집증

우리가 어느 조직에 속해 있고 어떤 의사결정을 위한 토의를 하고 있다고 가정해보자. 한 달 넘게 같은 주제로 여러 번 회의를 했는데 이번 건은 중요한 결정이어서 모두 신중하게 회의에 임하고 있다. 열띤 토론이 끝나면 팀장은 계속 결정을 미루고 다음 회의에서 더 논의할 자료를 찾아오도록 한다. 이미 많은 시간이 흘렀고 어느 정도 결론이 내려졌다고 생각하기 때문에 팀원들은 약간 짜증이 나기 시작한다. 팀원들은 열심히 자료를 뒤져 최선의 안이라고 발표했는데 팀장은 더 나은 안을 가져오라고 한다. 이런 일이 반복되면 나쁜 기억으로 자리잡게 된다. 하지만 팀장의 마음을 헤아려보면 이해할 만도 하다. 팀장은 의사결정이 가장 합리적이고 논리적으로 이루어져야 한다고 생각한다. 그는 능력이 출중한 리더라면 모든 정보를 파악하고 많은 자료를 검토하며 주변 동료들의 피드백을 충분히 받아 가장 최선의 대안을 선택해야 한다고 믿고 있다. 그래서 오늘 결정을 내리려고 해도 또 다른 가능성이 보이기 때문에 다시 회의 날짜를 잡을 수밖에 없다. 가장 이상적인 의사결정 모델은 이렇듯 최적의 옵션을 찾아낼 수 있어야 하는 것이지만 현실은 그렇지 않다. 1978년 노벨경제학상을 수상한 허버트 사이먼은 의사결정 과정에서의 현실적인 어려움을 지적하며 '제한된 합리성bounded rationality' 모델을 제시했다. 인간은 모든 정보를 기억하고 언제나 완벽한 판단을 내릴 수는 없다. 상황에 따라 가해지는 압력을 견디며 일을 하다보니 실수를 범하게 되어 더 좋은 방법이 있음에도 그것을 놓치고 중간에서 만족하게 된다. 우리는 세상의 모든 일을 알 수 없기 때문에 예상 못한 상황에 처하면 본능적으로 어떻게든 회피하고자 한다. 사이먼이 언급한 '만족하기'는 의사결정 과정에서 사람들이 자기가 생각하고 있는 최소한의 기준을 넘어서는 대안을 찾으면 만족하면서 다른 안을 고려하지 않고 그 대안을 선택하는 어림법을 말한다. 그래서 사이먼은 합리성을 추구하지만 결코 합리적이지 않은 인간의 행동 패턴을 연구하는 행동경제학의 태두로 불린다.[6]

사실 '만족하기'에 대해 관련 당사자들 입장에서 심리를 들여다보면 매우 흥미로운 공통 분모가 나온다. 팀원 입장에서는 여러 번의 회의를 거치는 동안 자신이 생각하기에 훌륭한 기안과 발표를 했다고 여기지만 반복되는 반려, 즉 사실상 거부와 차기 회의 재준비는 자존감 저하를 동반하며 아픈 기억으로 남는다. 다음 회의에 들어가서도 어차피 결정하지 못할 것이라는 무기력을 경험할 수도 있다. 이 나쁜 기억에서 벗어날 수 있는 유일한 방안이 바로 '만족하기'다. 이 정도면 좋은 방안이라고 스스로 인정하는 것이다. 팀장 입장에서도 마찬가지다. 최적의 방안을 찾아야 하는 의무감에 회의를 장기간 진행하고 팀원들을 독촉하지만 결정을 내려야 하는 팀장으로서 마냥 시간만 끌 수는 없다. 팀원들의 눈치도 그다지 호의적이지 않고 상사가 정한 기한도 곧 다가온다. 팀장 역시 회의가 끝날 때마다 다음 회의에 대한 두려움으로 나쁜 기억을 쌓게 된다. 무의식의 조정을 받고 있는 우리는 두려움을 회피하기 위해 결국 어느 정도 '만족할 만한' 안에 '만족하기'를 할 수밖에 없다.

허버트 사이먼의 영향을 받은 게르트 기거렌처는 '제한된 합리성'을 보완해 우리가 처한 맥락과 환경에 좌우되어 합리성이 변할 수 있다는 '생태적 합리성ecological rationality'을 내세웠다. 표면적으로는 비합리적으로 보이는 인간의 행동 가운데 상당 부분이 합리적이라는 말이다.[7] 그의 저서 『생각이 직관에 묻다』에도 의사결정 과정에 대한 그의 숙고가 들어 있다. 몇 가지 중요 요소에 입각한 결정은 모든 요소를 고려하는 것보다 더 정확한 예측을 할 수 있다는 것이다. 중요한 요소는 오류가 적을 확률이 높고 비중요 요소는 상대적으로 오류가 많을 수 있다. 사소할 수 있는 비중요 요소의 오류들이 복잡한 계산을 거쳐 제거되는 과정에서 오히려 더 증폭되는 현상을 보이기 때문이다.[8] 의사결정 과정에서 평범한 인간이 보이는 현상을 '제한된 합리성'이나 '생태적 합리성'으로 나누는 것은 보이는 현상을 합목적적으로 구분했을 뿐 그 기저에 깔려 있는 '손실 기피' 심리는 꿈쩍도 하지 않고 그대로 존재한다.

변비로 고생했지만 온 가족의 해피 엔딩으로 끝난 수미의 이야기로 잠시 돌아가보자. 아이도 항문에 대한 두려움으로 불안해했지만 어른들 또한 합리적이지 않은 두려움에 의한 행동으로 아이를 더 공포에 빠뜨렸다. 보호자의 이 '비합리적 두려움'은 사실 상상의 산물이다. 보이지 않는 두려움이 유발한 행동 편향으로 수미의 배변을 돕지 않으면 또 다른 일이 벌어질 것 같다는 생각에 항문을 자극하고 관장하게 되는 비합리적 행동을 한 것이다. 이러한 두려움은 우리 모두의 삶의 기저에 자리하고 있어 나쁜 일을 예방하는 순기능도 하지만 스펙트럼 안에서 조금이라도 지나치면 타인에게 피해를 입힐 수 있다. 물론 피해를 줄일 방법은 있다. 아이의 변비 사례에서 봤듯이 어른의 걱정에서 유발된 행동으로 인해 내 아이에게 피해가 간다는 예측을 하지 못한 것이었을 뿐 타인의 가르침으로부터 그 두려움의 인과관계를 인지하는 순간, 수미 가족에게 일어난 것처럼 '비합리적 두려움'은 바로 '합리적 두려움'과 통찰로 바뀐다. 그들은 결국 깨달았다. 두려움의 맥락을 알게 됨으로써 손실 기피 행동을 이해할 수 있게 되는 것이다.

더 나아가 재러드 다이아몬드의 통찰력은 손실 기피를 보이는 인간이 왜 합리적인가에 대한 답변에 이르게 했다. 의사이자 인류학자인 그는 비합리적 인간을 논한 '제한된 합리성'과 조금은 합리적인 '생태적 합리성'을 지나 이제는 손실 기피를 보이는 인간의 행동이 실제로 매우 합리적인 선택이었음을 파푸아뉴기니의 원주민을 통해 목격했다. 그리고 역작인 『어제까지의 세계』에서 '건설적인 편집증'이라는 개념을 소개했다. 2016년 5월 11일 '서울 포럼 2016'에 초대된 그는 '전통사회에서 배우는 위험에 대처하는 자세'라는 제목으로 이 개념에 대해 다음과 같이 파푸아뉴기니 원주민의 일화를 소개했다.9

높은 고도에서 새를 관찰하고 오후엔 캠핑을 해야 할 일이 있었습니다. 다행히 아주 평평한 그리고 엄청나게 멋진 숲이 있는 야영지를 찾았지요. 그곳엔 아주 키가 큰 나무가 있었습니다. 그 나무 아래에 텐트를 쳐야겠다고 생각하고 뉴기니 사람에게 텐트를 치라고 했더니 그럴 수 없다고 했습니다. 죽은 나무가 쓰러질지도 모른다는 것이었습니다. 그리고 그들은 멀리 떨어진 다른 곳에 텐트를 치고 잤습니다. 제가 보기엔 굉장히 두꺼운 나무여서 쓰러질 가능성은 없어 보였습니다. 나무가 그날 쓰러질 확률은 1000분의 1도 안 될 겁니다. 그래서 저는 그들이 느끼는 것이 과장된 두려움, 즉 편집증이라고 생각했습니다.

그 후로 그는 파푸아뉴기니에서 생활을 지속하면서 매일같이 고목이 쓰러지는 모습을 목격했다고 한다. 비록 나무가 쓰러질 확률이 1000분의 1이었지만 그는 수년간 위험도가 누적되면 사망 확률은 높아진다는 것을 깨달았다. 이후에 그는 뉴기니인들의 손실 기피 우려를 '건설적 편집증'이라고 칭하며 자신의 핵심 전략으로 삼았다고 한다. 그 전략 중 하나였겠지만 그는 샤워하면서도 넘어질 수 있으니 조심해야 한다며 '건설적 편집증'을 습관화하자고 주장했다. 다음은 이에 관한 일화다.[10]

"다이아몬드, 정말 편집증에 걸렸군요! 샤워를 하면서 넘어질 위험은 1000분의 1에 불과합니다." 이 같은 여러분의 반박에

나는 이렇게 답하겠습니다. 내가 샤워장에서 넘어질 확률인 1000분의 1은 이제 낮은 게 아닙니다. 나는 벌써 일흔일곱 살입니다. 이제 남은 미국인의 평균 여명은 15년입니다. 따라서 내가 앞으로 평생 매일 샤워를 한다면, 15×365, 즉 5475번의 샤워를 하게 될 겁니다. 결국 내가 부주의해서 샤워하다가 넘어질 확률이 1000분의 1이라면 내가 다섯 번 정도 죽을 수 있다는 뜻입니다.

메타 합리성:
후쿠시마 핵발전소와 오나가와 핵발전소에
들이닥친 쓰나미

일본 동북쪽 해안에 위치한 삼나무 숲 계곡 안에 아네요시라는 마을이 있다. 이 마을의 언덕 위에 비석이 하나 서 있는데 거기에 이런 경고문이 새겨져 있다.

고지대에 세운 집들은 후손의 평화와 행복을 보장해준다. 거대한 쓰나미의 참사를 기억하라. 이 높이 아래로는 집을 짓지 말라.

1930년대에 발생한 엄청난 쓰나미 이후 주민들은 언덕 위로 이주했고 이 같은 비석을 세웠다. 하지만 세월이 흐르며 인구는 증가했고 해변 마을이 생겨났다. 많은 사람이 고지대에서 해변가로 삶의 터전을 옮겨간 것이다. 2011년 3월 11일 진도 9.0의 강진이 일본 동북부 지방을 관통했다. 지진 후에 한 시간도 안 되어 발생한 거대한 쓰나미는 아네요시 계곡을 덮치고 비석의 바로 몇십 미터 아래까지 올라왔다. 그 아래쪽은 쓰나미에 모두 휩쓸려갔다. 인명과 재산 피해가 컸으나 비석 위쪽에 살던 주민들은 피해를 입지 않았다. 인근에는 오나가와 핵발전소가 있었다. 이날 쓰나미가 주변 마을을 초토화시켰는데도 불구하고 핵발전소는 아무 탈이 없었다. 과거 쓰나미 피해를 교훈 삼아 발전소가 건설된 해발고도가 높았을 뿐만 아니라 제방 높이를 14미터로 높게 쌓아 13미터 높이의 쓰나미를 막을 수 있었다. 실제로 쓰나미가 왔을 때 주민들은 오히려 핵발전소로 대피했다. 이곳이 더 안전했기 때문이다.

아네요시 마을에서 남쪽으로 320킬로미터 떨어진 해안가에 후쿠시마 핵발전소가 위치해 있었다. 지진을 감지한 원자로는 자동으로 셧다운되었는데 10미터로 쌓았던 제방 위로 쓰나미가 넘어가 지하에 있던 변전 설비가 침수되었고 비상 전원이 공급되지 못하면서 노심 온도는 점점 올라갔다. 결국 원자로 세 기가 노심용융을 일으킨 뒤 폭발해 체르노빌 원전 사고와 똑같은 7등급의 사고로 주변 지역뿐만 아니라 태평양까지 방사능 오염을 일으켰다.

돌이켜보면 진앙과 더 가까웠던 오나가와 핵발전소는 안전했는데 더 멀리 떨어진 후쿠시마 핵발전소는 재앙을 입었다. 왜 이런 차이가 났을까? 핵심은 제방의 높이였다. 오나가와 발전소의 제방은 14미터 높이로 13미터의 쓰나미를 견뎌낼 수 있었던 반면 후쿠시마 발전소는 10미터의 제방으로 속절없이 당했다. 제방을 건설할 때 어느 높이로 올리느냐를 결정하는 요인 중 과거의 역사적 기록을 가져오는 방법이 있다. 기록에 따라 가장 높았던 파도가 10미터였다면 아마도 90퍼센트 이상의 확률로 이 예측에 근거한 높이로 결정날 것이다.[11] 문제는 이 예측이 맞지 않을 수 있다는 것이다. 심리학자 돈 무어는 "이런 예측 방법 연구에 따르면 90퍼센트 신뢰 구간에서 정답이 나오는 경우는 50퍼센트에도 미치지 못"한다고 했다.[12] 과거에는 한 번도 10미터를 넘은 적이 없지만 오늘 13미터라면 이제부터 쓰나미의 높이는 최고 13미터인 것이다.

다음은 『블랙 스완』에 나오는 구절이다.

서구인이 오스트레일리아 대륙을 발견하기 전까지 구세계 사람들은 모든 백조가 흰 새임을 믿어 의심치 않았다. 이것은 경험적 증거에 의해 뒷받침된 난공불락의 신념이었다. 그런데 검은 백조 한 마리가 두어 명의 조류학자 앞에 홀연히 나타났으니 얼마나 흥미롭고 놀라웠을까.

나심 탈레브는 『블랙 스완』에서 우리가 과거 경험으로부터 믿어 왔던 '백조는 하얗다'라는 정설이 단 한 마리의 검은 백조의 출현으로 무너졌던 사건을 설명하면서 극단의 예측 불가능한 사건에 우리는 무방비로 노출되어 있다고 말했다.[13] 세상은 희귀성 혹은 극단값 등에 의해 충격을 받을 수 있고, 이른바 전문가들조차 자신의 주장이 명확하게 무엇을 의미하는지 모를 수 있으니 거창하고 위험천만한 예측에 귀 기울이거나 의존하지 말고 가능한 모든 경우에 대비하며 언제나 준비하고 있으라는 조언을 내놓았다.

2020년 대한민국을 강타한 코로나19 사태에서 질병관리본부를 비롯한 전문가 그룹과 온 국민이 합심해 보여준 대처법은 바로 '건설적 편집증'이었다. 감염 환자의 동선을 추적하는 것은 기본이고 무증상 확진자마저 끝까지 찾아내 격리시키는 과정은 확률이 낮더라도 발생 가능한 일에 대해 주의를 집중하며 감염의 발생 리스크를 크게 줄인 방역 모범국의 단면이었다. 유럽이나 미국의 눈에는 대한민국의 방역 과정이 비합리적으로 비칠 수도 있지만 대한민국이 보기에는 수백만 명이 넘는 확진자와 수만 명의 사망자가 속출한 그들 나라가 비합리적으로 비칠 수도 있다. 파푸아뉴기니 원주민에게 큰 고목은 과거의 나쁜 기억상 당연히 피해야할 대상이지만 재러드 다이아몬드가 보기에 원주민의 행동은 비합리적이었던 것이다. 한쪽에서 볼 때는 매우 두려운 일이지만 다른 쪽에서 볼 때 아무렇지 않을 수 있다면 우리는 '통약불가능성

incommensurability'이 존재한다고 말한다. 쉽게 말해 양자 간에 비교가 불가능하다는 의미다. 두려움으로 인한 회피 행동이 나타났을 때 그것이 옳았는지 그른지는 그 순간에 판단할 수 없다. 오직 진화된 결과만으로 판정할 수 있을 따름이다.

손해의 두려움을 피하기 위해 우리 인간은 의식적 혹은 무의식적으로 손실 기피에 대한 진화적 대응을 해왔다. 아래에서 웨이슨 선택과제라 불리는 흥미로운 과제를 풀어보자. 심리학자 피터 웨이슨은 조건 법칙의 위반 여부를 탐지하는 능력을 테스트하는 실험을 고안해냈다.[14]

1) 추상적인 문제

당신이 맡은 일은 학생부가 올바르게 정리되어 있는지 확인하는 것이다. 규칙상 학생이 D 등급을 받으면 학생부에는 3으로 표시해야 한다. 아래의 카드에는 학생의 정보가 있는데 앞면에는 성적이, 뒷면에는 분류 숫자가 적혀 있다. 규칙에 따라 제대로 작성되었는지 확인하기 위해 반드시 뒤집어봐야 할 카드를 한 장 이상 고르시오.

D	F	3	7

2) 음주 연령 문제

이 지역에서는 미성년자에게 술을 팔면 위법이다. 법을 지키지 않으면 주점의 면허가 취소되는데 규칙상 주점에서 맥주를 마시고 있는 사람이라면 반드시 21세 이상이어야 한다. 아래의 카드에는 손님의 정보가 있는데 앞면에는 음료 종류가, 뒷면에는 손님의 나이가 적혀 있다. 주점이 법률을 위반하고 있는지 확인하기 위해 반드시 뒤집어봐야 할 카드를 한 장 이상 고르시오.

맥주	콜라	25세	16세

1)번 테스트에서 대부분의 피험자들은 D 카드 하나를 선택하거나 D 카드와 3 카드를 선택했다. 하지만 답은 D와 7 카드다. 모든 D 카드의 뒷면에 3이 적혀 있어야 하므로 D를 뒤집어 보는 것은 당연하다. 7 카드 뒷면이 D가 아님을 확인하는 것은 중요하지만 3 카드가 D인지는 중요하지 않다. 3 뒤에 A나 B가 와도 되기 때문이다. 이 문제의 정답률은 보통 25퍼센트로 알려져 있다. 그런데 2)번 테스트에서는 피험자 중 75퍼센트가 정답을 맞힌다. 이 쉬운 문제의 답은 맥주와 16세다. 사실 두 문제는 동일한 문제라는 것을 알겠는가? 1)번은 추상적인 조건이 제시되어 있지만 2)번

은 구체적인 위법 사실이 적혀 있다. 웨이슨 선택과제 실험은 추론의 주제가 무엇인지에 따라 인간의 추론 능력이 달라진다는 것을 입증했다. 추상적인 상황에서 맥락을 잘 이해하지 못하는 우리는 남의 행동이 법을 어겼다고 느낄 때 바로 눈치를 챌 수 있다. 이것은 아마도 타인의 잘못으로 내가 손해 볼 것에 대한 두려움이 인간의 마음 기저에 깔려 있기 때문일 텐데, '공정'이 사회 이슈가 되고 위법성이 없어도 비도덕적 행위만으로 비난받는 이유를 설명해준다. 진화심리학자 레다 코스미디스는 사람에게는 사기꾼을 탐지해내는 심리적 메커니즘이 있는데 우리 마음은 사회 규범을 무시하고 위반하는 무임승차 행위, 즉 대가를 지불하지 않고 이익을 얻는 행위에 주목하도록 진화되어 있다고 했다. 그녀는 조상으로부터 물려받은 우리의 상호 이타성의 역사가 인간의 추론에 영향을 미쳐 사기꾼 탐지 메커니즘을 만들어냈을 것이라고 덧붙였다.

손실 기피와 그로 인해 파생되는 수많은 행위 및 사건들은 비합리적인 인간의 욕망으로 벌어진 무섭고 거대한 일들만 뺀다면 자신과 집단에게 도움을 주는 일상이 된다. 무서운 사건만 기억에 남아 있는 것이지, 물이나 공기가 인간에게 큰 혜택을 주고 있는데도 우리가 그냥 지나치는 것처럼 손실 기피의 혜택을 보고 있는데도 모르고 지나치고 있는 게 틀림없다. 손실 기피는 진화의 한 축임이 분명하다. 인간이 수백만 년 전부터 지구상에 살면서 개인이든 집단이든 셀 수 없는 손실을 경험해왔고 또 회피해왔을 것이다. 미래에 손실이 생기지 않기를 바라는 크고 작은 행위도 많았을 것이다. 발생 가능성은 매우 낮지만 한 번 발생하면 엄청난 손실이나 재앙을 유발하는 리스크를 '테일 리스크'라고 부른다. '테일 리스크'의 발생을 줄이기 위해 인간은 미신도 하나의 문화로 포장해왔다. 파푸아뉴기니의 '고목 아래 피하기'처럼 말이다. 내 마음이 극도로 불안해질 때 미신이라는 '플라세보placebo(위약)'는 '파나시아panacea(만병통치약)'가 된다. 그래서 합리성과 비합리성의 논쟁을 떠나 손실 기피와 관련해서 우리는 '메타 합리성'을 갖는다.

제3장
개입

행동 편향:
무사 1루에서 강공을 해야 하나 번트를 대야 하나?

2018년 5월 15일 대전의 한화 이글스 홈구장 이글스 파크에서 이 글스는 KT 위즈를 상대하고 있었다. 팽팽한 투수전이 진행되었고 0대 1로 끌려가던 7회 말 선두 타자 하주석이 볼넷으로 1루 출루에 성공했다. 그러자 1루 측 홈 응원단의 함성이 다시 시작되었다. 다음 타자는 최재훈이었다. 홈팬들이 보내기 번트 기회가 왔다고 생각하는 순간 최재훈은 방망이를 힘차게 돌렸고 공은 KT 위즈의 2루수 박경수가 잡아 유격수, 1루수로 이어지는 병살타가 되었다. 점수를 내지 못한 한화 이글스는 7회를 지나 8회 말에 다시 한번 천금의 기회를 잡는다. 1번 타자 이용규가 안타를 치고 나간 것이다. 홈팬들은 모두 일어서서 크게 배를 내밀며 "최. 강. 한. 화"

를 연호하기 시작했다. 무사 1루에 다음 타자는 양성우였다. 7회의 아픈 기억이 있어서였는지 양성우는 번트 모션을 취했지만 역시 또 강공으로 전환했다. 결과는 우익수 뜬공 아웃이었다. 그리고 9회 초 2점을 더 달아난 위즈에게 이글스는 시즌 첫 완봉패를 당하고 말았다. 팬들의 비난이 이어졌고 매스컴도 한용덕 이글스 감독의 판단에 아쉬움을 표했다. 이날 경기 전까지 최재훈은 타율 0.188로 타격감이 좋지 않았는데 왜 한용덕 감독은 희생 번트를 버리고 강공을 지시했을까?

미국 메이저리그의 통계분석가 톰 탱고는 1999년부터 2002년까지 메이저리그 전 경기를 분석하여 다음과 같은 표를 만들었다.[1] 숫자는 해당 이닝에 득점한 점수의 평균값이다. 예를 들어 무사 1루의 득점 기대값은 0.953이다.

	무사	1사	2사
1루	0.953	0.573	0.251
2루	1.189	0.725	0.344
3루	1.482	0.983	0.387

특이한 것은 보내기 번트가 성공해 1사 2루가 되면 득점 기대값은 0.725가 된다는 점이다. 무사 1루에서 아웃 카운트 하나를 잃어가며 2루로 보내놓았더니 득점 기대값이 더 떨어진 것이다. 1사 1루에서 희생 번트를 하고 2사 2루를 만들면 기대 득점은

0.573에서 0.344로 더 크게 낮아진다. 희생 번트가 성공했는데 어떤 상황에서도 득점 기대값이 떨어지니 희생 번트는 성공할수록 손해라는 의미다. 다른 표 하나를 더 살펴보자. 각 숫자는 해당 상황에서 0점에서 5점까지 점수를 획득할 확률이다.

		0점	1점	2점	3점	4점	5점
1루	무사	0.563	0.176	0.132	0.067	0.034	0.028
2루	1사	0.594	0.23	0.098	0.045	0.018	0.014

이 표를 보면 희생 번트를 시도하여 무사 1루를 1사 2루로 만들었을 때 각각의 점수가 날 확률을 알 수 있다. 해당 이닝에서 1점을 득점할 확률은 무사 1루가 0.176 그리고 1사 2루가 0.23으로 1사 2루가 더 나은 것처럼 보인다. 하지만 더 자세히 보면 무사 1루에서 다득점할 확률이 1사 2루보다 높은 것을 알 수 있다. 야구는 1점이든 5점이든 점수가 나면 좋은 것이다. 즉 1점을 득점할 확률을 비교하는 것보다 0점에 그칠 확률을 보는 것이 더 정확한 통계일 수 있다. 그렇게 보자면 무사 1루에서 0점에 그칠 확률은 0.563이고 1사 2루에서 무득점할 확률은 0.594다. 결국 희생 번트가 성공하면 득점하기는 더 어려워진다. 한용덕 감독은 통계를 믿었고 1점 차의 경기를 뒤집기 위해 강공을 지시한 것이다. 일반적으로 무사 1루에서는 희생 번트 작전이 나오는 것을 자주 보게 된다. 감독이 무사 1루나 무사 1, 2루에서 보내기 번트를 대지

않고 강공을 지시하여 병살이 되면 감독의 작전이 실패했다는 인상을 주게 된다. 하지만 희생 번트를 지시하여 타자가 번트에 실패했을 경우는 책임이 감독이 아닌 선수에게 돌아간다. 보내기 번트가 성공해 1사 2루에서 후속타가 이어지지 않더라도 감독의 보내기 번트 작전은 성공한 것이지만 후속 타자의 잘못으로 점수를 내지 못한 상황이 되어버린다. 무사 1루에서의 희생 번트는 감독에게는 손해 볼 일이 전혀 아닌 것이다. 따라서 감독은 홈팬들의 기대에 따라 무사 1루에서 가만있을 수는 없고 뭔가 작전은 수행해야겠는데 이때 가장 쉽게 선택하는 것이 보내기 희생 번트다. 결과와 상관없이 가만있는 것보다는 뭔가 행동하는 것이 더 나아 보이는 믿음이 바로 '행동 편향'이다.

독일의 작가 롤프 도벨리는 이 같은 행동 편향이 교육 수준이 매우 높은 분야에서 나타난다고 했다. 앞서 언급한 감기에 항생제를 사용하는 의사도 같은 맥락의 예가 된다. 약을 써도 되고 안써도 되는 상황에서 의사는 '의사'로서의 행동을 뭐라도 보이려고 약을 처방할 확률이 높아진다. 행동 편향이 지시하는 대로 따른 것이다. 왜 우리 인간은 행동 편향의 지시에 저항 없이 따르게 될까? 이것은 진화의 역사에서 그 이유를 찾아볼 수 있다. 200만년 전 아프리카의 사바나 초원에서 우리 조상들은 매일같이 생존 투쟁을 했을 것이다. 100미터 전방에 덩치가 큰 동물이 나타났을 때 그것이 사슴인지 사자인지 50미터 앞에 올 때까지 기다릴 수 있었을까? 생각하는 동물인 인간이라도 생각만으로 생명을 유지하기에는 세상이 너무 험악하다. 빠르게 도망가야 생명을 부지했을 테고 오히려 생각에 시간을 쏟는 것은 허세였을 것이다. 도망을 가야 할지 말지를 정하는 것은 찰나의 결정이 되었고 행동함으로써 보상을 받았던 우리 조상들의 본능은 우리 피 속에 진화로 남겨진 것이다. 지구상에 수억 년의 생명의 역사에서 200만 년은 본능마저 진화하여 변화하기에는 매우 짧은 기간이다. 편도체는 200만 년 전이나 지금이나 똑같고 전전두엽의 활용에 있어서만 조금씩 진화해나갈 뿐이다. 롤프 도벨리는 그의 책 『스마트한 생각들』에서 이렇게 말했다. "불분명한 상황에서 우리는 뭔가를 하고 싶은 충동을 느낀다. 그리고 나면 더 낫게 변한 것이 아무것도 없더라도 기분은 나아진다. 우리는 너무 빨리 그리고 너무 자주 행동하는 경향이 있다. 당신이 상황을 더 낫게 평가할 수 있기 전까지는 아무것도 하지 말고 뒤로 물러나 있으라. 그리고 파스칼의 말을 명심하기 바란다. 인간의 모든 불행은 그들이 방 안에 조용히 머물러 있지 못하는 데 있다."[2]

여기서 잠깐, 지금까지의 행동 편향 이야기에서 조금만 뒤집어 생각해보자. 일부러 어떤 일을 하지 않았다면 그것은 행위를 한 것인가 하지 않은 것인가? 지금 당장 벌어질 것도 아닌데 손실이 예상된다는 두려움과 집착 때문에 인간은 손실 기피를 위한 행동을 한다고 했다. 똑같은 상황에서 만일 해야 할 일이 있었는데도 그 일을 일부러 하지 않았다면 그 또한 손실 기피를 위한 행위로 볼 수 있다. 그런데 흥미로운 것은 이때 역시 자신은 손해를 보지 않았지만 누군가 손해를 입게 될 확률이 높아진다는 사실이다.

부작위 편향:
부모가 자식의 예방주사를 거부하는 이유

2015년 9월 17일 수요일 밤 3시간이 넘게 격렬히 펼쳐진 2016년 미국 공화당 대선 후보 2차 토론회에서 도널드 트럼프는 거짓말을 하나 했다.[3] "두세 살의 예쁜 아이가 홍역 백신을 맞은 지 일주일 만에 고열에 시달리더니 자폐증에 걸렸습니다." 홍역 백신이 자폐증을 유발한다는 루머는 세계적으로 수십 년간 떠돌았다. 자폐증은 아이가 두 살쯤 되었을 때 부모가 아이와의 소통에 이상한 점을 발견하면서 드러나는 게 보통이다. 아이는 15개월이 넘어서 홍역을 포함한 풍진, 볼거리 예방 접종(MMR 백신)을 맞게 되므로 자폐증은 늘 MMR 백신 후에 나타나는 것이 당연하다. 두 살까지 아이들은 같이 놀더라도 자기 것을 가지고 놀며 상호작용을 하지 않는다. 이때까지는 말을 잘하지 못할 수도 있어 자폐증이 겉으로 드러나기 어렵다. 아이가 부모와 혹은 또래 아이들과 상호작용의 놀이를 해야 할 때 하지 못함으로써 부모는 뭔가 잘못되어가고 있음을 깨닫는 것이다. 인간은 두 가지 사건이 순차적으로 벌어지고 두 번째 생긴 일의 인과관계를 찾고자 할 때 대부분 바로 앞의 사건을 원인으로 지목한다. 물론 까마귀가 날자 배 떨어졌다고 까마귀가 배를 떨어뜨린 것이 아님을 우리는 잘 알고 있다. 이러한 우연을 필연으로 만들려면 우리의 직관을 확신으로 도울 제3자, 특히 권위자의 언급이 필요하다.

1998년 세계적인 의학 학술지 『란셋』에 매우 흥미로운 내용의 연구 논문이 실렸다.[4] 연구자들은 3세에서 10세 사이의 12명의 자폐증 소아에게 대장 내시경을 시행하여 조직 검사로 경도의 만성 염증 소견이 있음을 확인했다. 특이한 점은 이 중 8명의 환자가 MMR 백신 접종 후 약 일주일째에 행동 이상을 보였다는 것이다. 연구자들은 백신과 자폐증의 직접적인 연관성을 밝히지는 못했지만 MMR 백신이 염증성 장질환을 일으킬 수 있다는 보고도 있기 때문에 내시경으로 확인된 만성 장염증이 신경정신 체계에 영향을 미쳤을 테고 백신과 자폐증 사이에 연관성이 있을 수 있다고 주장했다. 이 연구를 주도한 앤드루 웨이크필드는 런던의 유명 병원의 내과 의사였다. 그는 기자회견을 통해 왜 이런 믿음을 갖게 되었는지 다음과 같이 밝혔다. "1995년에 교양이 있으면서 걱정이 가득한 부모들이 아이들의 자폐증 발견 때의 이야기를 해주었습니다. 그 아이들은 MMR 백신을 맞기 전인 생후 15~18개월 전까지는 발달이 정상적이었는데 백신 접종 후 얼마 되지 않아 사회

능력과 언어 능력을 잃고 자폐증을 진단받게 되었습니다."[5] 하지만 양식 있는 많은 의사의 비판이 웨이크필드 박사에 대한 조사로 이어지면서 그의 실험실에서 심각한 데이터 조작이 있었다는 사실이 밝혀졌다. 이어서 제약회사를 소송하려고 준비 중이던 법률 사무소로부터 뇌물을 받고 이 같은 연구를 했다는 사실이 폭로되면서 2007년 그의 의사 면허는 취소되었고 그 논문 역시 2010년 게재가 철회되었다. 이렇게 홍역 백신과 자폐증의 관계는 없던 일로 되었지만 권위자의 연구가 매스컴이나 소셜 네트워크 서비스를 타고 사람들에게 흘러 들어가면서 '자연주의'를 표방하는 추종자들을 양산했으며 이들을 통한 백신 거부 현상은 사회적 파장을 낳았다. 웨이크필드 박사의 발표 이후 영국에서는 백신 접종률이 급감하고 곧 홍역이 다시 돌기 시작했으며 사망자도 속출했다. 세계보건기구WHO의 발표에 따르면 2007년 한 해에만 20만 명이 홍역으로 사망했고 미국에서는 2008년 초부터 7월 사이에 131건의 홍역이 발생했는데 2000년대 초반 연평균 발생률의 두 배 이상으로 급증해 조사해보니 대부분 부모가 접종을 거부한 취학 아동들이었다.[6] 유럽연합EU의 조사에 의하면 2018년 유럽의 홍역 감염자 중 80퍼센트가 백신을 맞지 않았고, WHO의 연구에서는 접종률이 13퍼센트 늘자 사망자 수가 80퍼센트나 급감한 것으로 나타났다. 미국에서는 2015년 9만5000명을 대상으로 연구했는데 홍역과 자폐증은 관련성이 없다고 발표했고, 가장 최근의 대규모 연구로 2020년 이탈리아 알렉산드리아 지역전염병감시센터의 카를로 피에트란토니 교수 팀이 1300만 명의 아이를 대상으로 MMR 백신의 부작용을 살펴본 87편의 논문을 분석한 결과 홍역 백신과 자폐증은 서로 무관한 것으로 밝혀졌다.[7] 백신이 개발된 지도 40년이 넘었고 안전성과 효과가 입증되었는데도 아직까지 많은 부모가 백신을 거부하는 이유는 무엇일까?

인간은 어떤 일을 했기 때문에 발생하는 손해보다는 어떤 일을 하지 않음으로써 발생하는 손해를 덜 나쁘다고 생각하는 경향이 있다. 이것을 부작위 편향omission bias이라고 한다. 무엇을 함으로써 생길지 모르는 손해가 무엇을 하지 않아 생길지 모르는 손해보다 더 크다고 느끼는 것이다. 예방 접종을 하지 않아 아이가 병에 걸리면 부모는 괴로워할 테고 죄책감도 느끼겠지만 접종을 시켜 병에 걸리는 것보다는 덜 괴로워할 것이다. 사실 두 경우 모두 결과는 같은데 주관적 느낌은 다르다는 말이다. 인간의 도덕 본능의 근원과 행동을 결정하는 요인을 고찰해볼 수 있는 유명한 생각 실험이 있다. 마이클 샌델의 『정의란 무엇인가』에 실려 전 세계인의 기본 사유가 되어버린 '트롤리 딜레마'다. 실제로 많은 철학자가 고민했고 여러 방식으로 해석되면서 '트롤리학trolleyology'이라는 신조어까지 생겨났다. 정답이 없이 다양한 해석이 나오는 이 문제를 다시 한번 고민해보자. A) 트롤리가 달려오고 있는데 고장이 나서 멈출 수가 없다. 그냥 놓아두면 선로에 묶여 있는 5명이 목숨을 잃게 되는데 선로 변환기를 조작하면 한 명이 묶여 있는 쪽으로 트롤리가 방향을 틀어 한 명만 사망한다. 도덕적 관점에서 선로 변환기를 조작할 것인가?

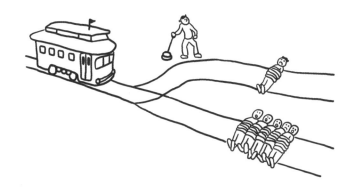

[그림 2] 다수를 살리기 위해 선로 변환기를 조작할 것인가

B) 고장난 트롤리가 달려오고 있고 육교 위에 있는 뚱뚱한 사람을 밀어 선로 위로 떨어뜨리면 그 사람은 죽겠지만 5명은 살릴 수 있다. 도덕적 관점에서 뚱뚱한 사람을 떨어뜨릴 수 있는가?[8]

[그림 3] 한 명을 밀어뜨려 다수를 살릴 것인가

앞의 문제에서는 많은 사람이 공리주의를 따라 선로 변환기를 조작하겠다고 답한다. 하지만 두 번째 문제에서는 밀어 떨어뜨리지 않겠다고 답한다. 사실 두 경우의 결과가 동일하도록 한 사람을 희생시키면 다섯 명의 목숨을 살릴 수 있는데 많은 사람은 두 번째 문제에서 5명의 희생을 묵인한다. 도덕적 딜레마에서조차 인간은 더 큰 손실이 예상됨에도 불구하고 '하지 않음'을 선택하는 것이다. 첫 질문에서는 한 명의 죽음이 행위자가 직접 의도한 결과가 아닌 어쩔 수 없었던 선택으로 생각할 수 있게 되고 두 번째에서는 행위자의 직접적인 의도로 한 명이 죽기 때문에 행위를 하지 않는 것이 덜 나쁘다고 믿게 된다. 아이에게 홍역 예방 접종을 안 시켜 홍역이 생기고 주변에 전염되어 사회 문제를 일으키더라도 부모는 자신들이 직접 의도한 접종을 해 가능성은 희박하지만 질병을 만든 것보다 훨씬 더 마음의 위안을 받게 되는 것이다. 결국 부작위 편향에 빠진 부모는 그들의 마음이 다칠 수 있다는 미지의 손실을 회피하기 위해 자식과 사회의 희생을 아랑곳 않는 일을 벌일 수 있게 된다. 행동 편향은 어떤 상황이 불분명하고 모순적이며 불투명할 때 작용하는 반면, 부작위 편향은 대부분 통찰 가능한 상황에서 나타난다.[9]

인간은 진화하면서 자신을 비롯해 누구라도 행동을 저지른 뒤 고생한 경험을 자주 접하고 그 나쁜 기억을 편도체와 해마에 품게 되면서 차라리 아무것도 안 하는 게 더 낫다는 생각을 하게 되었는지도 모르겠다. 사실 인간은 어떤 행동을 한 것보다 하지 않은 것에 대해 더 후회하기 때문에 어느 경우라도 행동할 확률이 많고 행동 후에 잘못된 결과는 좋은 결과보다 더 쉽게 기억에 남는다. 무의식 속의 나쁜 기억에 대한 회피 현상은 인간의 뇌에 뿌리 박혀 있고, 또다시 닥칠지 모르는 손해를 피하기 위한 어떤 행동을 하거나 하지 않는 행동 편향 및 부작위 편향은 일종의 진화의 산물일 수도 있겠다.

일본의 닛코에 가면 도쿠가와 이에야스의 무덤인 도쇼구 건물의 정문에서 삼불원三不猿이라 불리는 세 마리 원숭이의 상을 볼 수 있다. 각각 눈과 귀, 그리고 입을 가리고 있는 모양을 하고 있는데 그 기원이 어디서 왔는지는 알려져 있지 않다. 어쨌든 세 원숭이가 각자 눈, 귀, 입을 가리고 있는 이유는 사악한 것은 보지도 듣지도 말하지도 말라는 인류의 보편적 가르침에서 유래되었다는 해석이 지배적이다.[10] 『논어』「안연」편에서는 '비례물시, 비례물청, 비례물언, 비례물동非禮勿視, 非禮勿聽, 非禮勿言, 非禮勿動, 즉 예禮가 아닌 것은 보지도 말고, 듣지도 말고, 말하지도 말고, 행하지도 말라'고 했다. 영어에도 비슷한 표현이 있는데, 'See no evil, Hear no evil, Speak no evil'이 그것이다.

컨트롤:
입 짧은 아이를 어떻게 먹일까?

내가 근무하는 소아소화기영양클리닉으로 7개월 된 지호를 데려온 엄마와 아빠의 얼굴에는 걱정이 가득했다. 2~3개월 전부터 지호가 분유를 잘 먹지 않으려 하고 체중 증가가 거의 없다면서 책상 위에 두꺼운 A4 용지 꾸러미를 내려놓았다. 거기에는 태어나서부터 현재까지의 총 수유 시간, 총 수유량 그리고 키와 체중이 매일같이 기록되어 있었고 그래프로도 일목요연하게 정리되어 있었다. "아이가 모유를 먹는데 모유 양이 부족해 보여서 분유를 혼합하거든요. 그런데 분유는 잘 먹지 않으려고 해요. 입에 맞지 않아 그런가 싶어 여러 번 바꿔봤지만 계속 실패했습니다. 모유만 좋아하는 것 같기는 한데 늘 배고파하는 듯해 분유를 같이 먹이고 싶은데요." 아빠가 건네준 종이 꾸러미에는 분유를 바꿀 때마다 적은 날짜와 분유 브랜드명이 있었다. 분유는 최근 3개월간 열두 번이나 교체되었다. 거의 일주일에 한 번꼴로 바뀐 것이다. 지호는 엄마 배 속에서 40주 동안 아무 일 없이 잘 있다가 3.6킬로그램으로 세상에 나왔다. 평균보다 높은 체중으로 태어났고 백일까지는 모유를 아주 잘 먹었는데 4~5개월경부터 먹는 양이 점점 줄었고 분유를 혼합하기 시작했지만 먹는 데 관심을 보이지 않았다고 했다. 최근에는 체중도 늘지 않아 예방 접종을 위해 방문한 동네 소아과 의원에서도 큰 병원에 가보라고 권유했다고 한다. 대체 지호에게 무슨 일이 벌어진 걸까?

1989년 하버드대학 심리학과의 제롬 케이건 교수는 마저리와 리사를 비롯해 450여 명의 생후 4개월 된 아기들을 대상으로 성격 형성에 있어서 유전적 기질의 작용을 확인하는 프로젝트를 시작했다.[11] 실험은 아기들 앞에서 밝은 색의 모빌과 완구를 흔들고, 스피커에서 사람 소리가 나오게 하며, 알코올을 면봉에 묻혀 아이들의 코앞에 가까이 대는 등 낯선 상황을 연출하는 것이었다. 이러한 자극에 반응해 마저리는 팔다리를 마구 흔들면서 울고 등을 들썩거리는 행동을 보인 반면, 리사는 조금 옹알거리거나 웃기도 했지만 팔다리를 흔들거나 몸을 들썩거리지는 않았다. 이렇게 아이들의 반응을 모두 기록한 뒤 제롬 케이건은 이 아이들을 두 살, 네 살, 일곱 살, 열한 살, 열여섯 살까지 인터뷰를 진행해 성격의 유형과 변화를 관찰했다. 시간이 흘러 열여섯 살의 고등학생 마저리는 소심하고 불안해하는 사춘기 소녀가 되었던 반면, 리사는 느긋하고 자연스러운 성격을 가지고 있었다. 실험 대상의 20퍼센트는 마저리 같은 고반응군이었고 자라서 과도공포유형이 되었으며, 40퍼센트는 리사 같은 저반응군으로 자라서 최소공포유형이 되었다. 사람은 생후 4개월부터 이미 예민함에 대한 기질이 나타나고 고반응군이 아마도 흥분하기 쉬운 편도체를 가졌을 것이라는 게 제롬 케이건의 추측이었다.

지호는 '입 짧은 아이'다. 보통 '안 먹는 아이'라고 부르기도 한다. 주변에서 흔히 접하는 이 아이들은 원래 먹는 데 그다지 관심이 없다. 대신 말초 감각이 매우 예민하다. 미각과 후각이 발달되어 있고 성격도 까다롭다. 제롬 케이건이 말한 고반응군에 속한다. 편도체도 빠르게 활성화된다. 즉 겁이 많고 두려움을 피하려는 성향을 갖기 쉽다. 자기 코와 혀가 받아들일 수 없는 음식은 거부할 수밖에 없다. 생후 4개월에서 6개월까지는 아직 기질 성향이 드러나지 않아 엄마가 주는 음식을 아무 생각 없이 받아먹는다. 그후 아이는 본색을 드러낸다. 지호도 이때부터 먹는 양이 적어졌는데 어른들이 생각하듯 분유 맛 때문에 분유를 거부한 것은 아니다. 특이하게도 '입 짧은 아이'는 눈을 뜬 상태에서는 더 먹지 않으려고 한다. 그래서 분유도 아이가 잠들려는 순간처럼 무의식 상태에서 주면 잘 빨아먹는다. 눈 뜨고 있으면 아이의 자아는 '안 먹는 아이'인 것이고 잠들면 안 먹는 자아는 바로 사라져버린다. 그것도 모르는 부모는 분유 탓만 하고 열두 번이나 교체하게 된 것이다. 본질과 맥락을 알지 못했던 부모는 지호의 문제를 해결하기 위해 뭔가를 하려고 했는데 분유의 잦은 교체는 실패한 '컨트롤'이었다. 사실 부모 중 누군가 어려서 똑같았을 가능성이 높다. 지호의 경우는 엄마가 어려서 입이 짧았고 지금의 지호와 똑같았다고 했다. 엄마가 그랬다면 엄마는 자신 때문에 아이가 이렇게 태어난 것은 아닌지 죄책감에 빠진다. 마음은 안타깝지만 아이를 이해하는 정도에서 끝났다면 아무 일도 생기지 않았을 것이다. 하지만 내 아이가 내 소유물이고 내 아이의 손해는 곧 나의 손해로 느끼는 비뚤어진 손실 기피 현상을 보이는 부모가 있다. 이러한 부모는 아이가 자신과 같으면 안 먹고 잘 안 자랄 것 같으니 그것이 두려워 먹이는 데 더 집착하게 된다.

첫 번째로 나타나는 현상은 아이에 대한 기록이다. 먹는 양을 비롯해 체중과 키는 물론이고 대소변까지 모든 것을 기록한다. 예를 들면 병원 상담이나 인터넷 정보를 이용해 하루에 먹어야 할 수유 양을 1000씨씨라고 정하고 이 목표를 달성하기 위해 아침부터 밤까지 매달린다. 입이 짧아 잘 안 먹는 아이들은 보통 아이들보다 먹는 데 두세 배의 시간이 소요되니 엄마 일과의 대부분이 아이 먹이기에 집중된다. 목표량을 조금이라도 못 채울 것 같으면 불안감에 사로잡혀 전전긍긍한다. 아이가 잘 안 먹고 잘 못 자라는 것만큼 부모의 마음을 아프게 하는 것도 없으니 이렇게 먹이다 보면 어느덧 밤이 되어버리는 것이다. 게다가 영유아 검진을 위해 병원에 갔더니 성장이 3퍼센타일 미만이라서 더 먹여야 한다며 엄마를 압박한다. 할머니, 할아버지는 아이를 볼 때마다 왜 이리 안 먹였냐며 엄마 잘못으로 돌린다. 아이를 먹이느라 녹초가 되어 있는 엄마에게 퇴근한 아빠까지 오늘도 잘 안 먹었냐며 짜증을 낸 다. 이제 엄마는 미칠 지경이다. 눈물만 하염없이 흐른다.[12]

18개월 된 나영이는 태어날 때 몸무게 2.9킬로그램으로 약간 작게 태어났다. 남보다 적은 체중을 염려한 부모는 산후조리원에 서 아기가 다른 아이들보다 안 크는 것 같으니 잘 먹이라는 얘기 를 들으며 크게 스트레스를 받았다. 아무리 봐도 먹는 양이 많지 않아 여기저기 아이 먹이는 것에 대한 정보를 찾던 부모는 혀 밑 에 설소대가 있으면 그럴 수 있다는 잘못된 이야기에 속아 생후 6개월 된 나영이에게 설소대 절제 수술을 받게 했다. 부모 생각에 먹는 양은 여전히 모자라다고 느끼고 있었는데 이유식도 싫어하 던 나영이는 생후 9개월이 되면서 구역질과 구토를 시작했다. 겁이 덜컥 난 부모는 나영이를 데리고 동네 의원을 찾았고 최고급 분유 로 바꾸도록 권유받았다. 그래도 증상에 변함이 없자 엄마는 소화 기 전문가의 도움을 받아보기로 결정했다. "아이가 잘 안 먹고 안 크고 요즘은 구역질과 구토도 자주 해요." 이야기를 들은 한 대학 병원 의사는 검사를 시작했다. 위 내시경을 했더니 위식도 역류증과 알레르기 위장관염이 의심된다고 했다. '아, 병이 있어서 그랬구나.' 엄마는 오히려 안심했다. 처방으로 12주간 약물을 먹여야 한대서 열심히 복용시켰는데 아이는 좋아지지 않았다. 음식 알레르기 때문에 제한 식이를 했더니 아이는 더 안 먹고 토하기도 했다. 아무리 봐도 구역질과 구토는 먹기 싫어서 그런 것 같아 엄마는 더더욱 답답해졌다. 그래서 또 다른 병원을 찾아 나에게까지 오게 되었다. 상황을 분석해보니 사실 나영이에게 병이 있던 것은 아니라고 판단되었다. 부모의 심한 걱정에 의사도 위장관의 병을 의심만 했을 뿐이었다. 괜한 검사와 괜한 투약이 이루어진 것이다. 나영이는 타고나길 입 짧은 아이였고 부모도 나중에는 상황을 제대로 파악할 수 있었다.

진화론적 관점으로부터 시작해보자. 먼 옛날 인류의 조상이 아프리카 초원을 활보할 때 독성 식물을 먹으면 죽는다는 것을 알게 되면서 인간은 녹색의 쓴 음식을 거부하게 되었다. 특히 보호자가 없을 때 아이가 결정해야 하는 환경에서 해가 되는 음식을 피하려는 생존 메커니즘은 '잡식동물의 딜레마'가 되었고 아이들은 타고나길 야채를 싫어한다. 하지만 시간이 흐르면 바뀐다. 성인이 되면 야채 없이는 못 사는 사람으로 자연스럽게 변화하는 것이다. 입 짧은 아이들은 후각이 발달한 경우가 많다. 자기가 싫어하는 음식의 냄새를 귀신같이 맡고 미리 거부한다. 여느 감각과 달리 냄새만 시상을 통하지 않고 바로 대뇌로 향한다. 200만 년 전의 조상들도 동물처럼 후각이 발달되어 맹수 같은 침입자의 방어에 후각을 사용했으리라 추정하는데 인간은 점점 시각이 발달하면서 후각 기능이 퇴화하게 되었다. 후각을 관장하는 뇌는 인간의 기억과 정서를 다스리는 변연계에 속해 있는데 아마도 후각 기능이 기억의 뇌로 많이 편입되었으리라 추측된다. 적을 보면 바로 도망가는 변연계의 기억 뇌는 싫어하는 냄새를 회피하는 기억 뇌로 진화했다고나 할까. 프랑스의 대문호 마르셀 프루스트의 소설 『잃어버린 시간을 찾아서』에는 주인공 마르셀이 홍차에 적신 마들렌의 냄새를 맡으며 어린 시절을 회상하는 내용이 나온다. 연구에 따르면 시각이나 청각을 통한 기억은 단기 기억에 머무르는 경우가 대부분이지만 후각과 연관된 기억은 장기 기억으로 많이 남는다고 한다.[13] 우리는 이를 '프루스트 현상'이라 부른다.

지호와 나영이의 부모에게 모두 같은 이야기를 전했다. 입 짧은 아이는 아이의 입안 경험으로 새 음식뿐만 아니라 익숙한 음식마저 거부해 다양하지 못한 식이 패턴을 보이고, 가족 간 유전적 기질이 있을 수 있는데 그것은 누구의 잘못도 아니라고 했다. 어른이 되면 정상이 될 텐데 미래에 아이가 못 자랄 것 같은 불안감 때문에 우리 어른들이 그 두려움을 피하고자 애꿎은 아이에게 섭식을 강요하고 씻지 못할 트라우마를 안겨줄 수도 있음을 알려주었다. 지호 부모에게는 특히 기록하지 말 것을 부탁했다. 수유량 1000씨씨가 목표일 때 오늘 700씨씨를 먹었다면 그것을 인정해주라고 했다. 왜냐하면 어느 날인가는 1300씨씨도 먹을 것이기 때문이다. 부모는 적게 먹은 날만 기억하기 마련이다. 우리가 보기에 많을 수도 혹은 적을 수도 있겠지만 아이가 원하는 만큼의 양을 먹이고 가끔씩 체중이 증가하는지만 확인하면 된다. 외래에서 두 아이의 부모에게 아주 단순한 해결책을 제시했다. "아이에게 자유를 주십시오. 먹는 것에 대한 '자기 결정권'을 돌려주세요. 먹고 싶어하는 것을 주십시오. 우리가 먹이고 싶어하는 것은 주지 마시고요. 한 가지만 먹던 아이가 질려서 다른 음식을 먹게 되면 그때 칭찬해주세요. 먹는 시간이 즐거워야 합니다." 그리고 3개월 후 외래에서 만난 두 아이의 체중은 전보다 늘어 있었다.

어려운 조건 하에 놓였을 때 인간은 방어기제를 이용해 나쁜 상황으로부터 벗어나도록 노력한다. 방어기제의 사전적 해석은 다음과 같다. '자아가 위협받는 상황에서 무의식적으로 자신을 속이거나 상황을 다르게 해석해 감정적 상처로부터 자신을 보호하는 심리 의식이나 행위를 가리키는 정신분석 용어.' 1894년 지그문트 프로이트가 처음 언급한 이 방어기제로는 부정, 억압, 합리화, 투사, 승화, 전이, 퇴행 등이 잘 알려져 있는데 프로이트가 놓친 게 있다면 바로 '통제control'일 것이다. 확률적으로는 매우 낮더라도 혹시나 생길지 모를 손해를 피하려고 대부분의 사람은 예방 조치를 취한다. 어떤 상황을 먼저 제어함으로써 본인의 만족감과 안녕감은 훨씬 나아지는 것이다. 'control'이란 단어의 사전적 의미는

'통제' 혹은 '조절'이다. 강하게 제어하는 것이 '통제'라면 약하게 제어하는 것이 '조절'이다. 안 먹는 나영이의 문제가 설소대 때문이라고 오인하여 마취를 걸고 수술받게 한 것이 '통제'라면, 안 먹는 지호는 분유 맛 탓이라 생각하고 분유를 자주 바꾼 것이 '조절'일 것이다. 강한 행위이건 약한 행위이건 결국 '행동 편향'은 이 '컨트롤'이라는 새 방어기제에서 시작되는 것으로 봐야 할 것이다. 또한 '컨트롤'을 비롯해 프로이트의 과거 방어기제 모두 그 기저에는 자신이 처한 상황에 대한 두려움이 자리하고 있다.

인간은 미래를 예측할 수 있다. 그래서 미래를 통제하려 한다. 대니얼 길버트는 사람은 통제력을 행사하는 데서 만족감을 느끼는데, 사실 이는 통제력을 통해 얻는 미래 때문이 아니라 통제한다는 사실 그 자체가 만족감을 주는 것이라고 했다.[14] 내가 가진 두려움을 피하기 위해 미리 대비하는 것이 '컨트롤'이고 이는 심리적으로 커다란 만족을 준다. 의료진도 컨트롤에 익숙해져 있는 집단이다. 하지만 의사의 관점에서 보는 순간 잘못된 선택을 할 가능성이 꽤 높아진다. 다시 말해 의학 지식만으로 환자를 볼 때 예상치 못한 일이 벌어지기 쉽다. 구토를 한다고 항구토제만 처방하는 의사는 자신의 도리를 다하지 못하는 사람이다. 나영이가 대표적인 경우인데 토하는 원인이 위장관 문제가 아니라 뇌의 문제일 수 있고 심리적인 압박에서 올 수도 있으며, 다른 몇몇 증상과 합쳐 생각해보면 예상하지 못했던 병을 찾아낼 수도 있는 것이다.

의사는 환자뿐만 아니라 보호자와도 소통하고 주변 환경의 변화도 물어보며 환자를 둘러싼 모든 이야기를 진단과 치료에 적용해야 한다. 이렇듯 올바른 진단을 위한 임상적 추론은 지식만으로 이루어지지 않는다. 환자의 마음을 읽을 수 있는 심리학, 첨단 의료의 핵심이 되는 공학, 세상 살아가는 경제학 원리 등 다양한 지식과 경험이 의사에게 요구되며 이는 환자를 위해 그리고 사회를 위해 쓰인다. 이런 의사가 많아져야 사회가 건강해지는 것이다. 어떤 상황이 자신의 능력을 벗어난다고 판단한 경우 인간은 위험을 겪지 않기 위해 '컨트롤'을 시작한다. 지금 주변을 둘러봐도 어디서든 쉽게 눈에 띄는 인간의 방어기제와 컨트롤. 이와 같은 컨트롤의 원인은 대부분 인간의 욕심과 손실 기피 현상이다.

어설픈 개입:
산불 예방 정책이 옐로스톤 국립공원 대화재를 일으킨 이유

1988년 6월, 미국 옐로스톤 국립공원은 유난히 무덥고 가물었다. 비 한 방울도 없던 나날이 이어지던 중 7월 초 어느 날 벼락이 떨어지며 작은 화재가 시작되었다. 때마침 불어오는 바람을 타고 번지기 시작한 화재는 걷잡을 수 없이 커지며 7월 중순에 이미

3400헥타르를 태우고 있었다. 공원 당국에서 화재 진압에 나섰지만 불길은 좀처럼 잡히지 않았다. 지금도 공원 측에서 '검은 토요일'이라 부르는 8월 20일에는 최악의 불폭풍이 몰아쳐 하루 만에 6만여 헥타르의 숲이 숯이 되어버리기도 했다. 연인원 소방관 2만 5000명을 동원해도 잡히지 않던 불길은 9월 11일 첫눈과 함께 기세가 꺾였고 11월까지는 작은 불이 계속되었다.[15] 장장 5개월여 간 계속된 옐로스톤 대화재로 1억2000만 달러의 피해가 발생했고 대한민국 면적의 10분의 1 크기인 어마어마한 공원에서 36퍼센트가 전소되었으니 화재의 규모를 짐작할 만하다. 최소 80만 마리의 동물이 불에 타 죽었을 정도로 대참사였던 것이다.

왜 이런 초대형 산불이 발생했을까? 지구상에는 정말 많은 대규모 숲이 있고 그곳에는 가뭄도 자주 있을 것이며 뇌우도 동반될 것이다. 그렇다고 그 숲들에서 대형 화재가 자주 발생하는 것은 아니다. 원래 자잘한 산불은 숲을 더 건강하게 만든다. 산불이 없으면 고목이나 죽은 나무 그리고 땅에 떨어진 나뭇가지같이 가연성 높은 것들이 많이 쌓이게 되고 결국 한 번의 실수나 번개와 같은 촉발로 걷잡을 수 없는 산불이 발생한다. 자연 법칙을 이해하지 못하고 눈앞의 현실에만 집중하는 인간은 산불을 적으로 여긴다. 당장 피해를 동반하기 때문이다. 1890년대에 미국 산림청에서는 산불과의 전쟁을 선포했다. 산불이 번지기 전인 초기에 진압하겠다는 의도였다. 당연한 정책으로 보였지만 사실 인간이 자연에게 전쟁을 선포한 것이나 다름없었다. 100년 가까이 산불 조기 진압을 해오던 미국 국립공원은 1972년에야 그동안의 정책이 잘못된 것임을 인식하고 "Let it burn policy"라는 자연화재 관리 원칙을 세우게 된다. 자연 존중의 철학을 근간으로 자연 발화된 산불은 자연 진화에 이를 때까지 그대로 두겠다는 의미였다. 하지만 그동안 축적되고 또 축적되어왔던 옐로스톤 공원의 가연성 자연 산물들이 1988년에 결국 대화재로 터지고야 만 것이다.

산불에 대한 나쁜 기억을 가지고 있는 인간은 당연히 손해의 두려움을 피해보고자 미리 행동을 취했을 것이다. 인간이기에 미래를 컨트롤하려 했지만 역시 인간이기에 미래를 예측할 수는 없었다. 결과적으로 산불을 조기에 진압하려 했던 선제적 행동은 '어설픈 개입'이 되어버렸다. 미래의 가상 위험을 예방하려고 했는데 왜 개입이 어설펐다는 비난을 받아야 하는가? 이 문제를 풀기 위해서는 경제학 이론을 끌어들여야 한다.

1995년 노벨경제학상을 수상한 로버트 루카스는 '루카스 비판'으로 거시경제학 이론을 공격했는데, 이는 '합리적 기대' 개념을 거시경제학에 적용한 것이다. 루카스 비판은 전통적인 거시경제 모델을 정책 평가에 사용할 수 없을 뿐만 아니라 정책에 대한 대중의 기대가 정책 효과에 영향을 미친다는 것을 말한다.[16] 다시 설명하자면 정부가 재정 정책을 바꾸고 시행하더라도 결국 이러한 정책 효과에 대해 미리 감을 잡고 있는 이성적인 사람들이 정부

예측과 다르게 행동할 것이기 때문에 어떠한 정책도 시장에 영향을 끼치지 못한다는 것이다. 나심 탈레브는 월가에서 일한 경험으로 다음과 같은 예를 들었다. "합리적 트레이더가 관찰한 결과 월요일마다 주가가 상승한다는 패턴을 감지했다면 이들은 금요일에 주식을 매입한다. 그러면 곧 월요일 상승 패턴은 사라진다. 누구나 이용할 수 있는 패턴이라면 찾아봐야 소용없다. 그 패턴은 발견되는 순간 스스로 소멸하기 때문이다."17 똑똑한 대중이 어떤 변화 앞에서 합리적인 기대를 갖는 순간 그 변화는 예측대로 진행되지 않는다는 뜻이다. 산불을 미리 잡으려던 똑똑한 인간의 정책은 훨씬 더 똑똑하고 합리적인 자연 앞에 허망하게 소멸한 것이다.

1970년대 잉글랜드 남부의 초원지대에 토끼 떼가 나타났다. 이들은 수십만 에이커에 달하는 초원의 풀을 모두 뜯어먹어버렸다. 사태가 심각해지자 정부는 생물학적 해결책을 들고나왔다. 토끼에게 믹소마토시스 바이러스를 감염시키는 것이었다. 이 바이러스는 토끼의 몸에만 살며, 토끼를 죽이지는 않지만 행동이 느려지게 하고 번식에 문제를 일으킨다. 포식자에게도 잘 잡아먹히니 생태계에 별 영향이 없으리라 판단한 정부는 이 바이러스를 전염시켰다. 수년이 지나 토끼 수는 감소했고 마침 그 시기에 가축의 가격이 떨어져 가축 사육이 줄었다. 이로 인해 잉글랜드 들판에 풀이 길게 자라기 시작했다. 미르미카 사불레티라는 이름의 개미가 있다. 이 개미는 짧은 풀에서만 살고 긴 풀 아래에서는 살지 못한다. 풀이 길어지자 이 개미의 개체수가 10분의 1로 줄어들었다. 미르미카 개미는 커다랗고 아름다운 나비 마쿨리니아 아리온이 알을 낳으면 이 알을 안전한 곳에 옮겨주고 성충이 될 때까지 돌봐준다. 개미의 수가 줄어들자 따라서 마쿨리니아 나비의 수도 격감했다. 가축의 먹이인 풀을 보호하기 위해 믹소마토시스 바이러스를 토끼에게 전염시켰더니 잉글랜드의 아름다운 파란 나비가 사라져버린 것이다.[18] 이처럼 세상에서 가장 똑똑한 '자연'을 상대로 개입을 시도한 인간은 정말 초라한 존재가 될 뿐이다. 대형 산불처럼 심각해 보이지는 않아도 생태계를 건드린 대가는 인간의 머리로는 상상 못할 결과로 다가올지 모른다. 물리학이나 기상학 혹은 지진학 등에서 연구가 활발한 복잡계 이론은 수많은 구성 요소가 서로 강하게 영향을 주고받는 상태를 지칭하는데 이제는 세상의 모든 분야에서 언급되고 또 연구되고 있다. 현상이 복잡해 보여도 숨어 있던 맥락을 이해하는 순간 복잡하지 않을 수도 있다. 중요한 것은 모든 상황에서 개입은 결과값을 건드리는 변수가 된다는 것이다.

우리 삶에 개입은 언제나 존재한다. 부모님의 건강을 챙겨드리려고, 또 자식을 좋은 대학에 보내려고 우리는 개입한다. 내 승진에 도움이 되므로 아래 직원의 업무에 개입하기도 한다. 조직은 성과를 내기 위해 모든 직원에게 개입하고 정부는 정책을 통해 국민의 생활에 개입하고 있다. 그 개입으로 해를 입는 사람이 없거나 오히려 긍정적인 성과를 가져온다면 우리는 당연한 것으로 이해하고 잊고 넘어간다. 하지만 개입을 통해 개인의 손해로, 조직의 손해로, 더 크게는 사회적 파장으로 귀결지어지면 우리 뇌 안의 편도체는 가만있을 수 없게 된다. 개입이 어설퍼 보여도 시키는 사람의 말을 거역할 수도 없고 또한 본인이 수긍하여 받아들인 경우에는 손해를 입더라도 속앓이 외에는 별다른 방법이 없다. 잘못된 개입임을 미리 알았더라면 거부했어야 하지만 예측 못해서 그 개입을 받아들였으니 책임은 서로가 져야 하는 상황들이 도처에 깔려 있다. 대표적인 것이 의료진이 유발한 의원병이다.

입이 짧아 먹는 것을 거부하던 나영이의 예를 다시 들어보자. 아이를 어떻게든 먹여야 한다는 강박적 모성애를 가지고 있던 엄마에게 혀 밑에 있는 설소대를 자르면 잘 먹을 것이라며 수술을 권유한 의사가 있었다. 아이가 먹지 않으려 하는 본질적 원인을 무시한 채 질병을 찾아보자며 위 내시경을 시행하고 조직 검사를 한 또 다른 의사가 있었다. 그 의사는 정상인에게서도 나올 수 있는 미미한 위식도 역류증과 알레르기 장염 소견을 나영이가 안 먹고 구역질하는 원인이라 확신하고 12주간 투약을 시작했다. 18개월 된 나영이는 자신의 의지와 상관없이 전신 마취와 수술을 하고 위 내시경을 받았으며 쓸데없는 약을 12주간 먹게 된 것이다. 두 의사는 명확한 증거 없이 어설프게 개입하여 의원병을 유발했다. 하지만 더 밑바닥에 깔린 본질은 불안한 엄마가 손실의 두려움을 기피하려고 시작한 개입이었다. 세 사람의 개입의 의도는 분명했고 문제를 해결하려는 목표도 다 있었지만 결과적으로 그들은 '책임지지 못할 개입'을 하게 된 것이다. 책임지지 않는 개입은 어설픈 개입이 될 수밖에 없다.

70세 할아버지가 대학 병원 피부과를 찾았다. 할아버지는 다른 병원에서 받은 얼굴과 팔다리의 피부에 임파종이 의심된다는 소견서와 조직 검사 결과를 내밀었다. 수개월 전부터 피부에 발진이 났고 얼굴에는 여러 군데 혹처럼 튀어오르기 시작해서 이제는 흉측한 모습을 하고 있었다. 환자를 진찰한 피부 병리 전문가인 교수는 고개를 갸우뚱했다. 얼굴의 혹 여러 개는 의심될 만했지만 팔다리의 피부 소견은 임파종과는 거리가 멀었다. 조직 슬라이드를 검토한 결과 임파종의 소견도 보이긴 했지만 명확한 것은 아니었다. 교수는 그동안의 병력을 자세히 물어봤다. 수십 년간 혈압약을 복용하고 있던 것 외에 특별한 질병은 없었고, 6개월 전부터 피부에 발진이 생기고 가려워서 동네 피부과를 다녔는데 스테로이드 연고를 처방받아 발라봤지만 호전이 없었다고 했다. 가까운 큰 병원에서 면역억제제 같은 강력한 다른 약들을 추가로 처방받았고 그래도 악화되는 소견이라 다른 대학 병원 피부과를 찾아 조직 검사를 시행했다고 했다. 임파종으로 의심된다는 결과를 받고 놀란 할아버지는 지푸라기라도 잡는 심정으로 마지막 병원이라 여기고 이 교수를 찾아왔다고 했다. 교수는 문득 오래전 의학 문헌에서 경험한 혈압약 복용으로 발생했던 가성 T 세포 임파구 증식증이라는 희귀한 병의 임상 증례를 떠올렸다. 임파종이라고 확진되면 항암치료를 시작해야 하고 나이 든 노인에게 이러한 강력한 치료는 더 위험한 상황을 만들 수 있기 때문에 교수는 고민을 하기 시작했다. 그동안의 임상 경험상 얼굴에 혹은 많았지만 다른 피부 질환이 임파종이라는 확신으로 이어지지 않았고 마침 환자가 혈압약을 장기간 복용하고 있었으므로 우선 혈압약을 중단하고 그 반응을 볼 필요가 있다고 판단했다. 환자에게 상황을 충분히 설명했더니 환자는 교수의 의견에 전적으로 동의하고 3주간 모든 약을 끊어보기로 했다. 교수의 잔잔하지만 따뜻한 설득에 환자는 희망을 얻었다. 그로부터 3주 후 외래를 방문한 할아버지의 얼굴을 보고 피부과 교수는 외마디 소리를 질렀다. "아!" 잠시 정적이 흐르고 할아버지의 두 손을 꼭 감싸쥐며 교수가 말을 이었다. "어쩌면 이렇게나…… 정말 많이 좋아졌네요." 할아버지 얼굴을 흉측하게 만들었던 혹들은 대부분 가라앉았고 팔의 발진도 거의 사라진 상태였다. 모든 약을 끊었더니 모든 증상이 사라진 것이다. 할아버지를 모시고 온 가족들이 교수에게 감사 인사를 끊임없이 하자 교수는 손사래를 쳤다. "제 말을 믿고 잘 따라주신 환자분 덕분이지요."

환자는 기본적으로 의사를 신뢰한다. 그렇기 때문에 의원병의 확률은 계속 올라갈 수밖에 없다. 의원병은 주로 더할 때 나타난다. 하지 않아도 될 치료를 추가할 때 벌어진다. 앞에서도 언급했지만 인간은 행동을 하지 않았을 때 후회가 더 크기 때문에 행동을 하게 되고 그 컨트롤은 어설픈 개입으로 종결지어지는 것이다. 생텍쥐페리의 명언처럼 "완벽하다는 것은 무엇을 덧붙일 수 없는 상태가 아니라, 더 이상 뺄 것이 없을 때 이루어진다"는 말이 가슴에 와닿는다. 임파종을 의심했던 할아버지는 다행히 인간미 넘치는 이성적인 의사를 만나 해피엔딩을 맞게 되었다. 의원병을 일으킨 사람도 의사였지만 의원병을 진단하고 치유한 사람도 의사였다. 어설픈 개입에 의해 나타난 의원병은 루카스 비판처럼 훨씬 더 합리적인 정의와 진리에 의해 결국 무너진다. 책임지지 않는 사람에 의해 유발된 어설픈 개입을 알아차리고 교정해주는 사람들 덕에 우리는 더 나쁜 기억을 추가하지 않을 소확행을 얻는다.

제4장

소확혐

소확혐에 의한 두려움을 피하기 위해 벌이는 인간의 행동

우리가 흔히 사용하는 단어로 소확행小確幸이 있다. 반대 개념도 존재할 듯해 '소확혐小確嫌'이라 칭하겠다. 소확혐은 작지만 확실히 나쁜 기억, 혹은 작지만 확실히 싫어하는 것을 의미한다. 이 책에서 다루는 나쁜 기억과 두려움은 재앙이나 엄청난 사태를 겪은 뒤 나타나는 외상후 스트레스 장애PTSD가 아니다. 작지만 나 자신에게는 확실히 나쁜 기억이 주된 대상이다. 우리는 알게 모르게 늘 사소했던 과거의 나쁜 기억을 피하고자 이런저런 예방책으로 자신을 보호하고 있다. 큰일에만 충격을 받아 회피하는 것이 아니다. 멀미를 예로 들어보자. 원래 뱃멀미는 시각과 청각 정보 사이에 충돌이 일어날 때 생겨난다.[1] 시각적으로 눈앞에 보이는 객실

벽은 움직이지 않고 있는데 청각적으로는 흔들리는 소리를 듣고 평형 감각은 상하좌우로 흔들리고 있으니 이 정보의 불일치가 불쾌한 느낌을 유발하게 되는 것이다. 차멀미는 주로 어려서 시작된다. 만일 아이가 승용차 앞자리에 앉아 자신이 가는 방향을 쳐다보고 있다면 시각과 청각과 평형 감각이 모두 일치해 주변 환경의 변화가 예측되면서 뇌는 편안하게 바깥을 즐기게 되는데 안전을 위해 부모는 아이를 늘 뒷자리에 앉힌다. 뒤에 앉은 아이의 눈앞엔 앞자리의 높은 시트 벽만 보이는데 차가 달리면서 뱃멀미와 마찬가지로 시각과 청각과 평형 감각은 불일치하게 된다. 어려서부터 예민한 성격의 아이들은 이런 멀미를 경험하면 그 기억을 잘 잊지 못한다. 몇 번 멀미가 반복되면 예민한 아이는 차를 타고 어디를 가야 할 때 이미 차에 오르기 전부터 멀미를 걱정한다. 멀미에 대한 기억은 다른 감각의 기억과 뒤섞이면서 차 안에서 났던 냄새도 같이 떠올리게 한다. 차를 타려고 할 때 아이의 뇌는 냄새의 기억을 먼저 소환하고 멀미를 떠올린 후 바로 메스꺼움을 호소하는 것이다. 이 또한 '맥락 조건화'가 되며 멀미라는 두려운 요소와 연결된 냄새라는 중립적 요소가 두려운 기억으로 조건학습된 경우다. 앞자리에 앉게 되기 전까지 아이에게 차멀미는 소확혐이다.

우리 모두는 자신만의 소확혐을 가지고 있다. 누구는 아주 적을 것이고 누구는 너무나 많을 것이다. 남들이 볼 때 큰 사건은 아니고 사소한 일이지만 자신한테는 하루 종일 생각나고 몇 달이 흘러도 문득 떠오르는 사건이 소확혐이다. 가랑비에 옷이 젖듯 사소한 나쁜 기억이 쌓이면 그것이 트라우마가 된다. 인간은 나쁜 기억을 다시 겪지 않으려는 두려움 탓에 본능적으로 자신을 보호하려는 행동을 하게 되어 있다. 똑같은 일이 반복되면 본인에게 손해가 되므로 이를 피하기 위해 '행동 편향'과 '부작위 편향'이 작동하고 미리 '컨트롤'을 하게 되며 결과적으로 '어설픈 개입'으로 끝나기도 한다. 앞서 자세히 설명한 이 네 가지 행동 외에 소확혐에 의한 두려움을 피하고자 벌이는 인간의 행동을 이번 장에서 소개하기로 한다. 어느 순간 자신의 행동에 대해 성찰할 기회가 생길 때 내 심리가 어떻게 작동했는지 그 숨겨진 내면을 일깨워줄 것이다.

가용성 휴리스틱:
예고된 사상 최악의 대지진은 실제로 일어났을까?

1990년 12월 3일은 월요일이었지만 미국 미시시피 계곡에 위치한 뉴마드리드의 학교는 모두 문을 닫았다. 사실상 미주리와 그 주변 주의 4만여 명의 학생이 이날 학교를 쉬기로 했고 어떤 지역에서는 화요일과 수요일까지 휴교하기로 했다. 이들 지역에서는 이미 11월부터 로우스 같은 철물점에서 양초, 손전등, 담요 등 응급 물품의 사재기가 이루어지고 있었다. 집들마다 그릇이 깨지지 않게 싸고 있었고 가구들이 넘어지지 않도록 벽에 고정시키는 작업도 하고 있었다. 뉴마드리드 시내에는 세계 각지에서 모여든 200군데 이상의 방송국 인원으로 북적였고 위성 장비를 실은 트럭도 최소 30대는 되었다. 12월 3일은 한 기후학자에 의해 사상 최악의 대지진이 예고된 날이었다. 아이벤 브라우닝은 오스틴에 있는 텍사스대학을 졸업하고 기후변화에 관심을 갖게 되었다. 기후학자로서 그는 매우 엉뚱한 지진 예측을 했다. 그는 12월 초에 태양과 달과 지구가 일직선상에 놓이는데 서로의 인력 때문에 뉴마드리드 지진대의 에너지 방출에 영향을 주어 12월 3일에 대지진이 발생할 것이라고 발표했다. 이 예측은 과학적인 근거가 없었고 지진학자들도 무시했지만 지역 언론에 크게 보도되어 매일같이 지진 관련 특집 기사가 쏟아지자 지역 주민들은 공포에 휩싸였다. 특히 사람들은 1811년과 1812년에 세 차례에 걸쳐 뉴마드리드를 강타한 대지진을 떠올렸다. 당시 규모는 진도 8.0 이상이었을 것으로 추정되는데 미시시피강의 흐름을 바꿔놓았고 또한 1700킬로미터나 떨어진 보스턴에서도 진동을 느꼈다고 했다. 이러한 역사를 알고 있는 뉴마드리드 주민들은 집단 히스테리를 보이며 3일 밤 모두 집 밖으로 나와 있었다. 그리고 지진은 일어나지 않았다. 4일에도, 5일에도 아무 일이 없었다.[2]

사람들은 누구나 고정관념을 가지고 있다. 탄광 지역 마을의 기차역 벤치에 양복을 입은 신사가 앉아 두꺼운 성경책을 보고 있다면 그 사람은 목사일까 아니면 광부일까? 많은 이가 겉모습만으로 미루어 목사라고 답할지 모르지만 확률적으로는 광부일 가능성이 높다. 그 지역에는 광부가 가장 많이 살고 있기 때문이다. 우리는 적절한 통계를 무시하고 유사성에 집중하기 때문에 잘못된 답을 내기 쉽다. 고정관념에 기초해 유사성을 단순화하는 판단을 휴리스틱이라 부른다. 대니얼 카너먼과 아모스 트버스키는 특정 사례들이 머릿속에 얼마나 쉽게 떠오르느냐의 여부에 따라서 발생 빈도를 판단하는 과정을 '가용성 휴리스틱availability heuristic'이라고 정의했다. "사람의 주의를 끄는 주요 사건은 쉽게 기억나기 때문에 유명 배우의 이혼과 섹스 스캔들에는 엄청난 관심이 쏠리고 쉽게 떠오른다. 따라서 유명 배우의 이혼과 스캔들의 발생 빈도는 과장될 가능성이 높다. 또 극적인 사건은 그것이 속한 범주의 가용성을 일시적으로 높이는데 가령 비행기 추락 사고는 일시적으로 비행기 안전에 대한 느낌을 바꿔놓는다."3 수백 명이 사망한 비행기 추락 뉴스를 보게 되면 비행기 예약까지 마친 제주도 가족 여행을 차를 손수 운전하고 가는 부산 여행으로 변경하기 쉽다. 사실 자동차 사고 확률이 비행기 사고 확률보다 훨씬 더 높은데도 말이다. 특히 개인적인 경험과 생생한 사례는 타인에게 일어났던 사건보다 훨씬 더 잘 떠오른다. 나쁜 기억은 그것이 설령 하찮은 일이었어도 나에게는 첫 번째로 떠오르는 매우 중요한 일이 되어버린다. 뉴마드리드 사람들은 1811년의 대지진을 직접 경험하지는 않았지만 지역의 주요 역사로서 간접 경험의 기억을 가지고 있었다. 전문가들이 나서서 비과학적인 예측이라고 알려주었지만 위험에 대한 편향적 반응을 막을 도리는 없었다. 주민들의 비합리적인 걱정에 불을 붙인 것은 언론의 보도였다. 뉴마드리드 지역 신문은 수백 명이 죽을 것이고 6억 달러짜리의 건물 피해가 예상된다는 등 매우 자극적인 기사를 쏟아냈으며 사람들의 이목을 집중시킬 기삿거리를 위해 더 과장된 내용을 여과없이 실은 셈이다. 위험과 공포가 무차별적으로 커지면 아무리 전문가가 나서서 사실이 아니라고 부인해도 소용없어진다. 오히려 위험이 과장되었음을 주장하는 이는 무언가를 은폐하려는 사람으로 매도당하기 쉽다.

2008년 4월 18일 대한민국 정부는 광우병 위험 부위의 수입을 허용하는 내용이 담긴 한미 쇠고기 협상 결과를 발표했다. 그러나 미국에서 광우병이 발생해도 수입을 중단할 수 없다는 내용이 알려지면서 광우병에 대한 공포가 확산되기 시작했다. 특히 미국산 쇠고기의 광우병 위험을 제기하는 모 방송국의 특집 방송은 국민의 불안감에 도화선을 당겼다. 전문가들의 부인과 정부의 변명에도 불구하고 이에 대한 반발로 연인원 100만 명이 참여하는 촛불집회가 3개월여 동안 지속되었고 정부의 다른 정책까지 반대하는 등 불똥이 튀었다.[4] 캐스 선스타인과 티머 쿠란은 가용성 편향이 정부의 정책으로 흘러 들어가는 기전에 '가용성 폭포availability cascade'라는 명칭을 붙였다. 이는 어떤 정보와 그에 따른 감정이 연쇄 반응을 일으키면서 사회적으로 걷잡을 수 없이 확산되는 과정을 가리킨다. 한 사건이 많은 대중의 머릿속에 들어 있게 되면 정치적인 문제로 확산될 수 있고 정치권의 반응은 대중의 감정적 강도에 따라 달라지며 이때 가용성 폭포가 우선순위를 재설정하게 된다. 그러면 공익을 위해 동원될 수 있는 다른 방식들은 모두 뒤로 밀려날 수밖에 없다.[5]

나쁜 기억은 뇌를 지배하고 이 감정은 이성을 지배한다. 본인이 직접 당한 일은 물론이고 당하지 않았던 일까지 내가 손해를 볼 수 있다는 가용성 범주에 들면 두려움이 생기고, 과거의 기억을 중요한 자료로 사용하는 배외측전전두엽은 두려움에서 벗어나기 위한 행동의 결정을 내리게 된다. 그 행동은 합리적일 수도 비합리적일 수도 있다. 아마도 비합리적인 경우가 더 많을 것이라 추측하는 사람이 많겠지만 대부분 나쁜 것만 사례로 보여서 주목을 받고, 좋았던 결과는 발표되지 않는 경우가 많으므로 실제로는 합리적인 행동이 인간의 주된 반응일 수도 있다. 여기에도 가용성 휴리스틱이 작동한다.

편견: 베이컨의 비판

남들이 나 자신에 대한 고정관념이나 편견을 가지고 있다는 것을 느껴본 경험이 대부분 있을 것이다. 하물며 나를 제일 잘 안다는 가족 안에서도 나에 대한 편견이 있고, 받아들이기에 따라 그것이 나 자신에게는 소확혐이 될 수도 있다. 최근에 동료 교수들과 1박 2일 일정으로 워크숍이 있어 모두 짐을 싸들고 회의실에 모였을 때 주최측에서 사정이 여의치 않아 회의 후 밤에 귀가했다가 이튿날 다시 모이기로 통보를 했다. 그리고 아침에 모두 모여 차를 마시는 자리에서 전날 밤 있었던 각자의 가족들의 반응을 들을 수 있었다. 먼저 한 여교수가 포문을 열었다. "글쎄, 어제 집에 갔는데 남편이 밤늦게 들어온 거예요. 아침에 나를 보더니 깜짝 놀라서 어떻게 된 거냐고 되묻더군요." 쿨하게 얘기하는 그 교수 앞에서 모두 박장대소했다. 두 번째로 다른 여교수가 말을 꺼냈다. "아니, 세상에 우리 애들이 놀라며 왜 집에 왔냐고 짜증을 내서 기분이 너무 좋지 않았습니다." 한탄 섞인 그 교수의 말에 많은 이가 그럴 수 있다며 공감을 해주었다. 마지막으로 한 남교수가 머리를 긁적이며 말했다. "저는 집에 도착하니까 갑자기 식구들이 다 좋아하더라고요." 모두 눈을 동그랗게 뜨고 부러워하는 표정을 지었다. 교수가 말을 이었다. "글쎄, 애가 숙제를 해야 하는데 프린터에 종이가 걸려서 빨리 고쳐달라는 거예요. 옷도 못 갈아입고 바로 아이 방으로 갔습니다."

이렇듯 우리는 평범한 일상에서마저 고정관념과 편견 속에 살아가고 있다. 고정관념의 사전적 의미는 행동을 주로 결정하는 확고한 의식이나 관념, 혹은 어떤 집단의 사람들에 대한 단순하고 지나치게 일반화된 잘 변하지 않는 생각이다. 편견은 공정하지 못하고 한쪽으로 치우친 생각을 의미한다. 편견을 가진 사람은 자신이 싫어하는 소수 집단의 구성원들이 서로 유사하다고 믿는다. 이를 외집단 동질성 편향outgroup homogeneity bias이라고 하는데 이처럼 개인의 고유한 특성을 고려하지 않고 범주화하는 사고방식이 바로 고정관념이다. 편견이 태도에 속하는 것이라면 고정관념은 인지에 속한다. 고정관념은 타인에 대해서 나쁜 쪽으로 우리의 생각을 왜곡시키고 편견을 갖게 한다는 특징도 있다.[6] 고정관념에서 시작되는 가용성 휴리스틱이 인간 심리의 모든 면에서 작동하는 것이라면 편견은 더 부정적인 정서를 지칭하는 것으로 볼 수 있다. 인종 편견에 대한 오래된 일화가 있다. 1934년 리처드 라피어 박사는 미국으로 여행 온 중국인 부부를 위해 통역을 해주며 미국 내 251개 호텔과 레스토랑을 방문했다. 이 기간에 부부가 서비스를 거부당한 것은 단 한 번뿐이었다. 이것은 중국인에 대한 미국인의 차별이 거의 없었다는 의미로 받아들일 수 있다. 여행이 끝나고 라피어 박사는 그들이 방문한 호텔과 레스토랑 주인들에게 손님으로 중국인을 받겠는지 편지로 설문조사를 했는데 128곳이 답변했고 그중 92퍼센트는 중국인을 손님으로 받지 않겠다고 대답했다. 중국인에 대한 편견은 분명히 존재했던 것이다.[7]

애덤 샌델은 그의 저서 『편견이란 무엇인가』에서 편견을 제거하려는 열망은 우리 시대의 강력한 지적 이상이라고 표현했다. 하지만 그는 무조건적으로 편견을 거부하는 것에 대해 문제점을 지적했다.[8] 독일의 철학자 한스게오르크 가다머는 편견이란 선판단 prejudgement이며 근대 계몽기 이전까지는 편견이 부정적 의미를 지니지는 않았다고 했다. 선판단은 의미 자체가 긍정일 수도 부정일 수도 있는데 계몽기를 거치면서 인간의 이성이 아니라 인간적 권위와 전통에 의한 판단으로 그 의미가 축소되었다고 했다. 편견을 옹호하는 유명한 사상가 에드먼드 버크는 말하길, 편견은 감정이고 이성과 편견은 서로 대척점에 있으면서 편견이 더 우선적이라고 했다. 버크가 옹호하는 편견은 특정 습관이나 관습에 의해 형성된 감정을 의미한다. 즉 그는 그 사회의 관습과 양식, 그리고 도덕의 감정을 즐겁고 고귀한 것으로 칭송하며 여기에 가치를 부여했다. 또한 공리주의적 입장에서 볼 때 전통은 사회적 연대와 준법을 구현하는 데 필요한 토대를 제공하므로 이러한 전통적 편견이 해체된다면 야만적인 힘과 처벌에 대한 두려움만이 사회를 지배하게 된다고 지적했다.[9] 애덤 샌델은 버크와 대조적으로 편견을 해석학적으로 분석했는데 정황적 이해 개념을 사용했다. 즉 편견은 우리가 판단을 내릴 때 불가피하게 뒤따르는 특성인데 우리는 언제나 자신을 둘러싼 삶의 환경으로부터 판단하며 이해한다고 했다. 또한 우리가 살아가는 환경이 가진 특정 습관, 전통, 경험이 편견이고 이것은 좋은 판단을 내리게 도움을 줄 수 있기에, 편견은 이성을 배반하는 것이 아니라 이성의 한 가지 표현이라고도 했다. 우리가 가진 나쁜 기억은 자신의 경험에서 만들어질 수도 있고 타인의 경험을 통해 학습될 수도 있으며 자신이 속한 사회가 가치로 내세우는 관습으로부터 뇌 안에 형성될 수도 있다. 선판단을 위해서는 자기 마음속에 품고 있던 데이터, 즉 습관과 전통과 경험이 감정과 이성을 통해 엮여야 하는데 이성적 판단을 하는 전전두엽까지 보고되는 내용은 주로 편도체와 해마가 작성하므로 나쁜 기억이 최종 보고서에 영향을 미칠 수밖에 없다. 그래서 프랜시스 베이컨은 편견을 비판한다. 특징적으로 인간은 보는 것만을 대부분 믿고 사실이었으면 하고 바라는 것을 쉽게 믿는다. 시각을 신뢰하는 인간의 기질에 대해 베이컨은 "인간의 사고는 시각에서 그만 멈춰버린다. 그러므로 인간은 자기 눈에 보이지 않는 것을 분별할 여력이 없다"고 비판했다. 베이컨은 한 사람이 처한 특별한 삶의 환경이 이해에 이르는 장애물이라고 했다.[10]

낯선 것보다 익숙한 것을 더 선호하는 이유는 우리가 낯선 것에 대해 두려움을 가지고 있기 때문이다. 경험해보지 못한, 그것이 직접적이건 간접적이건 간에 새로움에 대해서 우리는 두 가지 환상을 갖는다. 하나는 호기심에서 시작돼 소유욕을 자극하는 본능이고 다른 하나는 새로운 것이 가져다줄 손실에 대한 두려움일 것이다. 어느 쪽에 무게중심을 두는가에 따라 판단이 달라지는데 후자의 예를 들자면, 보통 어떤 장점을 보고자 할 때는 한 가지 이유만으로도 충분하지만 단점을 찾고자 하면 하나부터 열까지 많은 핑계를 댈 존재가 인간이라서 과거로부터의 나쁜 경험과 평판 등 편도체와 해마의 열렬한 도움을 받게 된다. 나 자신이 가졌던 나쁜 기억은 현재와 미래의 세상을 바라보는 시야에서 굉장히 강력한 필터로 작동하고 있다.

혐오:
독이 든 치즈를 먹은 쥐의 맛-혐오 학습

2020년 2월 중순 프랑스 파리 외곽에 위치한 불로뉴 비앙쿠르시의 한 일식집의 옆면 유리 벽에 누군가 흰 페인트로 'CORONA VIRUS'라고 크게 써놓고 달아난 테러 사건이 벌어졌다. 출입문에는 온통 흰 페인트가 칠해져 있었고 페인트 통이 그 앞에 나동그라져 놓여 있었다. 중국 우한에서 시작된 코로나19 사태의 여파로 벌어진 동양인에 대한 인종차별 사건이었다. 베를린에서는 20대 중국 여성이 현지 여성 두 명으로부터 욕설을 듣고 폭행을 당했으며 프랑크푸르트 공항에서는 독일에서 출생한 중국계 남성이 여성 직원으로부터 모욕적인 말을 듣기도 했다.[11] 편견은 이렇듯 혐오와 증오 범죄로까지 이어진다.

혐오는 심리학적으로 '인류가 진화하면서 터득한, 가까이하면 신체적·사회적 병해를 입게 되는 대상을 멀리하는 감정'으로 정의된다.[12] 결국 인류 역사에 혐오는 늘 존재해온 것이다. 혐오는 유난히 최근에 새로 나타나거나 많아진 것이 아니다. 중세 유럽의 마녀사냥이나 고대 멕시코 아즈텍 문명의 인신공양은 자신보다 약하거나 열등하다고 간주되는 존재를 제물로 삼은 테러이고 혐오 범죄다. 또한 낯선 사람들, 즉 이방인이나 외집단 사람들에게 혐오를 느끼는 것은 진화론적으로 충분히 이해되는 적응이다. 수렵사회에서 집단이 볼 때 외부인은 혹시나 모르는 전염병의 보유자일수도 있기 때문에 그들에 대한 거부와 혐오는 집단의 안녕을 위해서 필요한 정서였다. 헌법학자 홍성수가 지적했듯이 혐오에 내재된 중요한 의미는 '권력관계'다.[13] 혐오 표현은 '힘 있는 다수'가 '힘 없는 소수'에게 행하는 것이기 때문이다. 그는 크고 작은 편견들이 집단적으로 강화되면서 혐오로 나아간다고 했다. 편견의 강화에는 인간의 비합리적인 확증 편향이 작용한다. 확증 편향은 자신이 가지고 있던 생각이나 신념을 확인하려는 경향성으로, 자신에게 도움되는 정보만 취하고 자신이 믿고 싶지 않을 때는 외면하는 것을 말한다. 베이컨의 탄식처럼 인간이 보이지 않는 것을 보지 못하고 보고 싶은 것만 보는 편향을 의미하는 것이다. 정보는 신호와 잡음으로 이루어져 있다. 이 중 잡음을 어떻게 걸러내는가가 인간의 정보 처리 과정에서 매우 중요한데 자신의 감정과 신념을 앞세울 때 인지 편향이 일어난다. 하지만 워런 버핏의 말처럼 "사람들이 가장 잘 하는 것은 기존의 견해들이 온전하게 유지되도록 새로운 정보를 걸러내는 일"이기 때문에 확증 편향을 가진 사람은 올바른 신호마저 잡음으로 정보 처리를 한다. 그래서 잘못된 편견은 계속 강화되어 혐오와 범죄로 이어진다.

혐오가 소수자 그룹, 즉 유색인종이나 난민, 성소수자, 장애인만 대상으로 이루어지는 것은 아니다. 우리가 살면서 겪는 작은 일들에서도 소확혐은 늘 곁에 있다. 개인에게 국한된 문제 중 대표적으로 음식을 먹을 때의 혐오 현상이 있다. 먹어야 사는 인간은 아마도 100퍼센트 음식 혐오의 경험을 갖고 있을 것이다. 싫어하는 음식이 하나도 없는 사람은 없다. 앞서 '입 짧은 아이'의 사례에서 설명했듯이 자기 입안의 경험으로부터 식품 혐오는 시작된다. 선천적으로 미각이나 후각이 매우 예민해 특별한 질감과 향을 참지 못하는 경우도 있지만 대부분은 과거의 학습, 즉 나쁜 경험을 겪은 뒤 특정 음식을 안 먹게 된다. 그 음식을 먹은 뒤 큰 배탈이 나서 고생했거나 알레르기가 심하게 생겼을 수도 있고 목에 걸려 숨을 쉬지 못했던 긴박한 경험도 모두 나쁜 기억이다. 이러한 기억 탓에 특정 음식을 평생 못 먹을 수도 있는 것이다. 우리는 이것을 맛-혐오 학습taste-aversion learning이라 부르는데 심리학적 실험으로도 유명하다. 1955년 존 가르시아는 쥐를 잡기 위해 독이 든 치즈를 군데군데 놓고 쥐들의 행동을 관찰했다. 이 치즈를 많이 먹은 쥐는 죽었고 조금 먹은 쥐는 살기도 했다. 하지만 살아난 쥐는 두 번 다시 치즈를 먹지 않았다. 왜냐하면 독이 든 치즈로 인해 배탈이 나서 구토를 하는 등 고생을 했기 때문이다. 쥐들이 치즈를 먹어서 배탈이 난 것을 실제로 알 수 있었는지 알아보기 위해 가르시아는 조건 자극으로 설탕물과 빛과 소리를 이용하고 무조건 자극으로 방사선을 사용해 결국 쥐가 구토를 일으키게 했는데 조건 형성 후 쥐들이 설탕물을 회피하는 것을 확인했다. 이것을 맛-혐오 학습 혹은 가르시아 효과라고 부른다.[14] 이렇듯 혐오는 우리와 멀리 떨어져 있는 것이 아니라 우리 주변에서 우리와 같이 살아가고 있다. 모두가 나쁜 기억에서 시작되며, 추가로 정보를 얻고 판단하는 과정에서 올바른 신호를 버리고 자기 입맛에 맞는 편향적 사고를 하는 오류가 발생하는 것이다.

다수에 의한 전형적인 혐오와 개인의 취향에 따른 혐오 외에 현대의 정보사회가 가져다준 매우 불합리한 병폐적 혐오가 최근 들어 급증하고 있다. 2015년 삼성서울병원에 메르스 사태가 터져 병원이 폐쇄되었을 때 남아 있는 입원 환자와 중환자들을 위해 자가 격리가 되지 않은 8000명의 의료진과 직원들은 매일 출퇴근을 하고 있었다. 2개월 남짓 폐쇄 기간 동안 감염되지 않았던 임직원들은 일반인과 똑같이 정상적인 생활을 했다. 하지만 인근 음식점에서 병원으로의 음식 배달을 거부했고 학교나 학원에서는 학생의 부모가 삼성서울병원 직원이면 등교나 등원을 막는 등 노골적으로 배척했다. 2020년 코로나19 사태가 벌어졌을 때 대한항공 승무원 가운데 감염자가 발생하자 5년 전의 악몽이 그대로 재현되었다. 대한항공 승무원의 자녀라는 이유로 어린이집 등원이 거부된 것이다. 모든 승무원이 잠재적 바이러스 보균자로 낙인찍히며 혐오 대상이 되었다. 이러한 사건의 바탕에는 두려움이 깔려 있다. 코로나19 바이러스에 감염되어 폐가 망가지며 사망하는 기사를 접하는 일반인들의 뇌에서는 편도체의 활성도가 크게 증가하고 두려움이 앞선다. 두려움에 취약하거나 편향적 사고에 익숙한 사람들은 이 나쁜 경험과 기억을 어떻게든 피해보고자 비합리적인 추론을 시작하고 혐오 표현을 쏟아내며 이로 인해 애꿎은 사람들만 가슴에 피멍이 든다. '힘 있는 다수'가 '힘 없는 소수'를 윽박지른 게 아니라 '숨어 있는 소수'가 '정상적인 소수'를 억압하는 것이다. 사실은 그 '숨어 있는 소수'에 대해 '정상적인 다수'가 혐오를 해야 옳을 텐데 그 소수는 결코 양보하려 하지 않고 책임지려 하지 않는다.

책임 전가:
아이가 이물질을 삼키면 부모 중 누구의 책임일까?

돌을 갓 넘긴 아이를 안고 내 진료실로 들어오는 아빠는 화가 나 있었다. 뒤따라 들어오는 엄마는 사색이 돼 무슨 죄라도 지은 양

남편 앞에서 꼼짝 못하고 있었다. 자초지종은 이랬다. 전업주부인 엄마가 방 안에서 캑캑거리고 있는 아이를 발견했고, 아이가 아무 것도 먹지 않으려 하면서 침을 흘리고 있어 병원에 데려갔는데 엑스레이를 촬영해보니 목 부위에 1센티미터가량의 동그랗게 생긴 금속 이물질이 발견된 것이다. 이에 직장에 있는 남편을 다급하게 불러 상급 병원으로 데려온 것이다. "아니 뭐든지 입에 넣는 애인 줄 알면서 대체 방 청소는 하고 있었던 거야?" 아빠는 여전히 분을 참지 못하고 있었다. 이물질의 모양이 흐릿해 뭔지 잘 모르겠고 아이에게 증상이 있어 바로 내시경으로 이물질을 제거하기로 했다. 이물질은 입에서 식도로 연결되는 부위에서 발견되었고 쉽게 빼낼 수 있었는데, 매우 특이한 것이었다. 원형의 얇은 철망 같은 모양을 하고 있었다. 밖에서 대기하던 보호자를 불렀는데 엄마만 내시경실로 들어왔다. "혹시 이게 뭔지 아시겠어요?" 내 질문에 그 이물질을 뚫어지게 바라보며 갸우뚱하던 엄마는 갑자기 두 눈을 크게 뜨며 외쳤다. 찰나의 순간에 엄마의 표정이 밝아짐을 느꼈다. "아빠 이어폰?" 아하, 이어폰을 감싸는 그물 같은 망이었던 것이다. 엄마가 연신 고마워하며 나갔는데, 간호사로부터 나중에 들은 얘기로는 내시경실 밖에서 엄마가 고개 숙인 아빠 앞에서 일장 훈계를 했다고 한다.

　사람 살아가는 모습은 언제나 누구나 다 비슷하다. 사실 잘잘못을 따지자면 이어폰을 아무렇게나 놓아둔 아빠와 바닥에 있던 그것을 챙기지 못한 엄마 모두에게 책임이 있을 것이다. 그래도 원인을 제공한 사람이 분명하니 비율로는 7대 3 정도로 아빠의 책임이 크다고나 할까? 아마도 집에 돌아간 부부는 한 번 더 싸웠을지 모르는데 7을 잘못한 아빠가 3 또한 잘못이라며 엄마를 긁어놓았을 확률이 높다. 언론에서 늘 보듯이 죄인으로 몰리면 꼭 '다른 사람들도 그러는데 왜 나만'이라며 항의하는 이들이 곧잘 있다. 그 와중에 '남 탓'을 하는 것이다. '남 탓'을 하지 않고 살 수는 없다고 본다. '남 탓' 전에 '내 탓'을 할 수 있는 여유와 자신감이 필요한 것은 모범 답안이 되지만 '내 탓'은 곧 책임이므로 보통의 인간이라면 '내 탓'에 대해 두려워할 수밖에 없다.

코로나19 사태로 인해 전 세계적으로 확진자가 300만 명이 넘던 2020년 4월 말 WHO는 언론 브리핑에서 코로나19 감염증에 대해 일찌감치 최고 수준의 경보를 울렸지만 모든 나라가 여기에 주의한 것은 아니었다고 뒤늦게 주장했다. 테드로스 게브레예수스 WHO 사무총장은 2020년 1월 말 WHO가 국제적 공중보건 비상사태를 선언했을 때 세계는 WHO의 권고 사항을 주의 깊게 들었어야 했다고 지적했다. 하지만 1월 말은 이미 중국으로부터 인접국으로 바이러스가 번지는 중이었고 중국은 우한을 봉쇄했지만 수백만 명의 우한 시민은 이미 다른 지역으로 이동한 뒤였다. 당시 게브레예수스 사무총장은 "우리는 이 바이러스가 보건 시스템이 취약한 국가로 퍼진다면 어떤 피해를 볼지 모른다. 그런 가능성에 대비할 수 있도록 지금 조처를 해야 한다"면서도 교역과 이동의 제한을 권고하지는 않았다. 국제사회는 WHO가 늑장 대처를 했다며 비판했고 외신은 코로나19 사태의 확산에 대해 WHO와 미국 그리고 중국 간에 '책임 전가' 게임이 벌어지고 있다고 분석했다.15 책임을 져야 할 사람이 책임을 다하지 않으면서 남에게 그 책임을 전가할 때 우리는 이것을 쉬운 말로 '남 탓'이라고 한다. 이 역시 자신이 손해 볼 것에 대한 두려움을 피하고자 인간이 비합리적으로 벌이는 행동이 된다. 본인은 그 손해가 무엇인지 확연히 알고 있고, 손해를 본 사람들에 대한 과거의 데이터는 이미 본인에게 나쁜 간접 기억이 되어 있기 때문이다. 사무총장에게는 불명예 퇴진이라는 가장 일반적이면서 가장 큰 두려움이 작동했을 테고, 중국에게는 우한에서 시작되어 세계로 퍼진 것에 대한 책임 문제가, 미국은 초동 대처 미흡으로 인한 엄청난 수의 확진자와 사망자에 대한 책임 문제가 위정자들의 뇌 속을 괴롭혔을 것이다.

나심 탈레브는 『스킨 인 더 게임』에서 절대로 양보하지 않는 소수와 유연하게 사고하면서 양보하는 다수가 부딪치면 전자가 승리하게 된다고 했다. 그는 우리가 모는 자동차의 자동변속기를 예로 들었다. 수동변속기를 사용하지 못하는 소수의 사람들을 위해 다수는 모든 차량이 자동변속기를 장착하는 것에 묵시적으로 동의한 것이다. 옵션이었던 자동변속기가 어느 순간부터 기본이 되기 시작했다. 과거와 달리 수동변속기 차량을 몰고 싶으면 자동차

회사에서 차를 신규 구입할 때 오히려 부탁해야 하는 처지가 되었다. 다 알다시피 수동변속기 차량의 연료 효율이 자동변속기 차량보다 훨씬 뛰어나지만 기본으로 자동변속기가 장착되어 나오기 때문에 우리는 저효율의 차량을 억지로 구매해야 하는 것이다. 하지만 이 연료 효율의 문제에 대해 자동변속기만 몰 수 있었던 소수는 아무런 책임을 지지 않았다. 수동변속기 차량에 대한 양보하지 않는 소수의 두려움은 결국 유연성 있는 대다수 사회 구성원의 책임이자 손해로 귀결되었다.[16]

'남 탓'만큼 우리 삶과 밀접한 관계를 가진 행동도 아마 없을 것이다. 무슨 일이든 그 결과가 좋으면 '내 탓'이고 나쁘면 '남 탓'이 되니 세상의 모든 일은 '내 탓' 아니면 '남 탓'이다. 잘못한 일에 대하여 책임을 져야 한다는 부담이 자신을 떳떳하지 못하게 만드는 주요인이 된다. 이 부담은 아무리 작은 일이었어도 사람에게는 확실히 피하고 싶은 소확혐이 된다. 자신의 판단이 언제나 바르지는 않을 것이라서 그렇다. 알면서 자신만 슬쩍 빠지는 행위는 비난받아 마땅하지만 사실 모르고 '남 탓'만 하는 경우도 태반이다.

평가에 대한 두려움:
남들은 나를 어떻게 생각할까?

내가 아는 내가 내가 아니고 남이 아는 내가 진정한 나라면? 등골이 서늘해질 것이다. 그런데 맞다. 세상은 그렇게 돌아간다. 1996년 이탈리아의 신경과학자 자코모 리졸라티는 원숭이 뇌 안의 뉴런에 전극을 꽂고 행동에 따른 뇌 영역의 활성도를 모니터링하고 있었다. 어느 날 연구원 한 명이 식사 후에 아이스크림을 먹으며 실험실에 들어섰는데 연구원을 보고 있던 원숭이의 뇌파가 움직였다. 그런데 그 뇌파는 원숭이 자신이 손을 뻗어 음식을 쥐고 입에 넣을 때 움직여야 하는 파동이었다. 가만히 있었던 원숭이의 뇌파가 어떻게 실제로 먹은 것처럼 반응했을까? 바로 여기서 거울 뉴런mirror neuron이 발견되었다. 인간을 포함한 고등동물이 가진 특성인 모방이 바로 이 거울 뉴런에서 비롯되었다. 거울 뉴런과 모방은 인간만이 특이하게 가지고 있는 '마음 이론theory of mind'으로 발전했는데, 인간은 자신을 인식하고 또한 타인의 마음을 읽으며 심지어는 드라마 주인공, 즉 제3자의 마음마저 이해할 수 있다는 것이다. 나는 나를 '의식'하에서 알고 있지만 사실 남은 내 의지와 상관없이 내 '무의식'을 보고 나를 판단하고 있다. 사람은 항상 행동에서 자신의 무의식을 흘린다. 이것을 행동 누출behavioral leakage이라 하는데 돌이켜보면 어려서 부모님이 나를 혼낼 때 나는 부인하고 싶지만 내가 보여준 행동이 부모님의 마음에 들지 않았던 것이리라. 아무리 아니라고 해도 남은 나를 그렇게 규정하고 있다.[17] 어려서 어른이나 또래로부터의 지적에 대한 기억은 '나는 그렇지 않다'는 부인에도 불구하고 뇌 안에 깊숙이 박혀 있다. 자라면서 가끔은 그 지적이 옳았다는 생각도 들고 잘못한 것을 들킨 듯 창피한 느낌이 생기기도 한다. 아픈 소환험이다.

수전 케인은 책 『콰이어트』에서 미국의 역사가 워런 서스먼의 이야기를 전한다.[18] 20세기에 접어들어 포드 자동차가 팔리고 백화점이 문을 열며 중산층 가정에 전기가 들어오는 등 미국 경제가 발전하면서 문화적 진화를 이루는데, 그는 이 시기가 미국이 '인격의 문화'에서 '성격의 문화'로 전환되는 때였다고 했다. 워런 서스먼은 인격의 문화에서 이성적인 자아는 진지하고 자제력 있고 명예로운 사람으로서 홀로 있을 때 어떻게 행동하느냐가 중요했지만, 성격의 문화에서는 대중에게 내가 어떤 인상을 주는가, 즉 타인이 자신을 어떻게 바라보느냐를 중시하기 시작했다고 구분지었다. 그리고 문화의 전환은 사람들에게 결코 회복하지 못할 개인적 불안이라는 판도라의 상자를 열어버린 셈이라고 표현했다. 지금은 남의 시선을 의식하고 행동하는 것이 당연한 일인데 19세기까지 미국인들은 그러지 않았다.

한국인은 눈치에 예민하다. 타인의 기분을 맞추는 것에 신경 쓰고 주어진 상황에서 변화를 빨리 알아채도록 알게 모르게 교육을 받는다. 좋게 이야기하면 눈치란 남의 마음을 잘 읽고 대인관계나 의사소통을 하는 데 필수적인 요소라고 할 수 있다. 미국에서도 인격의 문화에서는 눈치를 볼 필요가 없었지만 성격의 문화에 들어서면서는 눈치 없이 행동할 경우 무례하고 자기중심적이라는 비난을 받게 되었다. 그래서 타고난 성향이 내성적이고 환경의 변화에 무디거나 혹은 사회적 경험이 미숙할 경우 나를 향한 반복적인 비판은 비수처럼 가슴에 박혀 나쁜 기억으로 남는다. 아무리 고치려 해도 타고난 기질을 바꾸기는 어려운지라 또 한 번의 실수로 상처가 깊어지고 결국 좌절하게 된다. 무슨 일을 시도해도 또 그럴까봐 불안해지는 것이다.

1939년, 전설적인 광고 책임자였던 미국의 알렉스 오스본은 직원들이 광고에 대한 창의적인 생각을 혼자서는 잘 내지 못하는 것을 보고, 이를 개선하기 위해 그룹으로 아이디어 회의를 주최하고 비판적이지 않은 분위기에서 직원들로부터 자유분방하며 꼬리를 무는 아이디어를 끌어내도록 하는 '브레인 스토밍'이라는 개념을 창안했다.[19] 현대 사회에서 브레인 스토밍을 해보지 않은 조직은 아마 없을 것이다. 그만큼 새로운 아이디어를 내는 의미의 일반 명사가 되어버린 그룹 브레인 스토밍은 그러나 많은 후속 연구에서 효과가 없다고 밝혀지고 있다. 특히 집단의 크기가 커질수록 성과는 나빠지는데 예를 들어 9명 그룹은 6명을 묶은 그룹보다 아이디어 수도 적게 나오고 성과가 떨어진다는 것이다. 재능 있고 의욕

넘치는 사람들이 있으면 창의성이 중요한 상황에서는 혼자 일하도록 해야 한다는 의미다. 학자들은 그룹 브레인 스토밍의 실패 원인을 세 가지로 설명했다. 첫째, 사회적 태만이다. 즉 집단 안에서는 말을 안 하고도 비난받지 않는다. 둘째, 한 번에 한 사람만 아이디어를 낼 수 있으니 나머지는 수동적으로 참여하게 되며 이는 혼자 아이디어를 내는 것과 다를 바 없게 된다. 셋째, 남들로부터의 평가에 예민해진다. 내 아이디어에 대하여 동료들이 무슨 의견을 줄지 두렵게만 느껴지는 것이다.[20] 요즘 회의를 보면 모든 구성원이 돌아가며 발언하도록 권장하고 있어 첫 번째 이유는 해소되었고, 하나의 아이디어가 나올 때 대부분 그것에 대한 의견을 추가로 묻고 있어 두 번째 이유도 의미 없어진다. 결국 가장 문제가 되는 것은 세 번째 이유인 나에 대한 평가의 두려움이다. 회의 중에 혹은 회의를 마친 후에 뒷담화로라도 나에 대한 평가를 듣게 되었는데 그것이 부정적이었다면 다음 회의에 아이디어를 낼 자신이 없어진다. 그만큼 우리는 남이 보는 나에 대해 늘 신경 쓰고 있고 남으로부터 인정받고 싶어한다. 미국의 위대한 심리학자 윌리엄 제임스는 다음과 같은 말을 남겼다. "인간 본성의 가장 근본에는 남으로부터 인정받는 것을 갈구함이 자리한다." 사실 이 말을 나는 다음과 같이 바꾸고 싶다. "인간 본성의 가장 깊은 곳에는 남으로부터 인정받지 못할 것에 대한 두려움이 늘 자리하고 있다."

일을 하며 어려움도 겪고 실패를 통해 성장하면서 결국 전문가의 자리에 서게 되면 우리는 이것을 '성공'이라 부른다. 하지만 자신감 부족과 경쟁에 대한 두려움을 이겨낸 우수한 전문가 중에서도 불안감을 느끼는 사람들이 있다. 이들은 성공한 자신에게 그럴 자격이 없고 단지 모든 것은 행운이었다고 믿는 경향이 있다. 마치 가면을 쓴 것처럼 자신이 남을 속이고 있다고 생각한다. 이것을 '가면 증후군Imposter syndrome'이라 부르는데 이들은 남에게 발각되는 것을 몹시 두려워한다.[21] 성공에 대한 두려움이지만 사실은 평가와 비교에 대한 두려움으로 보는 게 옳을 것이다. 어려서 비교를 당하며 경험한 무능력했던 기억과 부족했던 자신감이 이런 현상을 일으키는 것으로 여겨지는데, 예전에 주변의 기대가 컸을 뿐이지 아마 실제로 본인의 능력이 부족하지는 않았을 것이다.

윌리엄 하비(1578~1657)는 영국의 케임브리지 의대를 졸업한 생리학자로 인체의 구조, 특히 심장에 큰 관심이 있었다. 스승의 영향으로 실제 실험하는 연구를 해야 한다는 사상을 이어받았고 그가 발견한 심장 판막의 역할을 제대로 밝혀 1628년 『동물의 심장과 혈액의 운동에 관한 해부학적 연구』를 출판했다. 이 책은 새로운 개념의 혈액순환론으로서 당시 갈레노스의 이론에 지배받던 의학계에 과학혁명을 일으킨 시발점이 됐다는 평가를 받지만 당시에는 인정을 받지 못했다.[22] 하비는 패러다임을 바꾸는 이 실험 결과에 대한 발표를 하면서도 세상의 여론이 그에게 적대적일 것에 대해 심히 우려하고 있었다. 다음은 그의 심경을 담은 글이다.[23]

이제 통과하는 혈액의 양과 원천에 관해 말해야 할 텐데 그 내용이 너무나 새롭고 전혀 들어보지 못한 것이기에 몇몇 인사의 질시를 받아 내 마음에 상처를 받을까 두렵기도 하고, 습성과 관습이 세2의 천성이 되어 있기 때문에 인류 전체가 내 적이 되지나 않을까 하는 생각에 떨리기도 한다. 교조적인 견해는 일단 뿌려지면 깊이 뿌리를 내리며, 전통을 존중하는 마음은 모든 사람에게 영향을 미치게 마련이다. 그래도 주사위는 던져졌으니 나는 교양 있는 이들이 공정하고 진리를 사랑할 것이라고 굳게 믿는다.

아마도 이것은 의학계에서 근대도 아닌 17세기에 대학자가 자신에 대한 평가를 두려워하며 쓴, 의학 기록에 남겨진 가장 오래된 글이 아닌가 여겨진다. 윌리엄 하비도 그 이전 시대에서 당시의 과학을 부정하는 새로운 개념이 나오면 모두가 비난하던 모습에 상처를 받았을 것이며 그 나쁜 기억으로부터 조금이라도 벗어나고자 이 글을 작성했을 것이다. 물론 그가 내면의 가면 현상을 보여주었을 수도 있다. 이처럼 예나 지금이나 인간의 심성은 똑같다.

남의 눈치를 보지 않고 살아도 크게 문제 될 것은 없다고 생각하는 사람도 많을 것이다. 하지만 그런 예의 없는 모습을 어디에선가 경험했던 상대방의 입장에서 보면 또한 나쁜 기억이 되살아나는 상황이 되므로 불쾌해질 수밖에 없다. 그렇기에 남의 마음을 읽는 것, 즉 눈치를 보는 것은 남을 위한 것이면서 결국은 자신을 위한 일이 되는 것이다.

내가 근무하는 병원에서 있었던 일이다. 한 인턴이 환자에게 소독 드레싱을 하고 있었다. 그때 갑자기 휴대전화에서 톡 알림이 울렸고 인턴은 드레싱을 중단한 채 바로 휴대전화를 꺼내 답장을 보냈다. 그러고는 아무 일 없었다는 듯 드레싱을 계속했다. 환자는 황당했다. 소독 중에 개인적인 문자 메시지를 보내다니. 바로 고객의 소리를 통해 병원에 항의했고 인턴은 근무 성적을 최하위로 받았다. 전공의 지원에 큰 타격이 있었음은 예상 가능하다. 그 인턴은 그게 무슨 문제냐고 항변하겠지만 늘 보여주었던 그의 무의식적인 행동은 남이 판단하는 상황에서도 반복되어 그에 대한 평가는 엉망이 되어버렸다. 무서운 일이지만 그래서 내가 아는 나는 내가 아니다.

거절에 대한 두려움:
왕따의 고통은 신체적 고통과 동일하다

고등학교 2학년 때 다녀온 수학여행은 참 기억에 남는다. 수학여행의 메카 경주가 좋아서는 아니고 교복을 입고 행하지 못했던 일탈을 친구들과 밤새 즐겼다는 추억이 떠오르기 때문이다. 한 친구가 그날 짐 속에 몰래 소주와 맥주 여러 병을 숨겨서 가져왔다. 밤이 되고 담임 선생님이 주무시러 들어가자 그 친구는 반장이었던 나를 불렀다. 술을 먹으려니 반장을 등에 업는 게 안전하다고 판단했던 것 같다. 예닐곱 명이 작은 방에 모였다. 언제 준비했는지 오징어와 땅콩도 충분히 있었다. 음주 경험이 거의 없는 나도 분위기에 바로 휩쓸려버렸다. 노래방도 없었던 시절에 술 한 잔과 기타 반주에 맞춘 노래 한 곡은 어쩜 그렇게 흥분되고 재미있었던지. 하지만 흥분과 재미는 이튿날 아침 바로 산산조각 나버렸다. 옆방의 누군가가 담임 선생님께 고자질한 것이다. 모두 담임 선생님께 불려갔고 특히 반장인 나는 눈물이 찔끔 날 정도로 꾸지람을 들었다. 후회가 절로 드는 순간이었다. 내가 왜 그랬을까?

　게슈탈트 심리학자 솔로몬 애시는 1950년대에 현대 사회심리학에서 한 획을 긋는 유명한 실험을 수행했다. 실험 참여자들에게 하나의 선이 그려져 있는 카드를 보여준 후 길이가 각각 다른 세 개의 선이 그려진 두 번째 카드를 보여주었다. 두 번째 카드에 그려진 세 개의 선분 중 하나는 첫 번째 카드의 선분 길이와 같았다. 그러고는 피험자들에게 두 번째 카드의 선분 중 첫 번째 카드의 선 길이와 같은 선분을 선택하라고 했다. 한 번의 실험당 참가 인원은 7명 정도였는데 피험자 1명을 제외한 나머지는 모두 실험 도우미로서 고의로 오답을 얘기하도록 사전에 교육되어 있었다. 도우미들이 정답을 얘기할 때는 99퍼센트의 피험자가 정답을 말했는데 도우미들이 차례로 오답을 말하기 시작하자 가장 마지막에 답하도록 되어 있던 피험자 가운데 75퍼센트가 다른 사람들의 오답에 동조하여 잘못된 답을 말했다. 자기 소신껏 정답을 말한 사람은 25퍼센트밖에 되지 않았던 것이다. 우리는 이것을 '집단 동조 현상'이라고 부른다.[24] 자신의 신념이 확고하지 않을 때는 집단의 성향을 따라가기 쉬운 것이다. 이때 심리학자들에게 의문이 생겼다. 집단의 답이 틀렸다는 것을 알고도 다수의 시선이 두려워 거짓으로 동조한 것인지 아니면 집단에 의해 인식이 바뀌었는지를 구별하기 어려웠던 것이다. 한여름에 직장의 한 부서에서 점심 식사를 하러 외부 식당으로 갈 때, 누군가 이열치열이라며 펄펄 끓는 김치찌개를 먹으러 가자고 제안하고 몇 명이 동의하면 땀에 흠뻑 젖을 자신의 모습을 상상하고서도 할 수 없이 따라가야 했던 경험이 대부분 있을 것이다. 집단 압력은 그만큼 거절하기 힘들다. 그런데 이 상황이 나 혼자 튀고 싶지는 않아 거짓으로 동조했기 때문일까 아니면 내 인식 자체가 집단에 의해 변한 것이었을까? 지금까지는 전자의 해석이 지배적이었지만 현대판 솔로몬 애시의 실험은 색다른 양상을 보여주었다.

2005년 에모리대학의 신경학자 그레고리 번스는 자원자 33명을 모집하여 군을 나눈 뒤 컴퓨터 게임을 하게 했다.[25] 3차원으로 물체 두 개를 보여주고 첫 물체의 방향을 돌리면 둘째 물체와 일치하겠는가를 물어보는 것이었다. 애시의 실험과 마찬가지로 오답을 대도록 사전 교육된 실험 도우미가 있었고, 피험자들이 집단의 의견에 동조할 때와 반대할 때 뇌 안의 활성화 부위를 관찰하기 위해 fMRI 장비를 사용했다. 결과는 애시의 실험과 비슷하게 나왔는데 피험자들이 혼자 답할 때는 13.8퍼센트만이 오답을 택했지만 도우미들이 집단으로 오답을 얘기할 때는 피험자의 41퍼센트 역시 오답을 택했다. 그리고 그레고리 번스는 fMRI 스캐너를 통해 피험자들이 왜 집단에 동조하는지를 밝힐 수 있었다. 피험자들이 홀로 답할 때는 시각 인지와 관련된 후두엽과 공간 인지와 관련된 두정엽, 그리고 판단과 의사결정을 하는 전두엽이 같이 활성화되며 연결되었다. 도우미들과 같이 실험했을 때 자신의 판단을 접고 거짓으로 집단에 동조했다면 복잡한 의사결정을 수반해야 해서 전두엽의 활성화가 증가되었어야 하는데 결과는 반대로 전두엽의 활동이 감소하고 인지에 관련된 후두엽과 두정엽의 활성도가 증가되었다. 즉 집단이 하자는 대로 사물을 왜곡해서 인지하게 된 것이다. 그리고 매우 흥미로운 실험 결과가 하나 더 있었다. 집단에 동조하지 않고 정답을 맞힌 피험자의 뇌에서는 편도체가 활성화되었다. 거절할 때의 두려움 같은 불쾌한 감정과 관련된 편도체가 활발하게 작동한 것이다. 마지막 실험 결과가 시사하는 바는 큰데, 군중 심리에 넘어가지 않고 올바른 판단과 결정을 하려 해도 인간의 뇌는 잠시 거절에 대한 두려움에 휩싸이며 머뭇거리게 된다는 의미다. 다수의 제안을 거절했을 때 받았던 눈초리와 그 느낌은 다시 겪고 싶지 않은 작지만 확실한 소화협이다.

인간은 함께 살아가는 사회적 동물이다. 매슬로의 인간 욕구 5단계를 보면 3단계가 소속과 사랑의 욕구이고 4단계가 존중의 욕구다. 인간은 집단에 소속되어 사랑을 주고받으며 남으로부터 인정받고 존경받는 것에 대한 기본적인 욕구를 보유하고 있는 것이다. 5단계는 자아실현의 욕구인데 이것 역시 혼자 이루는 것이 아니라 집단 안에서 스스로를 성찰하며 봉사함으로써 자아실현을 성취하는 것을 말한다. 그래서 인간은 무리에 소속되는 것을 바라며 거꾸로 소속되지 못함에 대한 두려움을 가질 수밖에 없다. 즉 남으로부터 '거절당하는 것에 대한 두려움'은 본능이 된다. 영유아기의 태생적인 '분리 불안'을 겪으며 시작된 이 두려움은 자라면서 자의든 타의든 집단에서의 '소외'를 느껴보면서 편도체를 예민하게 만드는 또 하나의 원인을 제공한다. 연구에 따르면 거절에 대한 두려움이 높은 사람은 그렇지 않은 사람에 비해 사회의 전반적인 상황에 대해 두려움이 더 높다고 한다. 더 긴장하고 더 불안해하며 스트레스에 더 취약하다.[26]

인간이 사회적 배제, 즉 왕따를 당하면 그 심리적 고통이 신체적 고통과 비슷하다는 연구 결과가 나와 있다. 미국의 나오미 아이젠버거 UCLA 심리학과 교수는 피험자가 컴퓨터 게임을 하면서 소외를 당하게 조작한 후 그 사람의 뇌를 fMRI로 분석해봤다. 왕따를 당한 사람의 뇌에서는 배측전대상피질과 전방섬엽이 활성화되었다. 이 부분은 신체적인 고통을 당할 때 불쾌하게 느끼고 고통으로부터 벗어나려는 동기를 부여하는 곳이다.[27] 불안과 걱정이 많은 성향의 사람은 본인이 왕따가 되지 않았어도 왕따가 되는 타인을 볼 때 두려움이 커질 것이다. 거울 뉴런과 마음 이론이 그 사람의 마음을 흔들어놓을 것이기 때문이다. 그래서 편도체가 과잉 반응하는 것이 싫은 우리는 처음부터 집단의 의견과 압력에 따르게 되어 있는지도 모른다.

현재주의:
우리가 미래를 정확히 예측할 수 없는 이유

방금 결혼한 신혼부부는 자신들만큼은 50년이 지나도 늘 행복하게 살 것이라고 믿는다. 지금 이 순간이 정말로 행복하기 때문이다. 초등학교 3학년 아이의 키가 반에서 아주 작은 편이라면 엄마는 성장클리닉에 예약하고 성장 호르몬을 맞아야 할지 고민하기 시작한다. 부모의 키가 어느 정도 크다면 아이도 사춘기를 지나며 갑자기 클 확률이 높은데 지금의 우리 아이는 결코 클 것 같지 않다는 걱정이 앞서서다. 내가 추가로 새로운 사업 계획을 구상하고 있는데 은행 대출을 무리하게 받은 듯싶지만 이번에도 역시 크게 성공할 것으로 예상된다. 지금까지의 사업이 하나도 빠짐없이 성공했기 때문이다.

위에 언급한 사례 모두 미래를 그리고 있다. 긍정적인 미래든 부정적인 미래든 시뮬레이션하고 있는 위의 세 가지 설명에 공통되게 나오는 단어가 무엇인지 알겠는가? 바로 '지금'이다.

1987년 7월 24일자 『조선일보』에 나온, 미국의 『워킹우먼』지가 선정한 '90년대 여성 유망 직업 베스트 25'라는 기사를 소개한다.[28]

25가지 유망 직종에는 '컴퓨터 시대'에 들어선 현대사회를 반영, 컴퓨터 관계 업종이 두드러진다. 컴퓨터에 관한 지식과 경영 기술을 혼합시킨 컴퓨터정보관리자는 앞으로 금융이나 보험·출판업 등에서 크게 활용될 것으로 예상된다. 컴퓨터정보관리자는 기업에서 활용할 소프트웨어의 유용성을 평가하고 기재 구입과 설치, 간단한 수리 등을 맡아서 일한다. 컴퓨터 법률전문가 역시 컴퓨터 산업이 발달하면서 수요가 늘고 있는 직종. 소프트웨어 저작권 침해, 컴퓨터의 정보 도용 등에 관한 법률 문제, 법정 투쟁을 담당하기 위해선 컴퓨터 지식을 갖춘 변호사를 필요로 하게 된다는 것이다. (…)

기사에 함께 실린 사진 한 컷에는 여성 한 명이 컴퓨터 모니터 앞에서 전화 두 대를 동시에 받으면서 바쁘게 일하는 모습이 찍혀 있고 사진 해설에는 '정보사회를 맞아 각광받고 있는 컴퓨터 분야, 21세기 여성들의 유망 직종으로 뽑혔다'고 되어 있었다. 아마도 1990년대를 지나 2000년대 들어서도 여성들의 훌륭한 직종의 상당수는 컴퓨터와 관련 있을 것으로 예상했던 듯 보인다. 지금이야 특별히 컴퓨터에 관한 지식이 없어도 직관적으로 윈도우를 클릭하면 다음 과정을 진행할 수 있으며 잘 모르더라도 구글링으로 모든 방법을 쉽게 깨우칠 수 있지만, 당시에는 운영체계를 알아야 하고 명령어를 넣어야 컴퓨터가 작동했기에 '컴퓨터 지식'은 일상 생활에서 반드시 필요한 분야였던 것이다. 대형 서점에 가면 맨 앞의 진열대에 컴퓨터 관련 서적이 가득 쌓여 있던 것을 지금의 중장년들은 기억할 것이다. 지금은 전문 서적 코너에서나 소량 찾아볼 수 있다. 대부분 그렇듯이 미래에 대한 예측은 항상 틀리기 마련이다.

배우자와 사별한 사람들을 대상으로 과거의 감정에 대한 기억을 물어보는 설문조사 연구가 있었다.[29] 사별 후 기간에 따라 5년까지 지난 사람들에게 당시를 회상하게 했는데 6개월이 지난 이들은 아직도 크게 슬픔을 느낀다고 답했지만 5년이 흐른 사람들은 대부분 담담해져 있다고 했다. 사별 후 5년이 지난 사람들만 대상으로 다시 사별한 지 6개월 때 감정이 어땠는지 기억해보라고 했는데 과반 이상에서 지금처럼 그때도 담담했다고 답했다. 과거의 일을 회상할 때 현재의 감정 상태가 기준이 되어 기억이 왜곡되는 것이다.

　인간이 사는 곳은 '지금'이다. 어제도 살았고 내일도 살겠지만 오늘 지금 이 순간이 인간의 뇌가 세상에 대해 판단해야 하는 기준점이 된다. 대니얼 길버트는 현재를 통해 과거와 미래를 바라보는 인간의 경향성을 '현재주의presentism'라고 칭했다.[30] 인간은 과거를 회상하고 미래를 그려볼 때 '채워넣기filling-in'라는 실수를 하는데 그 재료는 항상 '현재'라는 것이다. 현재 말하고 생각하는 것이 과거 회상과 미래 예측에 투사되기 때문에 정확한 과거의 기억을 해낼 수 없으며 가능성 높은 미래를 상상해낼 수 없게 된다. 대니얼 길버트는 과거 기억의 빈 공간을 현재의 경험으로 채우는 경향성은 특히 우리의 과거 감정을 기억할 때 더 강력하게 나타난다고 했다. 또한 우리의 상상은 현재의 경계를 넘어서지 못하는데, 이는 상상을 담당하는 뇌 영역이 동시에 지각을 담당하는 영역이기 때문이라고 했다. 즉 우리가 미래를 상상해본다는 것은 사실 현재에 벌어지고 있는 것에 대한 우리의 경험에 따라 결정된다는 의미다. 소확험을 가지고 있는 우리에게 매우 흥미로운 점은, 나쁜 기억은 과거에 경험했던 것인데 사실상 그 기억의 일부에는 현재의 감정이 끼어 들어가 있다는 것이다. 또한 소확험이 두려워 다시 경험할 것을 꺼리는 우리는 잠재적인 손실을 상상하는 데 있어서도 현재의 나쁜 감정이 포함된 과거의 나쁜 기억에다 현재의 나쁜 감정이 또 포함된 미래의 나쁜 상상을 하게 되므로 나쁜 감정은 더욱 강화되어 편집증적인 집착으로 이어질 수 있다.

집착, 강박, 그리고 편집증: 석가모니 말씀에 의하면

'나에게 집착하기 때문에 번뇌가 따른다.' 불교의 시작이다. 불교에서는 집착이 가장 어리석고 비참하며 고통을 가져온다고 이해하고 있다. 석가모니는 중생들이 집착에서 벗어나 해탈에 이르게 하기 위해 불교를 창시했다. 유발 하라리는 그의 명저 『사피엔스』에서 불교를 칭송했다. 즐거운 일이나 불쾌한 일을 경험할 때 마음이 사물을 있는 그대로 이해한다면 고통이 없을 것이며, 내 마음이 "지금과 다른 경험을 하고 싶은가"보다는 "나는 무엇을 경험하고 있는가"에 관심을 쏟아야 한다면서 명상을 권유했다.[31] 도를 넘어선 집착이 고통을 안겨준다는 것은 우리 삶에서 언제나 뼈저리게 느끼는 사실이어서, 집착이 없는 사람은 분명 고통을 받지 않을 텐데 그것이 인생의 가장 어려운 일이 되어버렸다. 과거의 반복된 아픈 경험들이 사람을 집착하게 하고 강박적으로 만드는 것으로 보이는데, 이는 편도체와 해마가 쉽게 활성화되는 성향의 사람에게서 더 심하리라 추측된다. 작은 것 하나도 놓치기 싫어하는 소유욕이 강한 사람이나 지기 싫어서 양보를 별로 안 하는 승부욕이 강한 사람에게 많을 수 있겠지만 사실 소유욕과 승부욕은 성공하는 사람들의 기본 성향일 수 있어서 집착과 강박은 정신건강의학과적인 용어라기보다는 일반 사람들의 본성이 될 수 있다. 본인은 모르지만 행동 누출에 의해 무의식적으로 보이는 집착이나 강박이 도를 넘어서면 그제야 그 사람을 아는 많은 이가 불편을 느끼게 된다.

적절한 강박은 사람이 살아가는 데 도움을 준다. 예를 들어 늘 손을 깨끗이 씻고 현관문을 단속하는 습관은 우리의 건강과 안전을 유지해준다. 뇌과학의 발달로 강박에 관여하는 세 군데의 뇌 부위가 밝혀졌는데 첫째가 안와전두피질이다. 앞에서도 소개했지만 사실을 검증하는 곳으로 뭔가 빼먹은 것이 있으면 잘못되었다는 경고를 보낸다. 둘째는 미상핵으로 학습된 행동을 자동으로 실행하는 것을 맡고 있다. 셋째는 대상피질인데 불편하고 찜찜한 감정을 기록하는 곳이다. 뭔가 빠뜨린 것에 대한 불편한 느낌을 없애기 위해 행동을 했지만 여전히 잘못이라는 신호가 나오면 무한 반복되는 회로, 이것이 강박증이다.[32] 집착과 강박이 사람의 뇌에서 어떻게 시작되는지 그 기전이 확실히 밝혀지지는 않았지만, 나쁜 경험을 하고 그것이 반복되었을 때 편도체와 해마에 새로운 각인이 생기면 소화혐을 피하기 위해 뇌의 다른 연결 부위들은 변형을 시작할 것이다. 뇌가소성이 작동하는 것이다.

편집증은 걱정이나 두려움 때문에 자신이 주변으로부터 피해를 입을 것이라는 병적인 의심을 고집하는 상태를 말하며, 대부분 비이성적인 사고나 착각에 이른다. 배외측전전두엽은 두뇌의 CEO 로서 뇌의 각 영역 간에 벌어지는 갈등과 의견 충돌 사이에서 가장 이상적인 결정을 내리는 곳이나. 최근의 시공간 의식 이론에 따르면 대부분의 정신질환은 미래를 시뮬레이션하는 피드백 회로들이 서로 경쟁하다가 균형이 무너졌을 때 발생한다고 한다.[33] 예를 들어 조울증은 낙관적 사고를 관장하는 좌뇌와 비관적 사고에 관여하는 우뇌 사이에 균형이 깨지면서 이들을 중재하지 못하는 경우에 발생한다. 마찬가지로 편집증도 두려움을 감지하는 편도체와, 두려움의 정도를 평가하고 다음 행동을 결정하는 전전두엽 사이에 원활하게 작동해야 하는 회로의 균형이 깨졌을 때 나타난다. 모든 개인은 두려움을 가지고 있고 두려움에 대처하는 능력 또한 가지고 있다. 한 사람이 느끼는 두려움은 표현되는 정도에 따라 집단에 해가 될 수도 있고 득이 될 수도 있다. 앞서 언급했듯이 파푸아뉴기니 원주민들의 미신과도 같은 '고목 아래 피하기'를 재러드 다이아몬드는 '건설적 편집증'으로 명명하고 인정했다. 처음에는 개인이 경험하며 피해의식을 가졌을 테고 여러 명의 개인이 여러 세대에 걸쳐 같은 경험을 하면서 사회는 그 피해의식의 중요성을 깨달았을 것이다. 두려움에 의한 손실 기피의 행동이 비합리성을 벗어나는 순간이다. 이러한 '메타 합리성'을 가지려면 개인의 집착과 강박 그리고 편집증적인 행동이 집단의 동의를 얻어야 한다.

그래야 문화유전자(밈meme)로 사회의 진화에 함께할 수 있다. 또한 두려움을 표현할 때 자신의 입장만 주장하는 것이 아니라 타인의 입장에서도 동일한 두려움으로 느낄지 판단해봐야 한다. 그렇지 않으면 소속된 집단으로부터 거절당하며 소외감으로 인해 더 큰 고통을 받게 될 것이다. 우리는 다음의 말을 깊이 새겨둘 필요가 있다.

> 마음은 무엇을 경험하든
> 집착으로 반응하고 집착은 불만을 낳는다.
> 불쾌하면 제거하려 집착하고
> 즐거우면 배가하려 집착한다.
> 고통이 지속되면 고통을 피하려고 무엇이든 한다.
> 즐거우면 즐거움이 사라질까봐 두려워한다.

석가모니 말씀이다.

확률의 무시와 제로 리스크 편향: 코로나19 사태에서 휴지 사재기 광풍이 벌어진 이유

1972년 미국 시카고대학의 연구진은 매우 흥미로운 전기 자극 실험을 수행했다. 실험에 참가한 사람들을 두 군으로 나누어 첫 번째 군에는 전기 자극을 받을 확률이 100퍼센트라고 알려주었고 두 번째 군에는 50퍼센트라고 말했다. 실험이 시작되기 전에 피험자들에게서 심장 박동, 신경 과민, 손에서 땀이 나는 정도가 기록되었다. 신체적 흥분 상태를 측정한 것인데 결과는 양 군이 똑같았다. 100퍼센트 자극받을 것을 예상했다면 당연히 불안이 심했겠지만 확률이 반으로 줄어들었는데도 사람들은 똑같은 반응을 보인 것이다. 연구팀은 다음 실험에서 두 번째 군에게 전기 자극을 받을 확률이 20퍼센트, 10퍼센트, 5퍼센트라고 알려주고 같은 실험을 진행했다. 그런데 놀랍게도 흥분 정도에는 아무런 차이가 없었다. 5퍼센트밖에 되지 않는 확률에서도 사람들은 매우 불안해한 것이다. 즉 있고 없고의 차이만 확실할 뿐 그 사건이 일어날 확률에는 별로 다르게 반응하지 않았다. 우리는 이것을 '확률의 무시neglect of probability'라고 부른다.[34] 비행기 추락 사고로 대형 인명 피해가 났을 때 예약했던 비행기 여행을 취소하고 사고 확률이 훨씬 더 높은 자동차 여행으로 변경하는 비합리적인 사고방식과 맥락이 같은 것이다. 계속되는 마지막 전기 자극 실험에서 연구팀이 두 번째 군에게 자극 확률을 5, 4, 3퍼센트로 줄이다가 결국 0으로 알렸더니 그제야 첫 번째 군과 두 번째 군의 반응에 차이가 났다. 위험 확률은 100퍼센트나 50퍼센트나 하물며 1퍼센트나 사람들에게는 똑같이 느껴지는 것이다. 이처럼 손실에 대해 두려워하고 회피하려는 성향은 우리 뇌에 정말 깊이 각인되어 있다.

롤프 도벨리는 러시안 룰렛 게임의 예를 들면서 위험 앞에서 인간이 대처하는 편향적 행동을 설명했다. 권총의 회전 탄창에는 여섯 개의 탄알이 들어갈 자리가 있다. 첫 번째 질문은 만일 네 개의 탄알이 들어 있는 상태에서 방아쇠를 당기는 게임을 시작할 때 두 개를 제거하려고 한다면 얼마를 지불하겠는가이다. 두 번째 질문은 권총에 단 한 개의 탄알이 들어 있는 상황이라면 이 한 개를 제거하는 데 얼마나 많은 비용을 내겠는가이다. 대부분의 사람은 두 번째의 경우에 더 많은 돈을 지불하겠다고 했다. 죽을 확률이 제로가 되기 때문이다. 하지만 실제 확률은 다르다. 첫 번째는 죽을 확률이 3분의 1 줄었지만 두 번째는 6분의 1이 줄기 때문이다. 이론적으로는 첫 번째가 두 배나 더 가치 있는 것이다. 우리는 본능적으로 리스크를 줄이려 하고 사소한 나머지 리스크마저 완전히 제거하고자 엄청나게 많은 비용을 지불하는 데 주저하지 않는다. 이러한 의사결정의 오류를 '제로 리스크 편향'이라고 부른다.[35]

2020년 코로나19 사태를 겪으면서 일본을 비롯한 미국과 유럽에 갑작스런 화장실 휴지 사재기 광풍이 불었다. 여러 원인이 있겠지만 음식과 달리 대체품이 없다는 것과 남들이 모두 하는 무언가를 나만 놓치고 있다는 두려움, 즉 'FOMO(fear of missing out)'라는 심리 현상이 그 이유가 될 수 있다. 화장지가 지금 더 필요한

지 아닌지는 중요하지 않다. 다른 사람들이 마켓 카트에 화장지를 담는 모습을 보면서 '저 사람은 내가 모르는 어떤 사실을 알고 있는지도 모른다'는 불안감이 떠오르는 순간 아무 생각 없이 남들처럼 화장지를 챙기게 되는 것이다. 사실 화장지 사재기는 과거에도 위기 상황 때마다 발생하곤 했다. 석유 파동이 일어났던 1973년, 미국 TV 프로그램 「투나잇 쇼」 사회자인 자니 카슨은 "화장지도 엄청나게 부족하다고 합니다"라며 역사상 최악의 주가 하락과 유가 급등으로 가장 힘든 시기를 보내고 있던 시청자들에게 웃어보자는 농담 한마디를 던졌다. 하지만 그 말은 바로 팩트가 되어 이튿날부터 사람들이 화장지를 사러 마켓에 달려갔고 화장지 사재기 대란은 4개월이나 지속되었다.[36] 전문가들은 이 상황을 다음처럼 설명한다. "화장지를 쌓아놓는 것은 비교적 돈이 안 드는 행위인데요, 사람들은 위기 상황이라고 느낄 때 자신들이 무언가를 했다고 생각하는 걸 좋아합니다." 이 또한 제로 리스크 편향으로서 사람들은 총 리스크를 크게 줄이려는 노력보다는 피상적인 위험 하나를 제거하는 것을 더 좋아한다는 의미다.[37]

신문에 끼어 오는 광고 전단지나 스마트폰으로 날아오는 쿠폰을 모아두었다가 생활에 필요한 물품을 사면서 우리는 싸게 사서 돈을 아꼈다며 만족한다. 하지만 하이엔드급의 전자 제품이나 가구를 구입할 때는 그 큰 비용을 줄이겠다는 노력을 별로 하지 않는다. 인간은 사소한 것 때문에 행복해하고 상처받으며 또 비합리적인 행동을 한다. '대확행'이란 말이 없고 '소확행'만 존재하듯 나쁜 기억도 작을수록 확실하게 더 잘 기억되는 듯하다.

학습된 무기력:
도망갈 수 있어도 도망가지 못하는 개

외래를 방문한 열세 살 민재는 말이 없는 아이였다. 6개월 전부터 하루에 100번 이상의 트림을 해서 위장에 문제가 있어 보인다는 이유로 엄마, 아빠 그리고 누나와 함께 내 외래에 왔는데 정작 본인은 아무 얘기를 하지 않았다. 엄마가 증상을 말했다. "트림을 많이 하면서 배가 아프다고 해요. 매일 대여섯 번씩 배꼽 주위로 복통을 호소하고 대변을 보면 좀 나아집니다." 아빠도 증상에 대해 보충 설명을 했다. "아이가 생활하기 위해서 일부러 트림을 참는 것 같습니다. 음식을 먹고 바로 눕는데 그게 문제 아닌가요?" 누나는 민재가 라면을 매일같이 먹는 게 걱정되고 게임할 때는 트림을 하지 않는다고 거들었다. 온 가족의 걱정 섞인 호소가 한 차례 지나간 뒤 잠시 정적이 흘렀다. 내가 민재를 쳐다보며 물었다. "민재야, 어떻게 아픈 거니?" 잠시 후 민재가 입을 열었다. "트림을 참으면 항상 위에서 꾸르륵 소리가 나고 윗배가 아픈 것 같아요." 천천히 진찰하면서 보니 민재에게 질병이 없을 것이라는 확신이 들었다. 민재의 가족이 답을 주고 있었다. 민재가 얘기하려고 하면 엄마가 먼저 말하고 누나가 끼어 들었다. 민재는 말없는 아이가 아니고 말할 기회가 없었던 것이다. 하지만 민재는 내가 묻는 말에는 바로바로 답을 해주었다. 내 질문은 이랬다. "민재는 밥 먹는 시간이 즐겁니?" "무슨 음식이 제일 싫어?" "냄새는 잘 맡아?" "무슨 일을 할 때 미리 걱정하는 편이니?" "혹시 엄마가 걱정이 많으시니?" 즉 배가 언제부터 아픈가, 어디가 어떻게 아픈가, 트림은 언제 주로 하는가 같은 고식적인 병력 청취용 질문이 아니라 민재 자신과 관련된 이야기를 콕 집어 물어봤던 것이다. 역시나 입이 짧았던 민재는 어려서부터 식이에 대한 강요를 받았고 지적당했으며 자신이 의견을 내도 늘 무시당했다. 어느 날 트림이 시작됐고 불안할 때면 습관처럼 트림을 하게 되었는데 틱 장애와 마찬가지로 이제는 안 하고는 못 배기는 상황이 되어버렸다. 민재는 집안에서 결정권이 없었고 엄마, 아빠, 누나가 민재의 모든 일을 결정해주었다. 처음에는 반항도 했지만 이제는 가족이 하자는 대로 또 시키는 대로 따르기만 했다. 그것이 민재가 편하게 살아가는 방법이었다. 내가 알아내고 추론한 모든 상황과 맥락을 설명하고 가족을 쳐다봤다. 민재는 슬며시 미소를 띠고 있었다. 아빠도 누나도 이해하는 눈치였지만 엄마는 여전히 걱정스러운 표정이다. 마무리를 지을 시간이었다. "정말 병인지 아닌지 진찰만 해서는 모릅니다. 제가 설명한 것이 맞으려면 기본적인 혈액이나 영상 검사에서 정상이 나와야 해요. 민재야, 검사를 해볼까?" 민재의 눈을 보며 답을 기다리는데 엄마가 말했다. "밖에 나가서 저희끼리 상의해볼게요." 모두 나간 뒤 진료실 밖에서는 엄마와 아빠 그리고 누나의 목소리만 들려왔다.

자신이 결정하고 행동할 때 인간은 자신감이 생긴다. 자신감은 곧 성과로 이어지게 마련이다. 자신감 이론에 따르면 성과가 낮은 사람들은 일을 행함에 있어 특별히 주의를 기울이지 않고 숙고하지 않으며 창의적이지 않은 정신 상태에 있게 된다. 또 윗사람으로부터 주기적으로 이의를 제기하지 못할 지시를 받으면 자동항법장치를 켠다. 즉 새로운 신호와 상황에 대해서 스위치가 켜지지 않는 것이다.[38] 통제된다는 느낌을 지속적으로 받으면 추진력과 의욕은 상실하게 되어 있다. 긍정 심리학자 마틴 셀리그만은 '파블로프의 개 실험'으로 알려진 고전적 조건화를 응용해 두려움을 조건화했다.[39] 개들을 묶어놓고 도망가지 못하게 한 뒤에 고통을 반복적으로 준 것이다. 5초간의 전기 충격을 90초 간격으로 하루에 64번 가했는데 묶여 있던 개들은 도망갈 수가 없어 당하고 있을 뿐이었다. 그다음 묶었던 끈을 풀어주고 전기 충격을 받지 않았던 개들과 함께 있는 상태에서 다시 전기 충격을 가했다. 그랬더니 정상이었던 개들은 고통을 피해 도망갔지만 이미 충격을 받았던 개들은 도망갈 수 있는 환경임에도 불구하고 낑낑거리며 자기 자리에서 움직이지 않았다. 무기력이 학습된 것이다. 민재도 '학습된 무기력'에 빠져 있었다.

　사실 어떤 행동을 지속적으로 반복한다는 것은 학습을 의미한다. 또한 이 반복은 장기 기억을 강화시킨다. 장기 기억이 강화되면서 숙달된 행동이 나타난다. 하지만 과거의 경험이 괴로웠다고 해서 지금 고통이 또다시 나타나는 것은 아닌데도 우리는 그것을 피할 수 없다고 단정짓게 된다. 이것은 바로 조건화 때문이다. 우리 뇌는 기계적인 조건화와 습관에 처하기 쉽고 그것을 피할 방법은 없다. 심리학자들은 만일 어린이가 트라우마를 일으킬 만한 공포에 노출되면 그 아이의 뇌에 강하게 새겨져 어떤 상황이 그 트라우마에 대한 기억을 불러일으킬 때마다 자동적으로 두려움이 생긴다고 했다.[40] 민재가 싫어한 것은 매우 사소한 것들이었다. 이 작은 것들에 대해서도 민재는 결정권이 없었다. 소확혐을 피해보려고 노력했지만 실패했고 결국에는 피하지 않고 조용히 사는 것이 차선이었는데 무기력에 더하여 몸은 견디기 어려운 스트레스에 반응하느라 이곳저곳 문제를 일으키는 신체화장애를 겪고 있었다.

위축과 당황:
에어프랑스 447기가 기수를 하늘로 향한 채 추락한 이유

인간이 보여주는 위축과 당황에 대해 말콤 글래드웰처럼 명료하게 설명한 사람은 아마 없었을 것이다. 말콤 글래드웰은 저서 『그 개는 무엇을 봤나』에서 두 가지 예를 들었다. 1993년 윔블던 여자 테니스 결승전 마지막 3세트에서 4대 1로 앞선 야나 노보트나는 거의 우승을 눈앞에 두고 있었다. 그러나 우승에 대한 압박감에 눌렸는지 그 순간부터 노보트나의 공은 더블 폴트가 되고 네트에 박히며 코트 밖으로 날아가기도 했다. 갑자기 그녀는 초보자가 된 것처럼 보였다. 스테피 그라프에게 연달아 다섯 게임을 헌납하며 준우승에 그친 노보트나는 결국 시상식에서 울음을 터뜨리고 말았다. 글래드웰은 이것을 위축이라 불렀다. 1999년 7월의 어느 금요일에 존 F. 케네디 주니어는 부인과 처제를 경비행기에 태우고 직접 몰아 동부 해안의 멋진 리조트인 마서스비니어드로 향하고 있었다. 어둠과 안개 속에서 길을 잃은 케네디의 비행기는 상승과 하강을 반복하다가 결국 바다에 추락했다. 기술적인 추락 원인은 수평을 유지하지 못했기 때문이었고 안개 긴 어둠 속에서 기준으로 삼을 수평선이 없었던 것으로 판단되었다. 하지만 밖이 보이지 않을 때는 매뉴얼대로 계기비행 모드로 바꿔 계기판에 집중했어

야 하는데 케네디는 마서스비니어드의 불빛 찾기만 고집했고 시계
비행을 하다가 계속되는 하강 상황, 즉 수평을 잡지 못해 양력을
잃어버린 채 바다로 빠진 것이다. 말콤 글래드웰은 이것을 당황이
라 불렀다. 도대체 위축과 당황에는 어떤 차이가 있는 것일까? 위
축choking under pressure은 생각이 너무 많아 생기는 문제로 본능을
잃게 되는 것을 말하고, 당황panic은 생각이 나지 않아 생기는 문
제로 본능으로 돌아가는 것을 의미한다. 노보트나는 본능적으로
만 쳤으면 우승이었는데 우승에 대한 생각이 너무 많아 그녀에게
가장 쉬웠을 테니스 본능을 마지막에 잃어버렸고, 케네디는 밖에
아무것도 보이지 않자 머리가 텅 비며 아무 생각도 못한 채 눈과
몸이 느끼는 본능으로만 비행기를 몰다가 추락했다.[41]

　말콤 글래드웰은 위축과 당황을 '실패의 두 얼굴'이라고 칭했다.
따지고 보면 실패할 때 두 가지 감정이 모두 나타나는 것 같기도
하다. 어떤 힘에 눌려 기를 펴지 못할 때 우리는 위축되었다고 하
고, 놀라거나 다급해서 어쩔 줄 몰라 할 때 우리는 당황했다고 한
다. 주변을 보면 잘 위축되는 사람이 있고 잘 당황하는 사람도 있
다. 걱정 많고 불안해하는 예민한 사람들이 위축과 당황에도 취
약할 수 있다고 말하는 것이 틀리지는 않을 것이다. 사람마다 외
부 환경의 변화에 대해 보이는 반응이 다른데 제롬 케이건은 예민
한 고반응군이 약 20퍼센트를 차지한다고 했다. 자기결정권이 없
는 상태에서 느끼는 무기력함은 위축이라고 표현할 수 있고 두려

움 때문에 편도체가 과도하게 활성화되었을 때 나타나는 반응은 당황이라고 표현할 수 있다. 작지만 나쁜 기억에 매여 있는 우리는 어떤 때는 위축으로 어떤 때는 당황으로 자신의 모습을 나타낸다. 물론 둘 다를 보여주기도 한다.

2009년 5월 31일 브라질 현지 시각 저녁 7시 29분에 에어프랑스 447기는 파리 샤를 드골 공항을 향하여 리우데자네이루 갈레앙 국제공항을 이륙했다. 파리까지는 13시간이 소요되는데 에어프랑스가 허용하는 최대 근무 시간이 10시간인 터라 조종실에는 마르크 뒤부아 기장과 부기장 2명이 배치되어 비행 동안 한 명씩은 조종실 바로 뒤에 붙어 있는 방에서 휴식을 취할 수 있었다. 비행이 시작되고 부기장 한 명은 휴식에 들어갔다. 표준시각 1시 55분 뒤부아 기장은 쉬고 있던 다비드 로버트 부기장을 깨웠다. 인계 회의를 마치고 2시 1분에 기장은 방으로 들어갔다. 2시 6분 비행기가 적도 부근의 적란운층을 통과하면서 난기류를 만나자 조종을 맡은 피에르세드릭 보냉 부기장은 매뉴얼에 따라 기내 방송을 하고 속도를 마하 0.82에서 0.8로 감속했다. 이때 어떤 이유에서였는지 모르지만 항공기 외부에 설치되어 있는 피토관(속도계)이 얼어붙으면서 비행기는 속도를 감지하지 못하는 상황에 놓였다. 그러자 2시 10분 5초에 오토 파일럿(자동조정장치)이 갑자기 해제되었고 수동 조정으로 전환되었다. 난기류 때문에 항공기가 오른쪽으로 돌기 시작하자 보냉 부기장은 조종간을 왼쪽으로 밀었다. 이때 동시에 기수를 올리자 조종석에서는 "실속, 실속stall" 하는 경고음이 울렸다. 2시 10분 14초부터 부기장들은 속도가 이상하다는 사실을 감지했다. 난기류 안에서 항공기가 왼쪽과 오른쪽으로 민감하게 회전하고 피토관의 작동 이상으로 수동 조종을 하면서 실속 경보가 뜨자 부기장들은 당황했다. 사실 기수를 위로 향하는 것은 불필요하고 과도한 대처였지만 본능은 위를 향하고 있었다. 2시 10분 34초, 속도가 215노트로 상승하면서 좌측 계기가 부정확하게 표시되었고 부기장들은 지속적으로 기수를 올리고 있었다. 항공기 날개의 좌측은 양력을 잃었고 2시 10분 54초에 실속에 의한 진동이 조종석에 울렸다. 최대 출력을 낸 비행기는 실속한 상태로 3만5000피트에서 3만8000피트까지 비정상적으로 상승했다. 곧 로버트 부기장이 기장을 깨우며 도움을 요청했다. 2시 11분 7초, 피토관의 얼음이 녹자 속도계들이 모두 정상으로 돌아왔지만 부기장들은 아무것도 믿지 못하는 상황이었다. 비행기는 이때부터 양력을 완전히 상실한 채 자유낙하하기 시작했다. 2시 11분 21초, 로버트 부기장은 "엔진 출력을 최대로 했는데 어떻게 된 거야?"라며 여전히 상황 인식을 못하고 있었다. 2시 11분 32초, 보냉 부기장은 "젠장, 조종이 안 되는데…… 조종이 안 돼"를 외쳤고 계기판에서는 계속 "실속, 실속" 경보음이 울렸다. 2시 11분 42초, 뒤부아 기장이 돌아왔다. 세 명의 조종사가 할 수 있는 모든 작동을 해봤지만 비행기는 추락하고 있었다. 2시 12분

30초가 되어서야 뒤부아 기장은 보냉 부기장이 기수를 계속 올려서 실속하게 된 것이라는 사실을 파악했다. 그러나 기수를 내리자 다시 실속 경보가 뜨면서 모두 혼란에 빠졌다. 비행기는 이미 실속을 회복할 수 있는 한계를 넘어섰고, 기수를 내리면 바다에 정면으로 추락하고 기수를 올리면 실속이 심화되어 자유낙하로 추락하는 상황이었던 것이다. 2시 14분 26초, 기장의 "기수각 10도"란 외침을 마지막으로 2초 후 에어프랑스 447기는 기수를 하늘로 향한 채 바다에 추락했다.[42]

피에르세드릭 보냉 부기장은 세 조종사 중 가장 젊었다. 총 비행 시간은 3000시간이 되지 않았고 사고기 기종인 A330은 807시간의 경험이 전부였던 초보 예비 기장이었다. 1만 시간이 넘는 비행 시간을 보유한 뒤부아 기장과 6500시간의 로버트 부기장을 보조하는 부기장으로서 보냉은 조종간을 잡으면서부터 잘해야 한다는 책임감과 부담이 당연히 컸을 것이다. 그동안의 비행에서 소소하게 지적받았던 사항들이 소환혐으로 떠오르기도 했을 터다. 평탄한 비행이었다면 겉으로 드러나지 않았을 텐데 피토관이 얼고 계기판 속도에 이상이 생기면서 수동 조종이 시작되자 한 번도 경험하지 못한 위기에 부딪힌 보냉의 머릿속은 매우 복잡하게 돌아가기 시작했다. 제대로 비행 조종을 수행하지 못할 경우 선배 조종사로부터 받을 비난을 떠올렸을 것이고, 인사고과 평가를 잘 받지 못해 승진에서 누락된 동료가 기억났을지도 모른다. 편도체로 가는 혈류가 갑자기 증가하면서 계기판에서 쏟아져 들어오는 수많은 숫자와 그래프의 변화를 일일이 확인하는 시각 담당 영역의 뇌는 바로 포화 상태에 이르렀고, 실속이라는 경보음이 청각 영역을 두드리면서 너무나 많이 올라오는 정보에 전전두엽은 결정에 문제를 일으킬 수밖에 없었을 것이다. 보냉은 당황했지만 사실은 위축되었다. 생각이 너무 많았고 조종의 기본 본능은 이미 사라진 상태였다. 뒤부아 기장이 돌아온 후 조종 불능 상태를 인지하고 추락 중이라는 사실을 알게 되면서 패닉에 빠진 보냉은 이제 머릿속이 텅 비어버렸다. 사실 오토 파일럿 기능이 돌아왔을 때 조종간을 놓았으면 항공기는 자동으로 정상화될 수 있었지만 시간이 흐르면서 그는 본능적으로 조종간을 잡고 기수를 계속 올리고 있었던 것이다. 위축은 곧 당황이 되었으며 이 두 가지 실패의 기술은 에어프랑스 447기에 탑승한 228명을 영원히 돌아오지 못할 바닷속으로 끌고 들어가버렸다.

자기기만의 두 가지 기술

'자기기만'을 사전에서 찾으면 '자기의 신조나 양심에 거역한 일을 무의식중에 행하거나 의식하면서 강행하여 자기가 자기의 마음을 속이는 일'이라고 나와 있다. 역설적으로 자기기만은 속이는 사람도 자신이고 속는 사람도 자신이다. 자신이 벗어나고 싶은 것이 트라우마처럼 큰 사건일 수도 있고 소확혐일 수도 있는데 두려움과 불안에서 본인을 지키고자 무의식적으로 사용하는 프로이트의 방어기제가 바로 자기기만의 범주에 들어간다. 우리 인간은 스스로를 포장하는 것에 능하다. '자기 합리화'도 일종의 자기기만으로 보면 된다. 이 역시 불안감으로부터 나를 지켜준다. 여기서는 자기기만의 두 가지 기술을 살펴보겠다. 하나는 나를 올려서 실체보다 더 과장하는 것이고 다른 하나는 나를 낮추어 실패에 대한 변명거리를 만드는 것이다.

외강내유: 늑대의 탈을 쓴 양

'양의 탈을 쓴 늑대'의 이야기는 아주 많다. 동화에서도 신문에서도 자주 보며 하물며 주변 사람 중에서도 종종 눈에 띈다. 그런데 거꾸로 '늑대의 탈을 쓴 양' 이야기는 별로 입에 오르내리지 않는다. 왜 그런가 하면 그것이 나 자신의 이야기이기 때문이다. 내가 함구하고 있으면 남은 모른다. 하지만 남도 내가 흘리는 무의식을 보기 때문에 알아챌 수는 있다. 나는 양이다. 그런데 늑대이고 싶다. 늑대라는 단어는 악한 것만을 의미하지 않는다. 나를 포장해 지금의 나와 다르게 보이는 모든 것을 의미한다. 나를 속임으로써 나의 부족한 면을 채우고 내가 되고 싶은 사람이 되어보기도 하며 결국은 타인마저 속이게 된다. 본인의 두려움을 없애는 좋은 방법이 되는 것이다. 우리가 신경 쓰지 않고 있어서 그렇지 '양의 탈을 쓴 늑대'보다 '늑대의 탈을 쓴 양'이 훨씬 더 많을 수 있다. 유명한 심리학 실험에 따르면 부부가 집안일을 하는 데 있어서 각자 몇 퍼센트를 맡고 있냐고 물었는데 두 사람이 일한 양을 합했더니 대부분 100퍼센트가 넘게 나왔다. 자기가 배우자에 비해 더 많은 일을 하고 있었다는 것이다. 이런 연구 조사는 꽤 많다. 대학교수의 94퍼센트는 자신이 동료에 비해 능력이 우수하다고 생각한다. 대학생의 25퍼센트는 자신이 타인의 능력과 비교하여 상위 1퍼센트 안에 든다고 믿는다. 대학생의 70퍼센트는 자신의 리더십이 평균 이상이라고 믿고 있다.[43] 본인의 관점에서 보면 자신의 이상적인 목표를 자신의 현실과 혼동하는 것이 합당할 수밖에 없다. 일단 나의 자아는 내가 행복해지길 원하기 때문이다.

앞서 말했던 내시경으로 목에 걸린 이어폰 원형 철망을 제거했던 아이의 엄마와 아빠를 기억하는가? 이어폰을 아무 곳에나 놓아 아이가 입에 넣는 원인을 제공한 아빠의 책임을 70퍼센트라고 했을 때 아빠는 분명히 집에 가서 사과하기보다는 엄마에게 30퍼센트 책임을 운운하며 부부 싸움을 벌였을 것이라고 가정했다. 7도 진실이고 3도 낭연히 진실이겠지만 3보다 훨씬 큰 책임을 가지고서 자신에게 유리하도록 호도하는 것과 자신의 허물을 보지 못한 채 '남 탓'을 먼저 내세우는 옹졸함은 책임을 지는 것에 대한 손해와 두려움을 피하려는 인간의 본능을 보여주는 단면이다. 강한 사람은 자신이 책임을 지고 문제를 해결하지만 약한 사람은 남 탓을 잘 하며 자신을 비호하는 데만 신경 쓴다. 그래서 어떻게 보면 약한 사람이 강해 보이려고 노력하는 것은 인지상정이다. 늘 거칠고 강하게 보이는 사람들을 한번 잘 관찰해보라. 그들은 내면에 들키기 싫은 허약함을 숨기고 있는지도 모른다.

자기 불구화 현상: 양의 탈을 쓴 늑대

1978년 사회심리학자 스티븐 버글라스는 심리학 실험에 참가한 피험자들을 두 군으로 나누고 각각 쉬운 문제와 어려운 문제를 풀어보도록 했다. 시험을 마치고 두 군의 참여자 모두에게 결과는 알려주지 않은 채 다음 단계의 문제를 풀어야 한다고 공지했다. 단 그 전에 두 가지 약 중 하나를 선택해야 하는데, 첫 번째 약은 집중력을 올리면서 두뇌 회전을 돕는 약이고 두 번째 약은 집중력을 떨어뜨려 두뇌 회전을 방해하는 약이라고 하면서 둘 중 하나를 복용하도록 했다. 그랬더니 예상외의 결과가 나왔다. 모두가 집중력을 올리는 약을 선택했을 것 같지만 다시 어려운 문제를 풀어야 할 군에서는 70퍼센트가 두뇌 회전 방해 약을 선택했고 쉬운 문제를 풀 군에서는 13퍼센트만이 그 약을 선택했다.[44] 이것은 아마도 어려운 문제를 풀어야 할 피험자들이 점수가 나쁘게 나왔을 때 자신의 능력 문제가 아니라 약물 탓으로 돌리기 위한 선택이었을 것으로 여겨진다. 연구에 따르면 사람들은 실패한 경우에 대비해 그럴듯한 변명을 하고자 본인이 성공하지 못하도록 의도적으로 장애물을 만들어놓는다고 했다. 우리는 이것을 자기 불구화 현상self-handicapping이라고 부른다. 성공할 경우에는 불리한 상황을 극복하고 이루어낸 것이므로 더 많은 점수를 따게 될 것이라는 기대도 하게 된다.[45] 직접적이건 간접적이건 실패를 경험해봤고 그것이 아팠기에 또 다른 실패를 두려워하는 사람들이 일부러 자신을 낮추는 이런 행동을 하는 이유는 단순하게도 자신의 자아를 보호하기 위해서다. 자기 불구화는 실패를 개인적인 능력과 같은 내적 요소보다 불안정한 외적 원인 탓으로 돌려서 평가에 대한 두려움으로부터 미리 벗어나게 해준다.[46] 언제나 손해에 대해 취약한 인간은 실패로부터 보호해주고 성공했을 경우 자신의 공이 더 커지는 자기 불구화가 결코 손해 볼 장사가 아니라는 사실을 이미 체득하고 있다.

미루기:
도스토옙스키는 왜 소설 쓰기를 미루었을까?

1866년 10월 4일 오전 11시 30분, 젊은 속기사 안나 스니트키나는 서류 가방을 들고 알론킨 주택의 벨을 눌렀다. 잠시 후 허름한 셋집에서 나타난 유명 작가는 몹시 창백하고 늙어 보였지만 대화가 시작되자 금방 활기를 되찾았다. 작가는 나이 어린 속기사가 미덥지 않아 보였던지 시큰둥한 태도로 구술했다. 속기사는 무뚝뚝하지만 어딘가 모르게 따뜻하고 진솔한 작가가 마음에 들었다. 도스토옙스키와 안나의 만남은 이렇게 시작되었다. 도박을 좋아하던 도스토옙스키는 1년 전 형한테 물려받은 빚 중 3000루블을 당장 갚아야 할 처지에 놓여 있었다. 채권자들이 그를 감옥에 처넣겠다고 협박하자 그는 하는 수 없이 악명 높은 출판업자 스텔롭스키와 계약을 맺었다. 1866년 11월 1일까지 새 장편소설 원고를 출판사에 넘기면 출판사는 작가에게 3000루블을 지불하고 그동안 발표한 작품들을 모아 전집으로 출간해준다는 조건이었다. 계약 불이행 시 향후 9년간 작가가 쓰는 모든 것의 판권을 출판사가 소유한다는 조항도 달려 있었다. 도스토옙스키는 선불로 받은 3000루블을 대부분 빚 갚는 데 쓰고, 조금 남은 돈은 도박장에서 모두 날려버렸다. 해가 바뀌고 마감 날짜는 다가오는데 계약한 소설은 미루고 미루다가 한 줄도 쓰지 못했다. 그러다가 어영부영 10월이 되어버렸다. 도스토옙스키의 절망적인 상황을 알게 된 친구는 도스토옙스키에게 속기사 고용을 제안했다. 그래서 잘 아는 교수의 수제자 안나 스니트키나가 그를 찾아오게 된 것이었다. 두 사람은 다음 날부터 매일 정오에 만나 오후 4시까지 작업했다. 작가가 줄담배를 피워가며 머릿속의 내용을 구술하면 속기사가 속기로 받아 적고 집에 돌아가 인쇄 전지에 정서해 이튿날 가져오는 식이었다. 10월 29일에 그들은 마지막 구술 작업을 했다. 이로써 장편소설 한 권이 26일 만에 완성됐다. 바로 『노름꾼』이란 소설이다. 문학 역사상 가장 졸속으로 쓰인 장편이라지만 완성도는 그다지 떨어지지 않는다. 원고를 출판사에 넘기고 일주일 후에 도스토옙스키는 안나에게 청혼했고 46세의 위대한 소설가와 21세의 속기사는 시내 성당에서 결혼식을 올렸다.[47]

일을 미뤄보지 않은 사람이 있을까? 큰 빚을 지고 있었고 도박장을 기웃거리며 돈이 절실했던 도스토옙스키는 무슨 생각으로 계약 기간 1년 중 11개월 동안 글쓰기를 미루었을까? 미루면서 그의 마음은 덤덤했을까 아니면 초조했을까? 심리학자들의 조사에 따르면 성실하지 않고 자존감이 낮거나 완벽주의적 성향이 높은 사람들, 그리고 불안과 실패에 대한 두려움이 큰 사람이 미루기를 많이 한다고 한다.[48] 성실하지 않은 사람은 당연할 테고, 자존감이 낮은 사람은 남들이 자신의 능력을 부정적으로 평가하고 실패할 것이라 예상하므로 결과를 회피하기 위해 일을 미루게 된다. 완벽주의자 중에서는 자신이 세운 목표가 아니라 타인이 정해준 목표와 기대를 따라야 할 때 타인의 부정적인 평가를 두려워하고 불안해하며 미루기를 하는 사람들이 있다. 불안과 실패에 대한 두려움이 높은 사람들은 과제가 끝난 뒤의 결과가 부정적이거나 실패할 것에 대해 미리 걱정하기 때문에 끝이 오지 않게 하기 위해 일을 미룬다. 물론 시간적인 압박이 강할수록 집중이 더 잘 되고 동기를 극대화하기 위해 특정 과제를 일부러 뒤로 미루는 능동형의 미루기 유형도 있다. 이런 사람은 해야 할 일들에 순서를 정해 의도적으로 미루는 일을 만들며 과제의 완성에 대한 자신감이 가득 찬 유형이다. 도스토옙스키는 아마도 능동적 미루기를 했다고 보는 게 타당할 것이다. 급박한 상황에서 목표를 달성하는 데 더 큰 성취감을 느낀 것 같다.

전전두엽이 손상된 환자들에게서 미루기 습관이 갑자기 생겼다는 보고가 많은 것으로 보아 자기 조절과 계획 그리고 판단력이 미루기의 중요한 선행 요인임은 부인하기 어렵다.[49] 같은 맥락으로 전전두엽이 정상적으로 있더라도 편도체와 주변의 뇌 영역에서 두려움과 불안을 조장하면 전전두엽이 정상적인 판단을 내리지 못할 수도 있다. 심리학 박사 닐 피오레는 사람이 일을 미루는 이유로 첫째, 두려움과 회피 때문이고 둘째, 구체적이지 않은 목표를 가졌을 때 나타나며 셋째, 위기에서 발휘되는 능력에 대한 비합리적인 믿음이 있을 때 나타난다고 했다.[50] 자신이 겪었던 소확험의 기억은 편도체의 활성이 증가함에 따라 자연스럽게 회피 행위인 미루기로 넘어가는 것이다. 미루기 습관에 대한 세계적 권위자인 심리학자 피어스 스틸은 미루기의 원인에 대해 조금 더 인간의 내면적이고 감추고 싶은 심리를 끄집어내 다음과 같이 설명했다. "인간은 실망에 대한 내성이 낮다. 매 순간 어떤 과제를 시행하고, 어떤 활동을 추구할지 결정할 때 우리는 가장 보람이 큰 활동이 아니라 제일 쉬운 활동을 선택하는 경향이 있다. 즉 불쾌하거나 어려운 일은 뒤로 미룬다. 우리는 자신이 달성한 성과를 통해 자신의 가치를 평가하는 경향이 있다. 전반적인 자신감 결여든, 특정 프로젝트 때문에 탄로날 자신감 결여든 간에 우리가 일을 뒤로 미루는 이유는 그렇게 함으로써 자신의 평판이 위험에 내몰리는 것을 미룰 수 있기 때문이다. 이것이 바로 심리학자들이 자존감 보호 술책ego-protective maneuver이라고 부르는 것이다.[51]

헬로 키티 현상

"무기와 약물 그리고 담배를 제외하고는 모두 키티 제품으로 나왔다." 키티 와인도 출시되었으니 헬로 키티는 우리 일상을 도배하고 있다고 해도 과언이 아니다. 헬로 키티는 고양이를 모티브로 한 의인화 캐릭터로서 1974년 일본의 산리오 사가 만들었다. 산리오의 디자이너 시미즈 유코는 헬로 키티가 입이 없는 이유를 "보는 사람이 감정이입을 하기 위해서"라고 설명했다. 보는 사람이 기쁠 때는 키티도 기뻐 보이고 슬플 때는 키티도 슬퍼 보인다. 입이 없어짐으로써 사람들은 자신의 감정을 잘 이해해줄 것 같은 캐릭터를 갖게 된 것이다. 고양이를 모티브로 한 키티가 탄생한 배경으로는 당시 서양에서 가장 유행하던 캐릭터가 강아지 스누피였기

[그림 4] 헬로 키티와 스누피

때문에 대항마로 만들었다는 설이 있다.[52] 헬로 키티는 한국과 일본 등 아시아권에서 선풍적인 인기를 끈 데 반해 미국과 유럽에서는 그리 유행을 이끌어내지 못했다. 그 이유는 예상할 수 있듯이 키티의 입 때문이다. 입이 없는 키티는 말을 하지 못한다. 서구의 대표적인 캐릭터 스누피를 보자. 스누피는 눈보다 입이 크다. 그리고 그 입으로 찰리 브라운과 말도 많이 한다. 인터넷 포털에 '스누피 명언'이라고 키워드를 치면 재미있고 유익한 대화들이 줄줄이 나온다. 동양에서는 눈과 코만 보이는 헬로 키티와 감정으로 대화하고 교감하지만 서양에서는 입이 없어 감정 표현이 되지 않으므로 무섭다고 느낄 수도 있다. 동양인은 눈만 보고도 타인의 감정을 이해하고 눈으로 대화를 나누지만 서양인은 상대방의 입을 보고 입에서 나오는 말에 가치를 둔다. 동양인의 인생관이 운명론적이고 감정적이라면 서양은 현실적이고 구체적이다. 유교에 바탕을

둔 동양은 자기를 낮추는 데 익숙하지만 "개체가 진정한 실체다"를 외친 아리스토텔레스 시대 이후 개인 존중 사회를 지향한 서양은 자신을 내세우는 데 거리낌이 없다. 사실 눈의 표정만으로 현실적이고 구체적으로 자신을 홍보할 방법은 없을 것이고 입에서 나오는 말만으로 모든 감정을 표현하고 겸손해 보일 수는 없는 법이지만 말이다. 옳지 않은 일을 했을 때 수치심을 중요시하는 동양은 말을 안 해도 그 느낌을 전할 수 있고, 죄의식을 중요시하는 서양은 그것이 왜 죄가 되고 벌을 받아야 하는지 말을 통해 의견을 피력한다.

2020년 동서양 간에 눈에 띄는 차이 하나가 추가로 확인되었다. 세계가 코로나19 사태에서 마스크를 착용하는 동양과 마스크를 쓰지 않으려는 서양으로 극명하게 나뉜 것이다. 마스크를 쓰고 있으면 환자로 보인다는 서구 사회의 변명이 있었지만 그것보다는 입을 가리고 말을 하지 않는 문화에 익숙한 동양과 입을 가려 말을 못하게 하는 것을 혐오하는 서양 문화의 차이가 아니었을까? 미국에서는 불편하다며 마스크 중앙에 구멍을 뚫고 다닌 사람이 언론에서 화제가 된 적도 있다. 또 하나 흥미로운 사실은 성형 수술이 일반화된 동양에서 가장 많이 하는 것은 쌍꺼풀 수술이라는 점이다. 대한민국에서는 고등학교를 졸업하고 대학 입학 전에 거쳐야 할 여학생의 필수 코스가 된 지 이미 오래다. 그런데 서양에서는 치아 교정이 학생 시절에 마쳐야 하는 필수 항목이다. 미국은 치아 교정이 생활화되어 있다. 눈으로 얘기하고 싶은 동양의 헬로 키티와 입에 가치를 두는 서양의 스누피, 세계를 휩쓸었던 양대 캐릭터는 이렇게 동서양의 문화 차이를 대표하게 되었다.

헬로 키티는 소유자의 마음을 대변하기도 하고 상처받은 감정을 달래주기도 한다. 입이 없어 말을 못하는 헬로 키티를 보면서 자신의 처지와 비슷하다고 느끼기도 하고, 키티가 '제 눈을 보고 저를 알아주세요' 하듯이 소유자는 키티를 통해 '저를 알아주세요'를 외친다. 그래서 헬로 키티는 하나의 현상이다. 이것은 동서양을 막론하고 공감과 힐링의 대명사가 되었다. 작은 아픔을 기억한 내면의 자아는 키티를 통해 한편으로는 두려움을 표출하기도 하고 다른 한편으로는 슬픔을 응축하기도 한다. 물론 조용한 기쁨을 터뜨리는 데에도 키티는 제격이다. 인간이 타인의 마음을 읽을 수 있는 것은 자기도 모르게 흘리는 무의식을 남이 보기 때문이라고 앞서 언급했다. 무의식은 몸짓을 통해 드러난다. 그 몸짓의 가장 중요한 부분이 바로 눈이다. 마음 이론에 따르면 인간은 만화를 보고도 제3자인 주인공의 마음을 이해할 수 있다고 했다. 만화에 그려져 있는 얼굴 표정과 눈빛으로 우리는 판단하는 것이다. 비언어 의사소통의 권위자인 폴 에크만 교수는 인간의 표정을 분석하고 감정을 이해하는 데 평생을 바친 대가다. 그는 인간의 미소에 대해 이렇게 말했다. "미소는 대부분의 사람이 생각하는 것보다 훨씬 더 복잡한 얼굴 표정일 것이다. 수십 가지 미소가 있는데,

이런 미소는 각각의 외모에 따라 그리고 표현되는 메시지에 따라 다르다."53

　나 자신의 아픈 기억과 두려움은 그대로 눈에, 얼굴에 드러난
다. 사람들은 내가 말을 하지 않아도 나의 무기력함을 알 수 있고
위축되며 당황하고 있음을 눈치챈다. 나의 눈과 표정을 통해 자기
기만을 알아내고 집착하는 모습을 보며 컨트롤하려는 행동을 간
파해낸다. 하물며 미루고자 회피하고 주저하는 표정도 읽을 수 있
다. 헬로 키티는 곧 주인이다. 인간의 얼굴에서 우리는 말없는 헬
로 키티를 볼 수 있다.

제5장
관점

과정과 결과:
한나 아렌트가 놓친 아이히만의 '평범성', 두려움

애틀랜타발 라스베이거스행 비행기 일등석에 한 남자가 눈을 감고 고개를 숙인 채 앉아 있었다. 그 남자는 스튜어디스를 자꾸 호출했고 갑자기 앞 좌석을 발로 차서 앞에 앉아 있던 승객을 놀라게도 했다. 스튜어디스와 주변 승객들이 그를 제지했지만 그는 정신이 나간 듯했다. 이유 없이 시비를 걸다가 말리는 사람에게 물건을 휘둘러 상처를 냈고 난동을 부리다가 급기야 비상구를 열려고 했다. 그러자 일등석에 있던 아홉 명의 승객 중 다섯 명이 달려들어 그를 막았고 쓰러뜨린 뒤 발로 밟았다. 그러자 그는 더 이상 숨을 쉬지 않았다. 하늘을 날던 비행기의 일등석 안에서 살인 사건이 터진 것이다.

이것은 미국의 유명한 CSI(Crime Scene Investigation) 드라마의
한 장면이다.[1] 공항에 도착해 일등석 손님 아홉 명과 승무원 한
명이 증인이자 용의자가 되었고 그리섬은 CSI 수사대원들과 함께
사건을 파헤치기 시작한다. 그러나 누구도 어떤 일이 있었는지 정
확히 대답하는 것을 회피한다. 부검 끝에 그 남자의 사인은 급성
뇌염으로 밝혀졌다. 그는 뇌염 때문에 머리가 깨질 듯 아파서 스
튜어디스를 자꾸 호출한 것이었고 자신도 모르게 앞 좌석을 발로
찼으며 고도가 높아지면서 정신 착란을 일으킨 것이다. 하지만 이
사실을 모르는 승객들은 자신들이 큰 피해를 볼까 두려워 집단으
로 그를 구타하고 죽인 것이었다. 일종의 정당방위에 의한 우발적
살인이었다. 그리섬과 그의 팀은 모든 상황을 밝혀냈지만 승객들
은 증거 부족에 의한 무혐의로 풀려나고 사건은 미해결로 마무리
된다. 사건이 종료된 후 그리섬의 팀원들 사이에 서로 다른 의견이
오갔다. 질병이어서 어쩔 수 없었다는 의견도 있었지만 살인이 분
명하다는 의견도 많았다. 세라가 그리섬에게 물었다. "당신이라면
어떻게 했겠어요?" 그리섬이 대답하지 않겠다고 하자 세라는 재차
물었다. "피하지 말고 그냥 승객이었으면 어떻게 했겠냐고요?" 그
러자 그리섬이 답했다. "그래서 대답할 수 없어. 다들 옆에 있던 승
객 입장에서만 사건을 보잖아. 죽은 사람 입장에서는 보지 않아.
다섯 명이 그 사람을 죽였지만 어느 한 명만이라도 왜 그랬는지
그 사람을 자세히 봤더라면 그 사람은 죽지 않았을 거야."

사람이 죽었는데 살인자가 없었다. 현실에서의 법은 더 엄격하게 적용되지만 드라마에서 얘기하고자 하는 주제는 조금 달랐다. 현실에서는 결과를 더 중요하게 여겼을 것이다. 하지만 드라마는 결말에 이르게 된 과정에 초점을 맞췄다. 한 사람은 결국 질병에 의해 사망한 것이고 우연히 옆에 있던 사람들은 무고한 방관자에서 이해 당사자가 되어버렸다. 아마도 시청자들은 스스로가 배심원이 되어 각자의 마음속에서 판결을 내렸을 텐데 그리섬의 보고에 해답이 들어 있다는 데에는 모두 공감할 것이다. 그리섬은 두 가지를 지적했다. 하나는 '입장' 차이다. 모든 일은 상호작용이기 때문에 남의 입장이 되어보는 것은 어떤 긴박한 상황 아래서 사태를 해결할 중요한 실마리를 제공할지도 모른다. 세상 일을 논하다보면 늘 둘로 나뉘는 것을 보게 되는데 양쪽 입장을 들어보면 다 그럴듯하다. 언제나 '경합하는 진실'이 존재하기 때문이다.[2] 『만들어진 진실』의 저자 헥터 맥도널드의 말처럼 '양쪽 다 진실'이다. 그래서 더욱 내 것이 잘못일 수 있고 남의 것이 더 타당할 수 있다는 가장 단순한 상호 이해의 진리를 이용만 하면 되는데 우리는 그것 자체를 꺼린다. 내 입장에서는 손해가 되기 때문이다. 유명한 우스갯소리가 있다. 며느리가 친정에 용돈을 드리는 것은 남편 몰래 돈을 빼돌리는 것이고, 딸이 친정 부모에게 용돈을 가져오면 그것은 길러준 것에 대한 보답이라고 여기는 것이다. 두 번째는 '빠진 과정'이다. 사실 이것이 더 중요한데 그리섬이 말한 대로

'왜 그랬는지 그 사람을 자세히 봤더라면' 상황 파악이 되었을 것이다. 그 사람의 눈을 누군가 봤으면 동공이 풀리고 얼이 빠진 모습을 바로 알아챌 수 있었을 것이며 대화를 나눠봤다면 이 사람이 지금 정상이 아니라는 사실을 바로 느낄 수 있었을 것이다. 그랬다면 주변 승객들이 모여 상황에 대한 논의를 하고 대책을 세웠을 텐데 그 과정이 빠졌다. 사람이 죽은 것은 결과다. 다섯 명의 승객이 비상구를 열려고 했던 정신 나간 승객을 구타한 것은 과정이다. 하지만 다시 생각해보면 비상구에 손을 댄 승객도 하나의 결과이고 구타에 참여한 다섯 명 또한 결과가 된다. 이 중간 결과들을 나오게 한 그 전의 과정이 빠져 있는 것이다. 과정은 결과를 낳고 그 결과는 다시 과정에 편입된다. 이것은 연쇄 반응을 일으키며 최종 목적지를 향한다. 프랜시스 베이컨이 지적한 바와 같이 보이지 않는 것을 보지 못하는 인간의 취약성 때문에 인간은 과정에 충실하지 못해 늘 실수를 저지르게 되고 그것도 모른 채 손 안에 받아든 결과에 만족하고 사는 것이다.

한나 아렌트의 '악의 평범성Banality of evil'은 일상적으로 생각 없이 행하던 나쁜 행동이 모이고 모여 결국 대사건으로 귀결되는 과정을 설명해준다. 나치 전범 아돌프 아이히만은 1932년 나치당에 가입하고 나치 정보부에 들어가 유대인 담당 부서의 책임자가 되었다. 그가 맡은 일은 유대인을 유럽 각지로부터 폴란드 수용소로 열차 이송하는 것이었다. 그는 유대인 추방 문제를 효과적으로 시행하기 위해 유대인을 게토에 가두었다가 강제수용소로 이송하고 다시 죽음의 수용소로 옮길 때까지의 복잡한 수송 문제를 시스템을 만들어 해결했다. 제2차 세계대전이 끝나고 그는 벌목공으로 숨어 지내다가 이탈리아를 거쳐 아르헨티나로 도망쳤고 그곳에서 가족들과 살다가 이스라엘의 비밀 조직에 신분이 노출되어 이스라엘로 납치되었다. 1960년 5월 아이히만이 체포되어 예루살렘에서 재판을 받을 것이라고 정부가 발표했고 6월 29일 첫 공판이 열렸다.[3]

아렌트는 독일에서 태어난 유대인 여성으로 대학 시절 하이데거의 철학에 매료되었고 카를 야스퍼스에게서 박사 학위를 받았다. 전쟁이 일어나자 시온주의자가 아니면서도 시온주의자들의 활동을 돕다가 비밀경찰에 체포되어 심문을 받았고 운 좋게 살아나와 프랑스와 포르투갈을 거쳐 1941년 미국으로 가게 되었다. 이런 경험으로 정치에 관심을 갖게 된 그녀는 극우의 광기와 홀로코스트의 참상을 담은 『전체주의의 기원』을 저술했고 『인간의 조건』과 『혁명론』을 집필하며 정치사상가가 되었다. 아이히만의 체포 소식을 전해 들은 아렌트는 대학 강의 등 모든 일정을 취소하고 『뉴요커』지에 연락해 자신을 특파원으로 보내줄 것을 제안했다. 이후 재판에 참석하면서 겪었던 아이히만에 관한 일들을 『뉴요커』에 기고하고 연재된 글들을 모아 1963년 단행본을 발간했다. 이 책이 바로 『예루살렘의 아이히만: 악의 평범성에 대한 보

고』다.[4]

아이히만은 악마나 사이코패스가 아니었다. 재판정에서 창백한 모습으로 자기변호를 하고 있는 그는 보통 사람이었다. 정신과 의사들은 그를 정상으로 판정했고 한 의사는 자신보다 더 정상이라고 말했다고 한다. '악의 평범성'의 핵심은 저지른 악의 내용이 평범한 것이 아니라 그 악을 범하는 사람의 모습이 평범했다는 것이다. 아렌트 전공자인 김선욱 교수는 그 의미를 이렇게 해석했다. 첫째, 악의 근원은 우리와 같은 평범한 모습을 하고 있다. 둘째, 악을 행하는 자는 무능하지 않고 유능한 사람이다. 셋째, 악을 행하는 자도 양심은 있지만 다른 방식으로 작용한다. 넷째, '악의 평범성'을 보여주는 징후는 상투어, 즉 늘 써서 버릇이 된 말의 사용에 있다. 상투어로 인해 사유는 현실과 동떨어진다. 다시 말해 생각이 없었다는 의미다. 그의 언어세계는 나치들에게 통용되던 업무의 일상적인 용어들과 상투어로 가득 차 있었다. 1960년 6월에 시작한 재판은 12월까지 이어졌고 아이히만에게는 244개의 죄목으로 사형이 선고되었다. 처형 당일 아이히만에게 마지막 발언 시간이 주어졌는데 그는 이렇게 말했다. "잠시 후면 여러분, 우리는 모두 다시 만날 것입니다. 이것이 모든 사람의 운명입니다. 독일 만세, 아르헨티나 만세, 오스트리아 만세, 나는 이들을 잊지 않을 것입니다." 사실 이 말은 장례식장에서 추모객들이 사용해야 하는 상투어였다. 아렌트는 아이히만이 마지막까지도 상투어를 떠올렸고 그날이 자신의 장례식이라는 것조차 잊고 있었다며 '무사유'를 지적했다. 아렌트는 이것을 '말과 생각이 허용하지 않는 악의 평범성'이라고 마무리 지었다.[3] 600만 명의 유대인의 목숨을 앗아간 홀로코스트의 과정에는 이러한 평범한 악행이 자리잡고 있었다. 아이히만이 유대인을 특별히 증오한 것도 아니고 학살해야 할 이유가 있었던 것도 아닌데 그는 아무 생각 없이 시키는 일을 시스템까지 만들어가며 꼬박 행한 것이다. 사유가 들어가지 않은 과정은 부분과 부분이 이렇게 모여 대학살이라는 엄청난 결과로 역사에 남겨졌다. 게슈탈트 심리학에 의하면 '전체는 부분의 합보다 크다'. 아이히만은 부분이라는 과정을 담당했고 전체는 아이히만이 감당할 수 없을 정도의 규모로 커져버렸다.

사실 아렌트가 아이히만에 대한 분석에서 빠뜨린 인간의 본질이 있다. 비행기 안에서 뇌염에 걸린 한 명을 죽음에 이르게 한 다섯 명의 승객 이야기로 돌아가보자. 흥미롭게도 공통점이 발견된다. 그들은 평범한 일상을 보내던 사람들이었다. 신경을 거슬리게 행동하는 사람에 대해 그를 제지하려는 동일한 생각을 가졌고 누가 시키지도 않았는데 모두 함께 그 사람을 구타하고 발로 밟았다. 특별한 생각을 한 것도 아니었다. 다섯 명이 악마나 사이코패스의 기질을 가지고 있지도 않았다. 평범한 사람들이 행동을 했고 그것은 죄악이 되었다. 그리섬의 분석을 아이히만의 이야기에 대입해도 공통점이 나온다. 나치 치하에서 모든 독일인이 그렇게 악랄하지는 않았다. 지식인도 많았을 것이고 평범한 사람들은 더 많았을 것이다. 이들은 유대인 '입장'에서 세상을 바라볼 줄 알았을 것이며 학살당할 이유가 없다는 점도 분명히 알고 있었다. 영화 「쉰들러 리스트」에서 냉정한 기회주의자 오스카 쉰들러가 자신이 구해낼 유대인의 목록을 만들었을 때, 그리고 영화 「피아니스트」에서 유대계 피아니스트 블라디슬로프 스필만이 지상에서의 마지막 연주가 될 수도 있는 상황에서 영혼을 실어 손끝을 휘날리는 모습을 독일 대위가 바라보고 있을 때 우리는 진한 휴머니즘을 느꼈다. 서로의 입장이 되어본 것이다. 하지만 나치는 결코 유대인의 입장을 고려하지 않았다. 그들의 목표를 위해 유대인은 제거해야 할 대상일 뿐이었다. 여기에도 '빠진 과정'이 존재한다. 이런 천인공노할 만행이 일어나고 있는 상황에서 지식인을 비롯해 누군가라도 성찰을 했어야 하고 잘못을 지적해야 했는데 아무도 말을 꺼내지 못했다. 얘기를 했다면 쥐도 새도 모르게 비밀경찰에게 끌려갔을 것이며 그런 모습을 본 사람들은 차라리 못 본 체하는 것이 나았다. 아렌트가 놓친 것은 인간의 원초적 두려움이다. 히틀러 집단에 동조하지 않았다면 목숨을 내거는 것이 되었는데 소수는 그랬을 수 있지만 대다수는 입을 다물 수밖에 없었다. 두려움은 너무나 평범하게 모든 이가 가지고 있는 본능이어서 겉으로 드러나지 않았던 것이다. 쉰들러도 두려워했고 스필만도 두려워했으며 하물며 히틀러도 몹시 두려워했다. 아이히만도 두려워했을 것은 누구나 예상할 수 있다. 그가 무사유에 상투어만 쓰는 평범한 사람이었지만 평범하기에 그는 더욱 두려움을 피하려고 본능적으로 움직인 것이다. 어려서의 모습은 기록에 없어 상상이 가지 않지만 나치에 입당한 이후 아이히만이 경험한 많은 것은 아마도 나쁜 기억으로 편도체에 새겨졌을 것이다. 나치에 입당한 이유가 두려움 때문일 수도 있다. 그의 전전두엽은 '왜?'라는 성찰보다 아무 생각 없이 스스로 나치의 도구로 전락하는 것을 선택했다고 여겨진다. 그것이 겉으로는 평범하게 보일 뿐이다.

아이히만이 두려움이 많았다고 가정할 때 그는 과정을 중시하는 사람이었을까 아니면 결과를 중시하는 사람이었을까? 우리는 살면서 과정에 충실해야 한다고 배우지만 사실 결과에 목을 매고 있는 경우가 대부분이다. 우리는 '목표 달성을 위해서는 수단과 방법을 가리지 말라' 혹은 '모로 가도 서울만 가면 된다' 등의 조언을 귀가 따갑게 들어왔고, 결과가 좋지 않은 경우 앞서 행했던 과정들에 대한 후회가 마음 깊은 곳에서부터 쓰나미처럼 밀려온다. 그래도 묵묵히 결과에 상관하지 않고 자신의 현재 일에 매진하는 동료들을 바라보면서 우리가 과정을 중시하는 사람을 인정하고 존경한다는 것을 불현듯 알게 된다. 사람들 사이에서 과정이나 결과 지향의 성향은 저마다 다르다. 과정 중시자는 결과에 그렇게 연연하지 않는다. 실패를 용인할 줄 알며 거듭되는 작은 실패가 삶에 도움을 준다고 생각한다. 나심 탈레브가 소개한 신조어

'안티프래질antifragile'이 여기에 들어가며 '깨지기 쉬운fragile'의 반대말이 아니라 스트레스를 받을수록 '깨지지 않고 더 강해지는'이라는 의미로 사용된다. 과정 중시자는 모든 행동에는 목적이 있다고 주장하는 아들러의 이론에 따라 총체주의적 사고를 하며 사회적 존재로서 공동체를 중요시한다. 두려움은 적은 편이다. 반면 결과 중시자는 결과가 제대로 나오지 않으면 괴로워하며 성공 지향형으로서 시행착오를 인정하지 않고 프래질하다. 인과론과 환원주의를 내세우는 프로이트가 여기에 들어가며 개인을 중시함으로써 타인을 적으로 만들기 쉽다. 그러므로 결과 중시자는 두려움이 많다(표 1). 물론 인간을 이분법으로 나눌 수는 없다. 외향적인 사람과 내향적인 사람이 맥락에 따라 바뀔 수 있듯이 과정 중시자와 결과 중시자 역시 상황에 따라 변할 수는 있는 것이다. 나쁜 기억이 있다면 그리고 나쁜 기억에 취약한 성격을 가지고 있다면 다시는 같은 경험을 하기 싫으므로 손실을 피하려는 두려움이 높아지고 결과에 대해 예민해질 수밖에 없다. 과정 중시자라 하더라도 두려움이 과정에 끼어드는 순간 결과라는 종착지에 가는 길에 변수가 되어버린다. 두려움 많은 아이히만은 이렇게 결과 중시자가 되어갔다.

[표 1] 과정 중시자와 결과 중시자의 차이점

과정 중시자	결과 중시자
결과에 연연하지 않음	결과가 잘 안 나오면 괴로워함
실패 용인형	성공 지향형
거듭되는 작은 실패가 삶에 도움	시행착오를 인정하지 않음
안티프래질	프래질
아들러	프로이트
목적론	인과론
총체주의	환원주의
사회적 존재로서의 관계 중시	개인의 내적인 것에 집중
공동체 중시	타인과 적
두려움이 적음	두려움이 많음

칭찬을 들을 때 칭찬해주는 사람이 나의 무엇을 칭찬하고 있는지 깊이 생각해본 적이 있는가? 잘 들어보면 누구는 내가 행한 과정에 대해 칭찬하고 있고 누구는 내가 만들어낸 결과에 대해 칭찬을 한다. 묘하지만 이에 따라 칭찬하는 사람의 성격 패턴을 알아낼 수 있다. 어떤 사람은 자신이 좋아하는 이에게 칭찬하면서 공감을 곁들인다. "너 힘들었겠다.""밤새운 거구나." 반면 어떤 사람은 좋아하는 사람에게 칭찬하면서 더 잔소리를 한다. "이렇게 하면 더 잘할 수 있어.""다음에는 이렇게 해봐." 둘 중 누가 과정에 대해 칭찬한 사람일까? 첫 번째다. 두 번째 사람은 결과에 대한 칭찬을 했다. 즉 첫 번째는 과정을 중시하는 이로서 사람 사이의 관계를 중요하게 여기고 하나하나의 과정을 다독이면서 결과가 어떻게 나오더라도 상대방을 믿는 유형이다. 사람을 믿기 때문에 두려

움은 적어진다.

내가 좋아했던 음악 영화 두 편이 있다. 1년 차이로 개봉한 「비긴 어게인」과 「위플래시」다. 인생에 실패한 듯한 두 남녀, 댄과 그레타. 실연당한 무명의 싱어송라이터 그레타와 한물간 알코올중독 프로듀서 댄이 길거리 밴드를 결성하고 음반을 만들어가는 과정을 그린 「비긴 어게인」에는 다음과 같은 명대사가 나온다. 댄이 말했다. "그레타, 지금 이 순간은 진주야." 두 사람은 그들이 걷는 길에 축복을 쏟아부었다. 최고의 드러머가 되기 위해 피가 난 손으로도 연습하는 앤드루와 모욕적인 말이나 폭력을 가하며 천재 드러머의 재능을 끌어내기 위해 미친 듯이 총력을 기울이는 플레처 교수. 어울릴 듯 어울리지 않는 두 사람의 이야기를 그린 「위플래시」에도 명대사가 나온다. "세상에서 제일 쓸모없고 가치 없는 말이 '그 정도면 잘했어'야." 과정을 무시하고 결과 지향적인 플레처 교수는 영화가 끝날 때까지 관객을 두렵게 만든다.[5] 아직 관람하지 않았다면 주말에 두 영화를 보면서 스스로에게 물어보자. 나는 어느 영화를 더 좋아하나?

아라비아의 로렌스 딜레마

1888년 웨일스에서 태어난 토머스 에드워드 로렌스는 몽상가였던 아버지와 금욕주의자 어머니를 닮아 어려서 나무 오르기나 수영, 말타기를 즐겼지만 단체 경기는 좋아하지 않았다. 규칙을 싫어했고 많은 사람이 모이는 것을 꺼렸기 때문이다. 다리가 부러져도 주변에 아픈 것을 알리지 않았고 본인의 뜻과 어긋나면 참지 못한 채 싸우기도 했다. 친구들과 잘 어울릴 수 없었고 신체적 접촉마저 싫어했던 로렌스는 점점 홀로 사색하는 것을 좋아하는 몽상가가 되어갔다. 고등학교 시절부터 고고학에 관심을 보여 방학이면 카메라를 들고 영국과 프랑스의 중세 고적을 여행 다녔다. 그는 옥스퍼드대학 사학과를 수석으로 졸업했고 옥스퍼드 박물관장 데이비드 호가스가 로렌스에게 아랍어를 배울 것을 권유하면서 아라비아에 대한 관심이 시작되었다. 졸업 후 호가스의 추천으로 영국박물관 주관의 유프라테스강 상류 원정대에 참여해 1911년부터 1914년까지 중동에서 생활하게 되었는데 이 기간에 메소포타미아, 소아시아, 그리스, 이집트 등을 돌아다니며 아랍 문화와 언어를 습득했다. 1914년 제1차 세계대전이 발발하자 로렌스는 카이로의 육군정보부에 부임했다. 1915년 아랍 민족주의 열풍이 불기 시작했고 당시 영국은 이라크의 샤리프 후세인과 접촉하게 되는데 후세인은 오스만 제국에 반기를 드는 대신 헤자즈, 시리아, 메소포타미아 지방을 포함한 아랍 국가에 대해 영국이 독립을 보장해줄 것을 요구했다. 시간이 흘러도 영국이 답을 주지 않자 후세인은 오스만 제국 편에 붙겠다고 으름장을 놓았고 갈리폴리 전역에서 곤욕을 치르고 있던 영국은 결국 헨리 맥마흔 경의 편지를 통해 신아랍 국가의 독립을 보장해주기로 했다. 이에 따라 로렌스는 1916년에 메소포타미아 지역으로 파견되어 아랍 반란을 지원하기 시작했다. 당시 영국은 제1차 세계대전의 적국이었던 오스만 제국을 누르는 동시에 석유 자원을 확보하기 위해 아랍을 이용했고, 아랍인들 역시 오스만 제국의 지배에서 벗어나기 위해 영국의 도움을 받아들인 것이다. 1917년 로렌스는 아랍 반란군을 이끌고 홍해 근처의 요충지 아카바 공략에 나선다. 로렌스와 아랍 반란군은 오스만군이 전혀 예상하지 못한 사막으로부터 공격을 시작했다. 프랑스가 방해할 것을 우려한 로렌스는 자신의 상관에게 구체적인 공격 계획을 보고하지 않았고 1917년 7월 6일 아카바 공략에 성공한다. 순진했던 로렌스와 아랍 부족들은 영국을 믿고 전쟁을 시작했지만 영국과 프랑스는 이미 비밀리에 이들 지역을 두 나라가 분할한다는 사이크스-피코 협정을 맺은 상태였다. 로렌스는 전쟁이 끝나가면서 자신의 상관들에게 아랍의 독립에 대해 지속적으로 설득했으나 영국과 프랑스는 협정을 그대로 실천에 옮겨 위임통치라는 미명하에 이 지역을 두 나라의 식민지로 삼아버렸다. 이상적인 결말을 바랐던 로렌스는 환멸을 느끼고 조지 5세에게 받은 훈장을 반납하면서 아랍 반란에서의 자신의 역할이 본인과 영국 모두에 불명예스러운 것이었다고 한탄했다. 영국으로 돌아간 그는 신분을 숨긴 채 영국 공군에 이등병으로 입대하고 은

둔하다가 1935년 만기 제대 후 영불해협 근처 클라우즈힐에서 오토바이 사고로 사망했다.[6, 7]

'아라비아의 로렌스'로 더 잘 알려진 토머스 에드워드 로렌스는 이렇게 현대사의 한 장면을 장식했다. 그는 늘 중간에 서는 것을 원했다. 영국 정보부나 외교부의 고위직에 오를 수도 있었고 국회의원이 될 수도 있었지만 현실의 유혹은 티끌만큼도 쳐다보지 않고 오로지 자신이 꿈꾼 길로만 향했다. 그는 진정으로 아랍을 사랑했고 영국 군복을 벗어던진 채 아랍인의 복장으로 사막을 호령하며 아랍과 서구 열강의 중간에서 균형추 역할을 해왔다. 중간은 회색 지대다. 이도저도 아닌 것이 애매하기는 하지만 그것이 장점이 될 수도 있고 단점으로 부각될 수도 있다. 균형이 언제나 중간을 의미할까? 시공간을 아우르는 물리와 화학, 수학 같은 과학에서는 당연히 중간값이 존재하고 균형을 계산해낼 수 있다. 하지만 로렌스가 선택한 중간은 동양 철학의 중용이었다. 사실 이 사상은 극단이나 충돌하는 모든 결정 과정에서 중간의 도를 택하는 유교 교리인데 서양에서도 플라톤과 아리스토텔레스가 이 개념을 발전시켰다. 플라톤은 어디에서 그치는지를 알아 거기 머무는 것을 인식하는 것이 최고의 지혜이며 따라서 크기의 양적 측정이 아닌 모든 가치의 질적인 비교를 중용이라 했고, 아리스토텔레스는 마땅한 정도를 초과하거나 미달하는 것은 악덕이며, 그 중간을 찾는 것이 참다운 덕이라고 얘기했다.[8] 파스칼의 『팡세』에는 '중간자적 존재로서의 인간'이라는 표현이 나온다. 거대한 우주와 미세한 입자 사이에 서 있는 인간은 고독하고 불안한 존재가 되며, 영원한 과거와 영원한 미래라는 시간 사이에서도 우리 인간은 중간자가 된다. 보는 관점에 따라 인간은 위대해질 수도 있지만 한없이 초라해질 수도 있다. 이러한 모순에 둘러싸인 인간에게는 온갖 고뇌가 생길 수밖에 없어 파스칼은 인간을 '생각하는 갈대'라고 명했다. 갈대처럼 흔들리는 연약한 인간에게는 사고 능력이 있기 때문에 나약과 불안을 견디고 이상을 실현할 수 있다는 것이다.

삶을 살면서 중용처럼 어려운 것도 없다는 것을 절로 배우게 된다. 두 개의 길을 놓고 인간은 항상 딜레마dilemma에 빠진다. 딜레마의 어원은 두 번이라는 그리스어 di와 제안이라는 lemma가 합쳐진 것으로 '두 개의 제안'이라는 뜻이다. 아랍에 들어가 그들의 입장이 되어본 로렌스는 아라비아를 대변하기 시작했다. 당연하겠지만 그의 과거 성향은 그의 판단에 편향으로 작용했을 확률이 높다. 어려서 하급생에 대한 선배의 강압에 저항해 싸우다가 다리가 부러졌던 아픈 기억을 가진 로렌스는 강한 영국이 약한 아랍을 괴롭히는 일종의 악이라고 판단한 것 같다. 약자가 당하는 것을 내가 당한 것처럼 느끼는 그는 약자 편을 들기로 하고 현대사의 중요 기로에서 두 가지 큰 방향을 앞에 놓고 고민하게 된다. 영국과 프랑스는 오스만 제국을 물리치며 석유가 나오는 중동 지역을 그들의 관할에 넣고 싶어했고, 아랍은 서구 열강에는 관심이 없고 오스만 제국의 통치로부터 독립하는 것이 꿈이었다. 중간자를 자처한 로렌스는 크기의 문제가 아닌 가치의 문제로 접근해 아라비아가 영국을 도와 오스만 제국을 제거하는 대가로 아랍의 독립을 보장하는 중용의 안을 새롭게 제안했다. 이 순진했던 중재안은 권력을 가진 강자에 의해 배신당하면서 로렌스는 잊지 못할 최악의 기억을 갖게 되었다.

우리는 두 가지 대립되는 일에 개입할 때 늘 장단점을 비교해본다. 그리고 인간이기 때문에 어느 한쪽으로 마음이 기울어지는 것은 당연하다. 대부분은 그 한쪽이 약자일 경우가 많다. 그러나 어느 한쪽만 편들 수는 없기에 중간을 택하게 된다. 약자의 편에서 보게 되는 것은 자신이 과거에 약자의 입장이었던 기억이 있기 때문이다. 그것이 좋은 기억일 리는 없다. 그래서 중간 안을 내더라도 약자에게 유리하게 만들어낸다. 하지만 결국에는 본인의 예상과 다른 결말을 보게 되면서 좌절의 경험을 하게 된다. 또 다른 나쁜 기억이 생기는 것이다. 싸우는 두 친구를 화해시키고자 할 때, 두 명의 직장 상사로부터 각자 다른 메시지를 받았을 때, 혹은 자신이 세운 계획이 두 사람으로부터 완전히 반대의 평가를 받을 때처럼 우리는 정말 많은 선택의 순간을 맞이한다. 이때 한쪽을 선뜻 택하는 용기가 부족한 우리는 약간 편향이 들어간 중간을 고려할 수밖에 없다. 1번과 2번 중 하나를 받아들여야 할 때 답을 찾지 못하고 딜레마에 빠진 로렌스는 과거의 기억에서 스스로가 약자로서 강자에게 당했던 아픔을 떠올리며 약자의 입장을 두둔하는 타협안을 만들어내지만 결국 채택되지 않으면서 차라리 처음부터 참여하지 않는 것이 나았겠다는 후회로 돌아가는 딜레마에 또 빠지게 된 것이다. 나는 이것을 '아라비아의 로렌스 딜레마'라고 부르도록 하겠다. 어떻게 보면 안 되는 줄 알면서도 당하는 중간자의 딜레마로서 사실은 트릴레마trilemma다.

"누구나 꿈을 꾼다. 그러나 그 꿈이 다 같은 것은 아니다. 밤에 꿈을 꾸는 사람은 밝은 아침이 되면 잠에서 깨어나 그 꿈이 헛된 것이라는 사실을 이내 깨닫는다. 반면에 낮에 꿈을 꾸는 사람은 몹시 위험하다. 그런 사람은 눈을 활짝 뜬 채 자신의 꿈을 실현시키려고 행동한다. 그렇다. 나는 낮에 꿈을 꾸었다."9 로렌스가 자서전 형식으로 남긴 『지혜의 일곱 기둥』 머리말에 쓴 구절이다. 이상과 현실과 중용이 어우러지기 어렵다는 것을 몸소 경험한 몽상가 '아라비아의 로렌스'는 그래도 우리에게 꿈을 꾸는 아름다움을 알려주었다. 영화 「월터의 상상은 현실이 된다」에서 월터 미티에게 사진작가 숀 오코넬은 눈표범을 관찰하면서 이렇게 말했다. "아름다운 것은 관심을 바라지 않는다."

두려움의 관점

마음 한구석에 품고 있던 소확혐이 문득 떠오르는 경험은 우리 모두에게 있을 것이다. 그 소확혐을 피해야 하는데 온전히 사라질 때까지 나는 잠시 두려움에 빠진다. 이럴 때 긴장을 풀고 그 두려움이 어디에서 시작되었나를 곰곰 생각해보면 의외로 쉽게 두려움을 해결할 실마리가 풀릴 수도 있다. 특히 조각난 기억들을 모을 때 그 사이에 '빠진 과정'을 채워넣어보면 두려움이 두려움이 아닐 수 있다는 것을 꽤 발견하게 된다. 이것은 '맥락context'의 문제다. 또한 '보이지 않음absence'의 문제이기도 하다. 나 스스로가 가지고 있던 나쁜 기억에서 비롯된 두려움이 물론 가장 많을 테지만 내가 아끼고 믿는 가족이나 연인 혹은 동료가 나의 두려움을 만들 수도 있고 나와 관련 없는 사람들이나 사회와 국가가 나를 두렵게 할 수도 있다. 사실상 실제 두려움은 이들 중 일부 혹은 모든 것이 섞이고 뒤엉켜 나의 두려움으로 표상되기도 한다. 그래서 맥락을 찾기 위해 관점을 달리 보는 꾸준한 훈련이 필요하다.

내가 만드는 두려움: 소확혐의 탄생

고등학교 1학년 성필이가 내 외래를 찾은 이유는 복통이 잦고 설사도 하며 최근에는 체중도 늘지 않아 걱정 끝에 가까운 병원에서 위 내시경과 대장 내시경을 시행했는데 결과가 정상이라고 들었음에도 계속 복통이 있어서였다. 걱정하는 엄마에게 우선 내시경 검사를 한 것은 잘한 일이라고 안심시켜주었다. 사춘기 나이에 만성적인 복통과 설사가 체중 감소를 동반하면 크론병같이 장 안에 염증성 궤양이 오는 희귀 질환이 발견될 수 있으므로 일단 큰 병은 아니라고 설명했다. 성필이는 5년 전인 초등학교 5학년 때부터 복통이 시작되었고 긴장하거나 스트레스를 받으면 복통이 악화되며 특히 아침에 심하다고 했다. 설사가 가끔 있었고 체중 감소는 밥을 먹으면 배가 아플까봐 잘 먹지 않았기 때문이라고 성필이가 말했다. 성필이를 진찰하면서 질병이 아님을 직감했다. 5년 동안 배가 아프고 설사도 했는데 만일 큰 병이었으면 지금까지 버틸 수는 없었다. 또한 성필이는 깨어 있는 동안 아팠고 잠이 들면 잘 잤다. 병에 의한 통증이 아침에만 있기는 어렵다. 통증은 언제든지 나타날 수 있는 것이다. 성필이에게 몇 가지 핵심 질문을 던졌다. "혹시 학교에서 대변볼 수 있니?" 성필이가 약간 당황한 듯 답했다. "아… 아니오." 엄마가 옆에서 맞장구를 쳤다. "얘는 학교에서 변을 못 봐요. 꼭 집에 뛰어 들어오며 화장실부터 갑니다." 내 얼굴에 잠시 미소가 번졌다. "성필아, 왜 학교에서 변을 못 보는지, 무슨 나쁜 기억이 있니?" 이번에는 엄마가 먼저 대답했다. "맞아요. 초등학교 5학년 때인가 수업 중에 화장실을 가지 못하고 큰 실수를 한 다음부터 그런 것 같기는 해요." 그랬다. 성필이는 수업 시간에 배가 아팠지만 대변을 참다가 바지에 싸버렸는데 이때 당한 창피감이 아직도 기억에 남아 꼭 아침에 화장실에 들어가 변을 보고 학교에 가려는 버릇이 생겼으며, 그 바람에 나오지 않는 변을 보려다가 화장실에서 30분이 흐르고 결국 지각도 한다고 했다. 아침에 일어나면 배가 아파지고 화장실 갈 생각부터 나며 아침밥을 먹으면 학교에 가서 변의를 느낄까봐 두려워 거르기가 다반사라고 말했다. 특이하게 주말에 집에 있을 때는 아무 문제가 없었다. 결국 성필이는 질병에 의한 복통이 있었던 게 아니라 소확혐에서 시작된 두려움이 신체화장애를 일으킨 것이다. 물론 실제로 통증을 느낄 때도 있지만 통증의 강도를 1에서 10까지로 볼 때 오늘 1점이 아파도 과거에 겪었던 통증이 10점이었으면 성필이는 10점을 떠올릴 수밖에 없었다. 또 아플까봐 두려운 것이다.

성필이와 엄마에게 내 설명이 끝나갈 때쯤 성필이의 얼굴이 밝아짐을 느꼈다. 성필이는 그동안 드러나 보이는 현상만 가지고 자기 통증을 판단해왔다. 인터넷 포털에 복통과 설사와 체중 감소를 치면 나쁜 병 이야기만 나왔기 때문에 자신이 큰 병에 걸린 듯 자포자기했고 과거의 기억이 자기 발목을 잡고 있다는 생각은 한 번도 하지 못했던 것이다. 성필이와 대화를 시작하면서 이미 나는 성필이의 가용성 휴리스틱을 찾아보려고 했다. 성필이의 마음속에 가장 먼저 떠오르는 게 무엇이었는지를 알아보려고 노력했던 것이다. 성필이에게는 비행기 사고만큼이나 초등학교 5학년 수업 시간의 창피했던 기억이 뇌 안에 깊이 박혀 있었다. 걱정 많고 예민한 사람과 대화를 나눌 때 우리는 매우 쉽게 그 사람의 생각을 읽을 수 있다. 지금 하고 있는 걱정이 무엇인지, 그것 때문에 지금 무슨 행동을 하고 있는지 다 알아낼 수 있다. 그 사람이 보여주려 하지 않아도 언뜻 드러나는 가용성 휴리스틱 덕분에 저절로 그의 말과 행동의 의미를 눈치채게 된다. 불안에 대한 상담을 요청해왔거나 아니면 그 사람의 불안을 도와주려고 할 때 우리가 할 일은 그 사람의 '빠진 과정', 즉 보이지 않았던 맥락을 찾아주는 것이다. 그것 역시 그 사람의 뇌 안에 기억으로 남아 있으니 우리는 개연성 있는 상황을 제시해 스스로 그 기억들을 끄집어내도록 해야 한다.

성필이의 복통 원인이 밝혀지고 특별한 처방이 필요 없음을 알게 된 엄마는 신기해하면서도 또 걱정한다. "교수님, 우리 애가 병이 없는 것 확실하죠?" 다시 한번 나의 점쟁이 능력을 보여줄 때가 온 것 같았다. 성필이에게 웃으며 물었다. "성필아, 너 차멀미 잘하지?" 제4장 소확혐 단원에서 '맥락 조건화'의 예로 든 바로 그 멀미다. "네." 성필이의 답이 나오자 엄마에게도 물었다. "어머니, 제가 하나만 물어볼게요. 어느 날 버스를 타고 멀리 가는데 그날따라 멀미를 심하게 했다고 가정해봅시다. 그러고는 2주가 흘렀고 어디를 가려고 정류장에 갔는데 마침 그 버스가 온 거예요. 어머니는 그 버스를 보자마자 무슨 생각이 가장 먼저 떠오를 것 같아요?" 휴리스틱에 대해 질문하자 엄마가 머뭇거리며 말했다. "글쎄요. 지난번 멀미 생각?" "사람들 대부분은 이미 멀미했던 사실을 잊었을 거고요. 20퍼센트 정도의 매우 예민한 사람들은 바로 멀미를 떠올립니다. 그리고 그 버스 안에서 났던 기름 냄새마저 기억해내요. 버스에 타서는 예전 기억 때문에 다시 메슥거리고 곧 멀미가 시작됩니다." 이렇게 답하고는 바로 성필이에게 다시 물었다. "너는 후각도 예민하지?" 성필이가 고개를 끄덕였다. 그리고 엄마에게 다시 설명했다. 두려움을 회피하려는 것은 너무나 평범한 인간의 본능이어서 누구나 비슷하고, 병이 없이 똑같은 증상과 똑같은 원인의 복통을 보이는 아이들이 나에게 많이 오기 때문에 그 패턴을 인지했을 뿐이라고. 소확혐은 그렇게 탄생되고 누구에게나 똑같다.

가족이 만드는 두려움: 소확혐의 악순환

2017년 서울 명신초등학교 교장이던 이유남 선생님은 각종 교육 관련 연구대회에서 수상해온 뛰어난 교육자였다. 그녀에게는 전교 회장을 하면서 전교 1등을 하던 고3 아들이 있었는데 어느 날 갑자기 자퇴를 선언했다. 집안이 발칵 뒤집혔지만 고집을 꺾지 못했고 아들의 자퇴서에 도장이 마르기도 전에 고2 딸도 학교를 그만두겠다고 했다. 그 후 두 남매는 방에 틀어박혀 나오지를 않고 부모와의 대화조차 거부했다. 남들이 부러워하는 자녀를 두고 자신도 최고의 자리에 올랐던 이유남 선생님은 이 상황을 이해할 수 없었다. 어디서부터 잘못되었는지 무엇이 문제였는지 성찰한 그녀는 코칭법을 배우기 시작했다. 부모 교육과 소통 교육을 받으며 '무자격 부모'였음을 인지한 그녀는 부끄러웠던 과거를 고백하고 아이들과의 관계를 회복하는 과정을 한 권의 책에 담아 출판했다. 바로 『엄마 반성문』이다.[10] 이 책에 따르면 이유남 선생의 가훈은 'SKSK', 즉 '시키면 시키는 대로'였다. 늘 "얼른!"과 "빨리!" 그리고 "바빠!"를 입에 달고 살면서 아이들을 상시적으로 확인하고 그들에게 지시했다. 그러면서도 아이들의 마음을 한 번도 헤아려준 적이 없었다고 했다. 엄마가 보기에 잘난 두 아이는 영원히 잘될 줄만 알았다고 했다. 책에는 엄마의 진심 어린 자책이 나온다. "그동안 나는 부모가 아니었구나. 관리자이고 감시자이고 통치자였구나, 그것도 아주 무섭고 나쁜!" 엄마는 무엇이 잘못되었는지 명확히 알고 있었다. "저는 우리 아이의 뇌 용량 키우는 일보다는 뇌 안을 채우는 일을 하느라 정신이 없었습니다." 이제 멋진 사회인이 된 두 남매는 가장 존경하는 사람이 엄마라고 서슴없이 말한다. 그래서 이유남 선생님의 말은 우리에게 울림을 준다. "나는 세상에서 가장 행복한 부모입니다. 여러분도 아이의 감정을 읽어주고 지지해주세요. 부모가 믿고 기다려준 만큼 아이들에게는 행복한 변화가 생깁니다."

언제나 그렇듯 아이들은 죄가 없다. 인간의 자아가 생긴 후 아이들은 셀 수 없이 많은 변화를 겪게 된다. 본인의 의지대로 하지 못하고 자꾸만 강요를 받을 때 아이들은 좌절한다. 본인이 하기 힘든 이 일은 부모가 시킨 것이니 순종해야겠지만 솔직히 하기는 싫다. 싫은 표정을 지었는데도 무시당하고 자기 결정권을 빼앗겨버리면 인간은 바로 조건화된 무기력에 들어가게 된다. 또다시 지적받을 것이 두려워 무사유의 자동항법장치를 켜는 것이다. 그것이 '시키면 시키는 대로'다. 'SKSK'는 아마도 어려서 두 남매가 가장 싫어하는 소확혐이었을 것이다. 사춘기가 지나고 자존감이 무너짐을 인식한 순간 아이들은 폭발했는데 다행히 가족의 회복 탄력성이 뛰어났기에 두려움을 성공으로 승화시킬 수 있었다. 앞뒤 맥락을 자르면 자퇴한 두 남매는 학교에서 볼 때 문제아가 된다. 하지만 문제를 일으킨 두려움은 아이들 몫이 아니라 부모의 욕심 때문이었다. 앞에서도 계속 언급했지만 입 짧은 아이에 대해 부모가 보인 잘못된 행동은 욕심에 의한 집착과 손실 기피였다. 이 모두는 부모가 생각하기에 미래에 생길지도 모르는 잠재적인 손실을 피하기 위해 미리 대비하면서 일어나는 현상이다. 그 피해를 아이들이 진 것이다. 부모의 욕심도 사실은 부모 자신의 소확혐에서 시작된다. 경쟁사회에서 내 아이가 키가 작거나 공부를 못하면 사회에 나가서 대접을 받지 못한다는 간접 경험에 의한 두려움이 그것이다. 결국 가족 내에서 어른의 소확혐이 방어 행동으로 아이에게 전해지고 아이는 그것을 받아 본인의 소확혐으로 기억하게 되는 악순환의 고리가 생긴다. 대표적인 예를 하나 더 들자면, 자동차로 멀리 가야 할 때 떠나기 전에 많은 부모가 아이에게 소변을 보고 가라고 얘기한다. 부모 생각에는 전에 차로 장거리 여행을 하다가 고속도로에서 아이가 소변이 마렵다며 차 안에서 한바탕 소동이 있었던 나쁜 기억 때문에 미리 아이에게 지시한 것이지만 이것이 반복되면 소변보는 것을 지적받아 늘 불안해하던 아이는 그 나쁜 기억 때문에 평소에도 자주 소변이 마려워 화장실을 가겠다고 하면서 찔끔찔끔 소변을 보게 된다.

가족 안에서 일어나는 두려움의 회피는 어른과 아이 사이에서만 벌어지는 현상이 아니다. 부부간에도 부인의 소확혐이 남편에게 전해져 남편의 나쁜 기억이 되고 이것이 도로 부인에게 아픔으로 돌아가기도 한다. 거꾸로도 마찬가지다. 또한 친밀한 사이의 모든 관계에서도 똑같이 이 현상이 일어난다. 친구 사이 혹은 직장 동료 사이에서도 일상적으로 '소확혐의 악순환'은 벌어진다. 그래서 서로가 마음 다치는 일이 생겼을 때 관점을 바꿔 그동안의 숨겨진 맥락, 즉 '빠진 과정'을 찾아 퍼즐 조각을 맞추는 대화를 해야만 서로를 괴롭혔던 퍼즐의 답을 알아낼 수 있다.

사회가 만드는 두려움: 또 하나의 가용성 휴리스틱

2009년 3월 말 미국 샌디에이고의 한 병원에 발열과 기침 그리고 구토로 내원한 열 살 소아의 비인두 검체에서 인플루엔자 A형 H1N1의 변종 바이러스가 처음으로 검출되었다. 새 변종은 조류독감처럼 H1N1 아형의 일부와 돼지 인플루엔자의 두 변종의 일부에서 파생되었다. 비슷한 시기 멕시코에서도 발생했고 이후 빠른 속도로 유럽과 아시아로 확산되었다. 4월 말부터 멕시코시티에서 휴교령이 내려졌고 미국도 많은 학교에서 수 주간의 휴교를 결정했다. 신종플루로 명명된 이 유행성 독감은 120여 국가에서 발생이 보고되고 사망자가 속출하면서 6월 11일 WHO는 팬데믹을 선언했다. 2010년까지 이어진 유행으로 WHO는 전 세계에서 700만 명 가까이 감염되었고 1만8000명이 사망했다고 발표했으나 미국 조지 워싱턴 대학 공중보건센터에서는 최소 12만 명 이상 사망했을 것으로 추정했다. 대한민국에서도 학교별로 간간이 휴교를 시행하다가 10월에 초등학생이 사망하면서 전국 휴교령의 가능성도 제시되었다. 11월 신종 플루의 전염병 단계가 '심각'으로 상향 조정되고 감염자들이 폐렴 합병증으로 사망했다는 보도가 나오자 사람들이 전혀 과학적이지 않게 그 당시까지 도입되지 않았던 신종 플루 백신 대신에 폐렴구균 백신을 맞는 어처구니없는 촌극도 벌어졌다. 12월에 대부분의 학생이 백신 접종을 마치면서 전염병 단계가 '경계'로 하향 조정되었고 산발적인 전염이 발생하는 가운데 2010년 8월 말까지 약 100만 명이 감염되었다.[11, 12]

전염병은 무섭다. 감염되어 사망할 확률은 아주 낮다고 하지만 그것은 확률일 뿐이고 내가 걸릴 개연성은 늘 존재하기에 무서울 수밖에 없다. 그렇기 때문에 바이러스 대유행이 일어나고 언론에 사망 보도가 뜨기 시작하면 매일 뉴스를 체크하는 것이 일상이 된다. 사실 교통사고를 당할 확률이 더 높을 수도 있지만 매일 벌어지는 교통사고의 위험은 우리가 공기나 물에 익숙해 전혀 신경 쓰지 않고 살듯 뇌 안의 편도체에서 멀리 떨어져 저장되어 있다. 신종 플루가 유행하지 않았던 해에도 인플루엔자 바이러스는 계절에 따라 늘 창궐했고 노약자나 기저 질환자들은 감염된 경우 합병증으로 인해 많은 수가 사망했다. 신종 플루도 이미 시중에서 치료제를 구할 수 있었고 예방 백신도 바로 생산되어 치료와 예방이 모두 가능했는데 유독 사회적 이슈가 되고 세계적인 관심사가 된 이유는 놀라울 정도로 빠른 감염력 외에 다른 변수도 있었다.

1992년부터 2008년까지 미국에서 자폐증으로 진단된 아동의 수를 보기 위해 장애인 교육법에 따른 자폐 아동 수와 언론의 자폐증 보도 지수를 같은 그래프에 연도별로 찍어봤더니 다음의 그림과 같이 거의 동일선상으로 증가하는 것으로 나타났다.[13] 그래프를 보면 1992년부터 1997년까지 자폐 아동 수는 조금씩 증가하고 있었고 자폐증 보도 지수는 이 기간에 별 변화가 없었지만, 앞서 언급한『란셋』지에 실린 홍역 백신과 자폐증의 관련성이 보도되면서 언론의 자폐증 보도 지수는 급격히 증가하기 시작했고, 따라서 진단되는 자폐 아동 수도 같은 속도로 급증하는 것을 알 수 있다. 일반 대중이 질병에 관심을 가지면 가질수록, 또 언론이 이 질병에 대한 보도를 많이 하면 할수록 질병 보고는 급격히 늘어나는 법이다. 2009년 신종 플루가 엄청나게 빠른 속도로 퍼져 나갔다는 사실에는 반박할 여지가 없다. 하지만 통계가 보여준 신

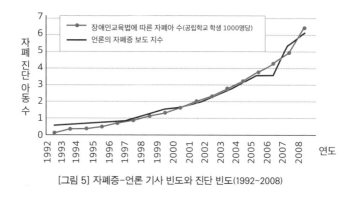

[그림 5] 자폐증-언론 기사 빈도와 진단 빈도(1992~2008)

종 플루의 급격한 증가는 평소 같으면 걸려도 무시하고 넘길 만한 증상에 대해 사람들이 두려움 때문에 혹은 언론과 정부의 홍보 때문에 너도나도 병원을 찾으면서 벌어진 현상이다.

언론을 통해 대중이 모두 인지하게 되는 사건에 대한 두려움은 차라리 소소한 예방책이라도 개인적으로 마련해 시도해볼 수 있지만, 잘 알려지지 않거나 보이지 않는 사건은 대비할 수 없기 때문에 속수무책이다. 대표적인 것이 '의원병'이다. 많은 예를 들어가며 이것을 다루는 이유는 작은 병이라도 놓치면 우리의 건강을 위협하는 두려운 문제로 돌아오기 때문이다. 그래서 우리는 질병에 대해 예민할 수밖에 없고 의원병이 발생하는 흔한 과정들을 미리 알고 있어야 하는 것이 당연하다. 의사도 인간이기에 완벽할 수는 없고 보는 것만 믿게 되는 성향은 동일해서, 만일 환자의 증상에 대한 맥락을 파악하지 못한 상태에서 보이는 것만으로 진단하려고 한다면 의원병이 발생할 확률은 매우 높아진다. 앞서 언급한 화장실에 자주 가서 소변을 보려 하는 아이를 기억할 것이다. 지금부터 이 아이가 의원병으로 고생할 수 있는 극단적인 가상의 예를 들어보도록 하겠다. 부모가 자동차 여행 중에 아이가 소변보겠다고 할까봐 두려워 언제나 차 타기 전에 화장실에 다녀오라고 지시하면 예민하고 걱정 많은 아이는 평상시에도 소변이 자주 마려운 증상을 호소하게 된다. 부모는 아이의 증상에 놀라 '빈뇨증'을 검색해보고 방광염의 대표적인 증상임을 알게 된다. 소아과 의원을 찾아 의사에게 물어보니 방광염 가능성이 있다고 한다. 원인이 되는 균을 찾아야 하지만 어차피 치료부터 시작하는 것이 좋을 듯해 의사는 항생제를 처방한다. 요로계 감염에 쓰는 항생제는 세파$_{cefa}$- 계열의 약인데 이 중 세프디니르는 특이하게 대변 색깔을 붉게 만들 수 있어 혈변으로 오인되기도 한다. 세프디니르를 먹은 아이가 빨간 변을 보자 부모는 다시 놀라서 큰 병원을 찾았고 병원에서는 혈변이 세균성 장염에 의한 것 같다며 입원을 권유한다. 입원한 아이는 세프트리악손이라는 3세대 세파계 항생제 주사를 맞기 시작한다. 며칠 후 퇴원을 준비하던 아이가 갑자기 심한 복통을 호소한다. 바로 초음파 검사를 해보니 전에는 몰랐던 담석이 담낭과 담도에서 발견되었다. 담낭 안에 있던 담석이나 담즙의 찌꺼기가 담도를 타고 내려오다가 걸리면 산통이라는 참기 힘든 통증이 나타난다. 그리고 담석이 더 내려오다가 췌도도

막을 수 있는데 이 경우는 췌장이 붓는 췌장염이 생긴다. 아이는 췌장도 부어서 췌장염 진단을 받고 치료를 위해 금식에 들어간다. 사실 세프트리악손이라는 항생제는 가끔 가성담석증pseudolithiasis 을 일으키는데 이는 일시적으로 담낭에 담즙 찌꺼기와 돌이 생기는 것으로 약을 중지하면 사라진다. 아무 죄가 없던 아이는 부모의 강박적인 지적에 의해 심리적인 빈뇨증이 생기고, 방광염으로 오인된 후 항생제에 의한 붉은 변을 봐서 세균성 장염 환자로 오진되며, 또 다른 항생제에 의해 담석증과 췌장염이 발생하여 입원 상태에서 금식까지 하게 된 것이다. 스위스의 대표적 치즈인 에멘탈 치즈를 잘라보면 중간중간에 기포가 발견되는데 '스위스 치즈 이론'처럼 사고를 일으키는 구멍이 잠재해 있다가 결함들이 한꺼번에 이어지는 경우, 즉 구멍들이 우연히 일직선이 되면 큰 사고가 된다. 물론 아이에 대한 예는 가상의 스토리이기는 하지만 사실 각 부분은 내가 직접 경험했던 의원병 사례들이었다.

약물을 잘못 투여하거나 진단 검사를 잘못 해석해 오진하는 것도 의원병이지만 이것은 의료진의 실수이고 자주 일어나는 일은 아니다. 하지만 더 흔하고 더 문제 되는 것이 앞서 얘기한 대로 보이는 것만 보고 알고 있는 지식을 동원하여 진료를 본 의사가 사건이 발생한 후에도 어느 지점에 오류가 있었는지를 전혀 모른다는 것이다. 의사가 의도적인 실수를 범한 것은 아니다. 그렇지만 이 '어설픈 진료' 과정을 경험한 사람들은 또 하나의 가용성 휴리스틱 항목을 편도체의 리스트에 올리게 된다. 그리고 병이 생길 때마다 '두려움증'을 동반해 할 일을 하지 않고 하지 않을 일을 행하는 실수를 연발함으로써 또 다른 피해를 입을 가능성을 높이게 된다.

사회를 조직하고 있는 구성원으로서 우리는 사회로부터 영향을 받는다. 사회 전체의 기쁜 일에 열광하고 슬픈 일에는 마음을 억누른다. 우리는 개인주의의 자유를 만끽하다가도 사회가 지시하고 알려주는 것에 맞춰 금세 고분고분하게 변한다. 우리가 속한 사회를 믿고 따르기 때문이다. 현대의 인터넷 사회에서는 넘쳐흐르는 정보에 빠져 허우적거리고 있는 자신의 모습을 자주 보게 된다. 그러다보니 어느 날 우리 사회가 두려움을 이용한 통치자 '빅브라더'가 되어도 이미 길들여진 우리는 아무 일 없다는 듯 온전히 살아갈 것 같다. 지금 이 순간도 그렇지만 두려움을 조장하는 것은 나 자신과 주변 사람들과 내가 살고 있는 사회다. 그 안에서 언론은 질병 문제뿐만 아니라 모든 사회적 이슈에 대해 우리의 가용성 휴리스틱을 제조하는 원천이다.

.

제6장
오류

기억의 왜곡:
하룻밤 자고 나니 유명인이 돼버린 사람들

다음은 2012년 5월 범죄과학수사 심리학자인 스콧 프레이저의 테드 강연의 일부다.[1]

살인 사건이 일어났던 건 21년이 조금 넘었다. 1991년 1월 18일 로스앤젤레스에서 동남쪽으로 겨우 몇 마일 떨어진 린우드라는 작은 마을에 한 남자가 집에서 나와 자신의 10대 아들과 다섯 친구에게 말타기를 그만하고 집에 가서 숙제도 하고 잘 준비도 할 시간이라고 말했다. 그 남자가 이렇게 주의를 주는 동안 자동차 한 대가 천천히 지나갔고 그 차가 남자와 아이들을 막 지나는 순간 자동차의 조수석 창으로 손이

나오더니 "탕, 탕" 총이 발사되고 그 남자는 즉사했다. 자동차는 속도를 내며 달아났다. 경찰은 놀라울 정도로 효과적으로 대응했다. 범죄를 저지를 만한 모든 전과자를 조사했고 24시간이 지니기도 전에 혐의자를 지목했다. 프란시스코 카릴로는 총격이 일어난 곳으로부터 두세 블록 떨어진 곳에 사는 17세 소년이었다. 형사들은 카릴로의 사진 목록을 준비하고 다음 날 사망자 아들의 친구 중 한 명에게 사진을 보여주자 친구가 말했다. "그 사진이에요. 친구의 아버지를 살해한 사람이 맞아요." 그건 예비심 판사에게 필요한 전부였고 카릴로는 일급 살인 혐의로 재판정에 서야 했다. 경찰은 본심 재판이 있기 전에 다섯 명 친구에게 같은 사진 목록을 보여주었다. (…) 실제 재판에서 아이들이 모두 사진 속 소년이 범인이라고 증언했고 카릴로는 종신형을 선고받아 폴섬 교도소에 수감되었다. 그런데 무언가 잘못되었음이 분명하다. 공정한 재판과 철저한 조사가 없었다. 총이 발견되지 않았던 것이다. 총을 쏜 사람이 팔을 내밀었던 자동차를 찾아내지 못했고 총을 쏜 사람이 탔던 차의 운전사도 찾지 못했다. (…) 수감된 후부터 21년 동안 카릴로는 끈질기고 일관되게 무죄를 주장했다. 그러면 무슨 문제가 있었을까? 이런 경우에 진짜 문제는 인간의 기억과 관련된 수십 년간의 과학적 연구의 복잡한 과정을 통해 드러난다. 우리는 '무죄 과제'라는 단체가 연구한 모든 통계학적 분석 결과를 가지고 있다. 이 자료는 유죄 판결을 받았다가 풀려난 250건 이상의 사람들의 문건이다. 어떤 이는 사형수였고 나중에 DNA 검사를 근거로 풀려나기도 했다. 무죄로 판명된 이런 사건들의 4분의 3 이상은 그들이 유죄 판결을 받을 때 증언에만 의존했던 경우였다. 우리는 증언으로 사람을 특정할 때 잘못될 수 있다는 것을 잘 알고 있다.

스콧 프레이저는 강연을 이어나가며 인간의 기억에 대한 설명을 시작했다. 우리 뇌는 우리 앞에 놓인 경험 전체 중에서 일부분만 감지하고 해독하여 기억에 남긴다. 이 기억은 두뇌의 여러 부분에 저장된다. 그리고 기억을 해내는 순간 우리는 불완전하고 부분적으로 저장된 것들을 떠올린다. 이때 모든 인식 과정에서 어떤 것의 동기가 부여된 과정을 끌어내기보다는 원래 그곳에 없던 정보를 마구 끼워넣는다. 관찰은 이미 끝났는데도 다시 관찰자의 입장이 되어 추측과 추론에 의해서 무의식적으로 채워넣는 것이다. 이것을 '기억의 재구성'이라고 한다. 뇌는 비어 있는 순간을 회피하려고 하는데 이는 우리가 사는 동안 항상 일어나는 일이다. 스콧 프레이저는 증인의 오류 가능성에 대해 전문가 및 변호사들과 함께 연구 조사를 해 상급 법원에 카릴로의 재심을 위한 청구를 신청했다. 다시 심사가 진행되었고 과거의 재판 기록이 열람되었다. 사건 당시 조사관은 범죄 장소에 불빛이 밝았다고 기술했고 다섯 명 아이의 진술을 보면 주변이 잘 보였다고 기록되어 있었지만 총격 시간은 1월 중순의 저녁 7시였고 더욱이 그날은 달도 뜨지 않았다. 즉 가까운 거리라도 사물을 제대로 인식하기는 어려웠다. 프레이저는 사진 한 장을 판사에게 제시했다. 같은 시간대에 아이들이 서 있던 곳에서 총격을 가한 자동차가 지나던 거리의 반대편을 직접 찍은 것이었다. 뒤쪽에 불빛이 있었다. 사진으로 짐작건대 주변이 밝았다고 보기는 어려웠다. 그는 국제적 광도 측정값과 색채 인식 기준값 등을 보여주며 그날의 상황에서는 색의 구분이 믿을 만하지 않았을 것이라고 예상했다. 즉 해상도가 극히 낮은 상황으로 어둠 속에서 겨우 물체를 볼 수 있는 정도여서 얼굴을 확인하기는 어려울 것이라고 설명하고 그 순간 인간이 초점을 맞추고 세세한 것을 볼 수 있는 거리는 45센티미터 정도라고 증언했다. 그리고 판사에게 결정적인 제안을 했다. "재판장님, 제 생각에는 판사님께서 가셔서 직접 현장을 보시는 게 좋겠습니다." 정확하게 동일한 조건을 준비한 프레이저는 판사와 함께 현장에 나갔다. 그리고 같은 차종의 자동차와 조수석의 사람과 모의 총을 준비해 판사를 길에 서 있게 하고 아이들이 증언한 장면을 연출해봤다. 당시 아이들은 자동차와 사망자가 4~5미터 거리였다고 했기 때문에 같은 거리를 두고 자동차가 판사 옆을 지나가면서 조수석에서 모의 총을 겨누도록 했다. 장면 재현이 끝나고 판사가 "제가 더 보고 갔으면 하는 게 있습니까?"라고 묻자 프레이저는 "네, 판사님. 그 자리에 계속 서 계시면 차를 한 번 더 오게 해서 판사님의 1미터 옆을 지나가게 하겠습니다. 조수석에서 모의 총을 든 팔이 나올 때 판사님이 원하시는 만큼 바라보도록 하십시오." 판사는 그대로 따랐고 프레이저는 자신이 있었다. 총격을 가하는 순간 범인의 얼굴은 반대편의 불빛에 숨게 된다. 역광이 되어버리는 것이다. 과학적인 계산에 따르면 현장의 조명도는 45센티미터 이내이고 역광의 영향이 더해져 1미터의 거리라면 거의 축구장처럼 멀리 느껴졌을 것이다. 며칠 후 판사는 재심의 청구를 받아들인다고 결정했고 카릴로는 21년 만에 석방되었다.

기억이라는 단어의 유래는 그리스 신화 기억의 여신 므네모시네Mnemosine다. 건망증은 영어로 amnesia라 하는데 'mne'가 바로 므네모시네의 '므네'다. 므네모시네는 지하세계인 하데스에서 기억의 연못을 관장하는데 이 므네모시네의 물은 레테강의 물과 반대의 의미를 지닌다. 망자가 레테강의 물을 마시면 환생할 때 전생의 기억을 모두 잃어버리고 므네모시네의 물을 마시면 전생의 기억이 다시 떠오르게 된다고 한다. 전생에 좋은 기억이 많았던 사람은 므네모시네의 물을 꼭 먹어야 하고 나쁜 기억으로 가득 찬 사람은 레테의 강을 반드시 들러야 했나보다. 기억은 많아도 문제, 적어도 문제이고 사실 적당한 양의 기억도 나름의 한계가 있어 또 문제가 된다. 하나의 상황을 경험할 때 그것을 통째로 처음부터 끝까지 기억할 능력이 뇌에 있다면 기억의 오류를 탓하는 일은 벌어지지 않을 것이다. 하지만 인간은 하나의 경험에서 조금씩 잘라 담당 영역으로 보내 저장했다가 기억을 소환할 때 추출하여 재편집하기 때문에 실수를 저지르게 된다. 이 실수는 인간이 미래에 대해 상상할 때 범하는 실수와 같다. 대니얼 길버트는 상상의 오류 중 하나로 상상의 과정에서 우리가 없는 정보를 채워넣거나 혹은 있는 정보를 빠뜨리는 점을 지적했다.[2] 스콧 프레이저의 설명처럼 인간의 뇌는 기억할 때 비어 있는 순간을 기피하려고 관련성 있어 보이는 무언가를 집어넣는데 상상이나 기억이나 현재의 관점에서 과거 혹은 미래를 바라보는 현재주의가 작동하는 것이다. 자신의 현재 상태에 따라서 자신이 판단하고 있는 상황에 어울리는, 좀더 자세히 말하자면 자신에게 유리할 수 있는 조각을 기억과 상상에 끼워넣는 것이다. 그래서 같은 현장에 있었던 사람들이 나중에 회상할 때면 모두 조금씩 다른 기억을 얘기하게 된다. 이것은 기억의 한계가 아니라 인간의 한계다.

하버드대학 심리학과의 대니얼 섹터 교수는 인간이 보이는 기억의 오류를 7가지로 나누어 설명하고 있다.[3] 망각에 의한 것으로 일시성, 방심, 그리고 차단이 있고, 왜곡이나 부정확한 것으로는 오귀인, 암시성, 편향이 있다. 마지막으로는 병적인 기억으로 집착이 있다. 일시성이란 기억을 소환하는 접근성이 시간이 흐르면서 감소하는 것을 말하는데 초기에는 구체적이었던 기억이 시간이 지남에 따라 재구성되면서 점점 일반적인 기억으로 변한다. 방심은 주의를 안 했기 때문에 기억을 잘 못하는 것을 의미한다. 정보를 장기 기억으로 새기려면 지속적인 주의를 기울여야 하는데 인간은 그럴 수 없기 때문에 자동차 키를 어디에 놓았는지 잊어버리는 흔한 경우를 당하게 된다. 차단은 기억 속에 있는 정보를 빼내는 것에 실패하는 경우를 말한다. 무언가를 알고는 있는데 구체적으로 말을 못하고 혀끝에서 맴도는 현상이 그것이다.

일상생활에서 매우 흔하게 나타나는 실수로 어떤 사건에서 정확한 기억의 출처를 혼동할 때 이것을 오귀인이라고 한다. 인간의 기억에 대해 연구해온 세계적인 심리학자 래리 자코비는 1989년 36명의 학생을 대상으로 '하룻밤 자고 나니 유명인이 되었다'는 매우 유명한 실험을 진행했다. 학생들은 첫날 잘 모르는 이름들을 제시받았고 일부의 이름에만 친숙해지도록 네 번 반복되었다. 하루가 지난 다음 날 학생들에게 다시 여러 이름이 주어지면서 목록에 있는 이름들이 유명인의 이름인지 아닌지를 판단하도록 요구되었다. 자코비는 둘째 날의 이름 목록에 전날 제시된 이름뿐만 아니라 실제로 유명 인사의 이름을 포함시켰다. 그러고는 한 가지 힌트를 주었는데 전날 봤던 이름들은 모두 유명인이 아니라고 알려주었다. 하루가 지났기 때문에 학생들은 전날의 이름들이 잘 기억나지 않았고 힌트에 의존하여 전날 본 이름이 기억나면 유명인이 아니라고 했는데 문제는 잘 기억나지 않는 이름들이었다. 하지만 네 번이나 반복된 이름이 친숙하기는 한데 이것이 전날 본 것인지 아닌지 확신할 수 없었기 때문에 학생들은 출처를 고민하기보다는 그냥 힌트를 믿고 친숙한 이름을 유명인이라고 답한 것이다. 그 이름이 왜 유명한지 생각해보려는 고민이나 노력도 하지 않은 채 틀린 기억의 출처에 따라 학생들은 쉽게 답을 했고 그 이름들은 '하룻밤 사이에 유명인'이 되어버렸다.[4] 기억을 인출하는 것은 쉬울 것 같지만 사실은 매우 힘이 들어가는 일로, fMRI 스캐닝 연구에 따르면 기억의 출처에 대한 판단을 할 때 전전두엽에 큰 부하가 걸리는 것이 확인되었다. 그래서 사람들은 골치 아픈 일을 하기 싫기 때문에 기억에 대한 오귀인은 주변에서 흔히 관찰되는 현상이 되었다.

워싱턴대학 심리학과의 엘리자베스 로프터스 교수 또한 기억에 관한 세계적인 실험심리학자다. 그녀의 유명한 가짜 기억 이식 실험은 우리 기억이 얼마나 허구이고 조작될 수 있는가를 보여준 기념비적인 연구였고 그녀 또한 테드 강연장을 뜨겁게 달구었다. 물론 로프터스에 반기를 드는 페미니스트와 성폭력 피해자 그룹이 있지만 대니얼 섹터 교수의 암시성은 로프터스의 이론을 지지한다. 암시성은 개인이 가지고 있던 기억에 외부로부터 받은 잘못된 정보가 통합되어 원래의 기억이 바뀌는 현상을 말한다. 그녀는 교통 신호등을 가지고 실험을 시작했다. 실험 참여자들에게 "방금 신호등이 노란색이 아니었나요?"라고 질문하면서 신호등 색깔이 노랑일 것이라는 가능성을 암시했다. 그러자 신호등이 실제로는 빨간불이었는데도 불구하고 사람들은 그것이 노랑이었다고 기억했다. 또한 텅 빈 거리에 복면을 한 남자가 등장하는 영화를 보여주고는 "그 사람의 얼굴에 수염이 있었던 것을 기억합니까?"라고 암시하면서 물었다. 그러자 많은 참여자가 남자의 얼굴에 수염이 있었다고 기억했다. 로프터스는 "현실과 상상을 구분하는 것은 아주 얇은 막 하나다"라고 말한다. 그녀는 인간의 기억이 미묘한 힌트에 의해 어떻게 조작될 수 있는가를 실험으로 입증한 것이다.[5] 2013년 테드 강연에서 그녀는 유명한 자동차 충돌 사고 실험을 예로 들었다. 피험자들에게 자동차 사고 장면을 영화로 보여준 뒤 자동차들이 사고 당시에 얼마나 빨리 달리고 있었냐고 물었는데 질문 중에 '박살smash'이라는 제시어를 받았던 사람들은 '부딪침hit'이라는 단어가 제시된 사람들에 비해 차가 더 빨리 달리고 있었다고 대답했다. 로프터스는 더 극단적인 기억의 이식 실험도 예로 보여주었다. 역시 암시성 제안 방법을 이용해 피험자들에게 대여섯 살 어린 시절에 쇼핑센터에서 길을 잃었다는 거짓 정보를 알려주었다. 그랬다면 겁에 질리고 울었을 텐데 결국 나이 든 사람이 구해주어 가족을 찾는다는 스토리다. 그런 기억이 없다는 피험자에게 기억을 잘 더듬어보라고 했더니 며칠이 지나면서 길을 잃었던 것 같다며 기억을 만들어냈고, 어떤 피험자는 가짜 기억에 살이 붙어 당시의 세부 상황을 '기억'해내기도 했다. 그녀는 실험 대상자의 4분의 1에 이런 기억을 이식하는 데 성공했다고 했다.[6]

우리 기억은 특이하게도 일관성 있게 한 방향으로 왜곡될 수 있다. 이것을 편향이라고 하는데 자신이 가지고 있던 지식이나 신념으로 인해 새로운 경험과 기억을 할 때 그 방향으로 영향을 주는 것이다. 인간은 현재 알고 있거나 믿는 것에 일치시키기 위해 과거 기억을 일관된 것으로 재구성하는 편향을 보인다. 대니얼 섹터 교수의 7가지 기억의 오류 중 마지막은 집착이다. 이것은 자신이 잊고 싶은 사건과 관련된 기억이 자꾸만 병적으로 떠오르는 오류다. 특히 외상후 스트레스 증후군에서 사건의 기억이 계속 나고 사건을 회상하면 실제와 같은 신체의 생리적인 반응이 보이는 경우를 말하는데 특별한 단서가 없어도 갑자기 기억이 떠올라 신경을 거스르기 때문에 지속적으로 문제를 일으키게 된다.

사회적 교류를 해야만 하는 인간으로서는 타인과 대화하고 서로의 경험을 공유하는 과정에서 자연스럽게 기억이 변형될 수 있다. 기억을 인출하는 단계에서 타인이 얘기했던 기억을 자신의 기억으로 오인하여 인출하는 것을 '기억 동조'라고 한다. 사람의 집단 동조 현상에 대해 앞서 솔로몬 애시의 실험을 예로 들어 설명했는데, 심리학자들은 동조 행위의 이유로 본인의 생각이 불확실하다고 느껴 타인의 판단을 더 신뢰할 때, 혹은 사회의 영향이 주는 부담감 때문에 다수의 의견을 따르게 될 때를 들었다.[7]

미카 에델슨은 2011년 『사이언스』지에 실린 연구에서 매우 흥미로운 실험을 수행했다. 실험 참여자들은 다섯 명씩 범죄 관런 비디오를 시청한 후 일주일 뒤에 앞서 봤던 비디오 내용에 대해 기억해내도록 했는데, 조작된 내용을 얘기하도록 사전에 교육된 네 명의 실험 도우미가 다섯 번째 피험자가 대답하기 전에 먼저 발표를 했다. 다시 일주일이 지나 참여자들은 같은 실험을 반복했는데 이번에는 앞의 네 명의 응답에 오류가 있었다는 설명을 미리 하고 오로지 본인의 기억에 의존해 회상하도록 했다. 실험 결과 도우미들이 조작된 답을 먼저 얘기한 경우 70퍼센트의 피험자들이 그들의 판단에 동조하는 의견을 냈다. 특이한 것은 앞사람들의 의견이 조작된 것이라고 알려줬는데도 피험자의 40퍼센트가 여전히 앞서 제시된 사실을 '기억'한다고 답했다는 점이다. 에델슨은 이것을 '사적인 기억 동조private conformity'라고 표현하고 사회적 상호작용의 영향으로 왜곡된 기억이 자신의 기억으로 각인되었기 때문이라고 했다. 반면에 30퍼센트의 피험자가 처음에는 동조했지만 여기에서 벗어나 올바른 기억을 말한 것을 '공적인 기억 동조 public conformity'라고 불렀다. 이것은 사회적 압력으로 앞사람의 기억에 동조하는 반응을 보였지만 여전히 자신의 기억이 옳다고 믿는 상태를 말한다. 계속되는 연구에서 에델슨은 영구적인 사적 기억 동조군이 일시적인 공적 기억 동조군에 비해 기억 부호화의 중추 영역으로 알려진 해마와 좌측 해마방회 영역이 더 활성화되고, 편도체와 해마 영역의 연결에서 활성화 패턴이 유의하게 상관관계를 보였음을 밝혀냈다. 이것은 거절할 때의 두려움으로 활성화되는 편도체가 사회적 영향에 의해 해마의 기억과 상호작용을 하고 그 영향으로 장기적으로 기억이 왜곡될 수 있음을 보여주는 것이다. 반면에 일시적 기억 동조를 보인 군은 오류를 탐지하는 전대상피질의 활성화가 두드러지게 나타났다. 이 경우에는 기억의 동조가 공고화되지 않도록 오류를 인식하는 활동이 뇌에서 활발하게 이루어졌음을 보여준다.[8]

대니얼 섹터의 7가지 기억의 오류와 미카 에델슨의 기억의 동조 현상은 우리 삶과 매우 밀접하게 연관되어 있다. 우리는 이 현상을 일상적으로 경험하면서도 실제로는 잘못 기억하고 있다는 것을 모르고 지낸다. 대니얼 카너먼의 '피크-엔드 법칙'처럼 일상의 경험 중에서 모든 것을 기억할 수는 없으니 '피크'와 '엔드'만 기억하는 우리는 중간중간 비어 있는 부분을 마음껏 채워넣을 수 있게 되는 것이다. 행복하고 즐거웠던 순간들을 기억할 때 사이에 끼어드는 가짜 기억들은 조연도 아니고 단역에 불과하다. 당연히 좋은 기억 드라마의 주제가 달라지지는 않는다. 반면 손실을 두려워하고 회피하는 데 유난히 발달된 인간은 나쁜 기억에서 빠져나오지 못할 때 그리고 나쁜 기억에서 벗어나려 애쓸 때 더욱 기억의 왜곡에 취약해진다. 사이에 끼어든 기억이 조연의 역할을 넘어 주연을 넘보는 것이 문제다.

나쁜 기억의 왜곡

일화 기억: 낙지를 먹고 배탈난 사람이 빨간 국물을 피하는 이유

어느 공원의 빨간 벤치. 불안정하고 날카롭던 가을 공기가 서서히 겨울로 흘러들고 있었다. 에이머스 데커는 벤치에 앉아 기다렸다. 참새 한 마리가 앞을 휙 스치더니 지나가는 자동차를 아슬아슬하게 피한 다음 위로 솟구쳐 산들바람을 타고 날아갔다. 그는 자동차가 사라지기 전에 브랜드, 모델, 등록번호, 그 밖의 특징까지 파악했다. 앞에는 남편과 아내. 뒷좌석 보조의자에 아이 하나. 그 옆에 더 큰 아이. 열 살 정도. 뒤 범퍼에는 스티커가 붙어 있다. '우리 아이는 손크레스트 초등학교 우등생.' 축하해. 방금 사이코한테 당신네 똘똘한 애를 잡아가라고 광고했군. 근처 정류장에 버스가 섰다. 그는 그쪽으로 시선을 돌려 아까처럼 관찰했다. 승객 열넷. 아직 한낮인데도 대부분 우울하고 지쳐 보인다. 활기찬 아이 하나가 펄떡거리고 있긴 하다. 그 옆에는 애 엄마가 무릎 위에 두툼한 가방을 얹고 늘어져 있다. 운전수는 신참인지 긴장한 낯빛이 역력하고, 운전대 조작에 절절매고 있다. 앞쪽 모퉁이에서 어쩌나 굼벵이처럼 도는지 버스 엔진이 꺼진 것처럼 보인다. 비행기 한 대가 머리 위로 날아갔다. 그리 높지 않아 번호를 확인할 수 있었다. 유나이티드 737. 날개가 작은 것으로 보아 나중에 나온 모델이다. 737이라는 숫자 때문에 머릿속에 은색이 번진다. 737이라는 숫자는 아름다운 혼합물이다. 총알처럼 미끈하고 빠른 은색. 7로 시작하는 것은 뭐든 은색으로 저장된다. 모든 비행기에 7로 시작하는 번호를 붙이는 보잉에 고마워해야 할 것 같다고 그는 생각한다. 젊은 남자 둘이 걸어 지나갔다. 관찰. 입력. 한 명은 연장자에 덩치가 큰 대장, 다른 한 명은 놀림거리 역할을 하는 부하. 그는 거리 건너편 공원에서 놀고 있는 아이 넷을 포착했다. 나이, 계층, 미아 방지를 위한 식별 번호, 집단 내 서열. 위계는 이미 여섯 살 이전에 결정된다. 늑대 무리와 똑같다. 다음은 개를 데리고 가는 여자였다. 저먼 셰퍼드. 많이 늙은 개는 아니지만 엉덩이 쪽이 부실하다. 그 견종에서 흔히 나타나는 형성장애로 보인다. 분류 완료. 스마트폰에 대고 지껄이는 남자 하나. 에르메네질도 제냐 양복, 미끈한 구두는 구치, 왼팔에는 25센트 동전만 한 보석이 박힌 황금색 팔찌. 슈퍼볼 반지와 비슷하게 생겼다. 오른손목에는 4000달러짜리 제니스 시계. 프로 운동선수치고는 몸집이 너무 작고 적합한 체형도 아니다. 그렇다고 마약상이라고 하기에는 지나치게 잘 차려입었다. 헤지펀드 매니저나 의학전문 변호사 혹은 부동산 개발업자로 추정된다. 저장 완료.

이상은 세계적인 베스트셀러 『앱솔루트 파워』의 저자인 범죄

소설가 데이비드 발다치의 최근 시리즈 소설 『모든 것을 기억하는 남자』의 한 장면이다.[9] 주인공 에이머스 데커는 미식축구 선수로 뛰다가 경기 중에 충돌 사고가 나면서 과잉기억증후군을 갖게 된다. 병적인 능력을 활용해 형사가 된 그는 어느 날 잠복 근무를 하고 귀가했다가 가족이 처참하게 살해당한 현장을 목격하고 좌절했지만 점차 회복하면서 그의 기억 능력으로 범인을 찾아 나서게 된다. 과잉기억증후군은 학습이나 암기 능력과는 상관없이 자신에게 일어난 모든 일을 기억하는 기억 장애를 의미한다. 2006년 영국의 질 프라이스가 최초로 과잉기억증후군 진단을 받았는데 그녀는 14세부터 살아온 모든 날을 기억했다. 제임스 맥거프 미국 캘리포니아 어바인대학 교수의 연구에 의하면 질은 학습과 암기력 등은 보통 수준이었고, 일반 사람들이 과거 기억을 우측 전두엽에 저장하는 데 반해 그녀는 우측과 좌측 전두엽 모두에 저장하는 특징을 보였다고 한다.[10] 데이비드 발다치의 소설 문구를 보면 관찰, 입력, 포착, 저장 완료 등의 사진 기술 혹은 컴퓨터 관련 용어가 사용된다. 주인공 데커는 주변에서 벌어지고 있는 모든 상황과 이어지는 변화를 사진 찍듯이 머릿속에 저장하고 있는 것이다. 학생 때 최상위권 친구들이 가지고 있어 늘 부러워하던 것 하나가 포토그래픽 메모리였다. 사실 정상인에게는 칭찬과 부러움의 의미로 과장된 표현이 되지만 질병으로는 가능한 기억이다.

킴 픽은 영화 「레인 맨」의 실제 모델인데 서번트 증후군 환자다.

서번트savant는 석학을 뜻하는 단어다. 지능 지수는 70 정도로 지적장애와 동일한 수준이지만 지식 지수는 184로 엄청난 집중력과 기억력을 가지고 있었다. 그는 우편번호부를 통째로 외웠고, 과거의 특정한 날짜를 지목하면 무슨 요일인지, 오늘이 그날로부터 며칠째인지 바로 알아맞혔다. 그는 수많은 책 내용을 모두 암기했지만 일상생활에서는 어린아이가 간단히 할 수 있는 일도 혼자서 하지 못했다.[11] 에이머스 데커의 과잉기억증후군과 킴 픽의 서번트 증후군에서 묘사되는 사진과 같은 기억을 일반 사람들도 어느 정도는 경험하고 있다. 일반적으로 기억은 인출 과정을 의식하는지 여부에 따라 '암묵 기억'과 '사실 기억'으로 나뉜다. '암묵 기억'은 절차 기억처럼 자전거를 타거나 옷의 단추를 끼우듯이 생각하지 않고도 기억해내서 행동을 수행하게 하는 기억을 말한다. '사실 기억'은 인출 과정이 의식되고 언어로 표현할 수 있는 기억인데, '사건 기억'과 '의미 기억'으로 구분된다. '사건 기억'은 시간과 장소가 따라붙는 기억이 된다. '의미 기억'은 경험이 배제된 지식적인 기억을 의미한다. 사건 기억은 '일화 기억episodic memory'이라고도 불리며 우리가 과거를 기억하는 대부분의 사건과 경험이 이것이다. 언제, 어디서, 무슨 일을 했는지 누구는 생생하게 누구는 어렴풋이 기억을 하는 것이다.

엘리자베스 로프터스의 자동차 충돌 사고 실험을 조금 더 자세히 살펴보자. 이 연구의 두 번째 실험에서도 실험에 참여한 학생들은 자동차 사고 비디오를 먼저 시청했다. 이 중 50퍼센트는 "차들이 서로 부딪쳤을 때 얼마나 빨리 달리고 있었나요?"라는 질문을 받았고 나머지 50퍼센트는 "차들이 서로 박살났을 때 얼마나 빨리 달리고 있었나요?"라는 질문을 받았다. 그로부터 일주일 후 학생들을 다시 불러 사고 장면에서 깨진 유리창을 봤는지 여부를 물어봤다. '박살'이라는 제시어가 질문에 들어간 군에서 '부딪침'이 들어간 군보다 두 배 많게 깨진 유리창을 봤다고 했다. 사실 사고 현장에서 유리창은 전혀 깨지지 않았다.[12] 다시 말해 경험 후의 정보가 사람의 기억에 영향을 준 것이다. 이처럼 일화 기억은 사건 후 정보 중에 단어 하나만 바뀌어도 사람의 기억이 왜곡될 수 있다는 문제를 안고 있다.

스탠퍼드대학의 인지 심리학자 고든 바우어는 사람들이 중요한 결정을 내릴 때 기억이 어떤 역할을 하는지 보고자 모의 배심원 실험을 수행했다. 피고인 샌더스는 자신의 차를 몰다가 정지 신호를 무시했고 청소차와 충돌하는 사고를 냈다. 당시 알코올 농도 측정이 되지 않은 상태였지만 음주 운전 같았다는 목격자의 증언이 있어 재판을 하게 되었고 모의 배심원단은 두 군으로 나뉘어 사고가 나기 전에 샌더스가 파티에서 보인 행동을 다음과 같이 제시받았다. a) 샌더스는 밖으로 나가다가 음식 테이블 앞에서 비틀거리며 접시를 떨어뜨렸다. b) 샌더스는 밖으로 나가다가 음식 테이블 앞에서 비틀거리며 과카몰리 소스 접시를 바닥에 떨어뜨려 붉은 소스가 바닥의 하얀 카펫을 빨갛게 물들였다. 원래대로라면 이 두 증언이 샌더스의 판결에 영향을 미칠 수는 없다. 붉은 소스가 바닥에 떨어졌는지 여부가 음주 운전과 논리적으로 연결되지는 않기 때문이다. 그런데 붉은 과카몰리 소스 정보를 들은 배심원단에서 샌더스를 유죄로 보는 경향이 더 강하게 나왔다.[13]

사람들은 기억 속의 정보가 선명할수록 그 정보를 더 잘 이용할 수 있다. 선명한 일화 기억은 가용성 휴리스틱으로 쉽게 작동하며 나 자신의 행동을 지배하게 된다. 낙지를 먹고 심하게 배탈이 났던 사람은 나쁜 기억이 생김으로써 그 이후로 일정 기간 낙지를 피하게 된다. 그런데 나중에 같이 식사했던 동료로부터 그 당시 낙지 요리가 너무 매웠다는 정보를 추가로 받게 되면 그 사람의 기억에는 '낙지'가 자신을 고생시켰다기보다 '매운 낙지'가 문제였다는 기억의 왜곡이 일어나면서 '매운' 음식에 대한 두려움도 같이 발생하는 것이다. 식당에서 자주 보는 뜨거운 김이 오르는 빨간색 음식은 기억에 선명하게 남아 과거의 낙지 요리 기억과 합쳐지고, 배탈을 일으켰던 기억은 빨간색의 매운 국물에 주도권을 빼앗긴 채 빨간 국물만 봐도 복통이 떠오른다.

다른 예를 살펴보자. 가해자와 피해자가 있는 사건에서 둘 사이에 사소한 사건이 일어났을 때 가해자는 무심코 지나갔지만 피해자에게는 예외적인 상황이 될 수 있다. 법적인 문제가 된 경우에 가해자는 과거 기억을 못할 수도 있지만 피해자는 매우 선명한 일화 기억을 갖게 되는데, 더 중요한 점은 피해자가 느끼기에 충격적인 사건이었다면 사건 후의 정보가 유입되면서 나쁜 기억을 더 공고화하는 기억의 왜곡이 일어날 개연성이 높아진다는 것이다. 앞서 예로 들었던 헨리 몰레이슨을 기억하는가? 그는 난치성 간질을 치료하기 위해 양측 측두엽, 해마, 편도체를 제거한 뒤 간질은 좋아졌지만 다른 사람과 대화를 해도 수 분이 지나면 기억을 못하고 매일 보는 의사도 처음 보는 사람처럼 대하게 되었다. 일화 기억에는 편도체와 해마가 매우 중요한 역할을 하는 것이다. 편도체가 크게 활성화되었던 두렵고 정신적인 충격을 받은 상황에서 해마를 비롯한 인근 뇌 영역과 전전두엽은 어떻게든 편도체에게 도움을 주려고 대응한다. 그것은 편도체의 강력한 활동에 당위성을 부여하려는 방향으로 움직일 것이다. 편도체는 제어당하는 곳이 아니다. 우리 인간은 감정이라는 시스템 1이 이성이라는 시스템 2를 지배하기 때문에 시스템 2는 지원자의 역할을 충실히 할 뿐이다. 세월이 많이 흐른 뒤 피해자가 기억을 유출할 때 그것이 매우 선명한 기억이라면 오히려 기억의 왜곡 가능성이 있을 수 있다. 인간의 거짓 기억에 대한 연구로 유명한 엘리자베스 로프터스는 그 반대급부로 페미니스트와 성폭력 피해자 그룹으로부터 적대 행위를 당한다고 기술했다. 로프터스는 테드 강연의 마지막에 이런 얘기로 끝을 맺었다. "대부분의 사람은 자신의 기억을 소중히 여깁니다. 그 기억들이 자신의 정체성을 나타내고 자신이 누구인지를 알게 해줍니다. 저도 그렇게 느끼고 감사히 여깁니다. 하지만 저는 그 안에 이미 얼마나 많은 허구가 존재하는지 알고 있습니다. 누군가가 여러분에게 뭔가 이야기하고, 그것도 사소한 부분까지 자신 있게 말하고 또 감정까지 표현했다고 해서 그런 일이 정말로 일어난 것은 아닙니다. 우리는 옳은 기억과 거짓 기억을 안정적으로 구분해낼 수 없습니다."

섬광 기억: 9.11 테러 당시 부시 대통령이 TV로 본 비행기는?

"이상하게 떨리더라. 하나도 안 변한 거 있지? 택시 안에서 그를 보게 된 게 얼마나 다행인지 몰라. 걸어가다 마주쳤으면 어떡해. 휴우!" 출근길 택시 안에서 학창 시절 남자 친구가 걸어가는 걸 봤다는 친구가 살짝 얼굴을 붉힌다. 친구도 가을을 타나? "10여 년이 지났는데 아직 뭐가 남아 있어?" 놀리듯 물었다. "음, 첫 키스의 남자니까." 아, 무엇이든 첫 번째 경험은 지워지지 않는 법. 게다가 여자들의 로망, 키스 상대라면 더더군다나. "집에 데려다주었는데, 인적 없는 골목에서 갑자기 키스를 하더라. 낯선 느낌이라 당황했지. 하지만 아직도 생생해."

김현주의 짧은 기고 글 「첫 키스 기억나십니까」의 일부다.[14] 어느 누구에게도 첫 키스는 잊지 못할 중요한 사건일 수 있다.

1977년 사회심리학자 로저 브라운과 제임스 컬릭은 충격적이거나 중요한 사건에 대해 선명하고 자세히 기억하는 것을 '섬광 기억flashbulb memory'이라고 명명했다.[15] 첫 키스에 충격적이라는 형용사를 붙일 수는 없지만 매우 강렬한 감정을 불러일으킨 사건임에는 틀림없다. 키스만 기억하는 것이 아니라 '인적 없던 골목'도 기억나고 시간과 장소 모두 선명하게 떠오르며 그때의 감정도 '낯선 느낌에 당황한 것까지 생생하게' 기억나는 것이다. 기억 연구에서 보면 섬광 기억은 '9.11 테러' 같은 큰 사건을 기억하려고 할 때 오랜 시간이 지났는데도 불구하고 그 당시에 자신이 어디서 무엇을 하고 있었는지를 정확하게 기억하는 것을 말한다. 그런데 특이한 점은 더 명확하게 기억하고 있을 것만 같은 섬광 기억에서 기억의 왜곡이 더 잘 일어난다는 것이다. 크리스토퍼 차브리스는 유명한 그의 저서 『보이지 않는 고릴라』에서 섬광 기억의 오류에 대한 두 가지 예를 들었다.[16]

케네디 대통령이 암살당하고 미국 국민이 침통해하던 시기에 한 여론조사가 시행되었고 여기서 국민의 3분의 2가 3년 전 대선 때 케네디를 찍었다고 응답했다. 1960년 대선 결과를 보면 5대 5의 대접전이었기 때문에 여론조사에 응답한 사람 중 일부는 암살당한 대통령에 대한 추모의 감정으로 기억을 왜곡시켜 답했던 것이다. 또 다른 예는 부시 대통령에 관한 에피소드다. 9.11 테러 당일 부시 대통령은 플로리다의 한 초등학교에서 학생들에게 『귀

염둥이 염소』이야기를 읽어주고 있었다. 이때 육군 참모총장이 교실에 들어와 대통령에게 귓속말을 했고 부시는 놀라서 어리병병한 표정을 지었다. 부시는 교실에 오기 전에 이미 한 대의 비행기가 세계무역센터 건물에 부딪혔다는 것을 보고받았고 경비행기가 비행을 잘못하여 사고를 낸 정도로만 알았다가 두 번째 여객기가 건물에 충돌했고 이것이 적의 공격이었다는 소식을 참모총장으로부터 전해 들은 것이었다. 이후에 부시는 공식 행사에서 자신이 방문한 학교 교실로 들어가기 전에 TV로 첫 번째 여객기가 건물에 부딪히는 광경을 봤다고 얘기했다. 사실 테러 당일에 TV에 보도된 충돌 영상은 모두 두 번째 비행기가 부딪힌 것이었다. 부시 대통령의 기억에 결코 악의가 있었던 것은 아니겠지만 타인으로부터 보고받았던 것과 본인의 기억이 섞이면서 선명하게 기억나야 했을 그의 섬광 기억은 왜곡되고 말았다. 차브리스는 그의 글 말미에서 이렇게 말했다. "감정적인 기억들은 정확성에 관계없이 강하고 생생한 기억력을 만든다. 감정적이며 생생한 내용들에 동반되는 기억을 조심하라. 그것들은 일상적인 기억만큼 틀릴 가능성이 높지만 이를 깨닫기는 어렵다." 나쁜 경험은 그 경험 그대로를 기억하기보다 나쁜 경험 당시와 사건 이후의 추가 경험에 관련된 강렬한 느낌이 원래의 기억에 혼합되어 왜곡된 기억으로 남기 쉽다는 의미다.

해마와 편도체는 일화 기억과 섬광 기억에 매우 중요한 역할을 하는 영역이다. 해마는 잘 알려져 있듯이 단기 기억의 저장소다. 만약 해마가 손상을 받았다면 인간은 수 분 정도 지나 직전의 기억을 잊어버리게 된다. 그리고 편도체는 섬광 기억을 저장하는 장소다. 충격적이고 강렬한 감정 기억의 형성에 있어 핵심이 된다. 섬광 기억을 가지고 싶어도 해마와 편도체의 손상으로 가질 수 없다면 어떤 느낌일까? 아니 그 섬광 기억이 하루를 넘기지 못하기 때문에 매일 같은 섬광 기억을 반복한다면 어떤 느낌일까? 애덤 샌들러와 드루 베리모어가 열연한 2004년 개봉 영화 「첫 키스만 50번째」는 바로 그 모습을 보여준다. 하와이에서 동물원 사육사로 일하는 헨리는 식당에서 와플을 만드는 루시에게 첫눈에 반한다. 그러나 헨리에게 호감을 가졌던 루시는 다음 날 헨리를 마치 처음 보는 사람처럼 대한다. 사실 루시는 교통사고로 머리를 크게 다친 후 단기기억상실증에 걸린 상태였다. 아침에 일어나면 전날 기억이 사라져 늘 사고 당일의 삶을 살아간다. 하루 동안만 자신을 기억하는 그녀에게 헨리는 사랑으로 다가갔고 언제나 첫 만남인 것처럼 그녀의 마음을 얻으려고 정성을 다한다. 루시가 말한다. "첫 키스만큼 좋은 건 없어요." 매일이 섬광 기억이어도 그것이 영원할 수는 없나보다.

제7장
망각

레테의 강:
드라마 「도깨비」의 망자의 찻집

2016년 말 대한민국의 겨울을 뜨겁게 달구었던 드라마 「도깨비」
에는 1000개의 찻잔으로 둘러싸인 '망자의 찻집'이 나온다. 저승
사자는 이곳에서 망자를 일일이 맞으며 위로를 하고 훈계를 하기
도 한다. 그는 망자에게 차를 대접하는데 늘 이런 말을 건넨다. "망
각의 차입니다. 이승의 기억을 잊게 해줍니다." 물론 망자는 이 차
를 마실 수도 있고 거절할 수도 있다. 어떤 이는 이승의 기억이 많
이 아파 차를 마실 것이고 또 어떤 이는 이승의 기억에 만족해 환
생을 꿈꾸며 차를 마시지 않을 수도 있다. 이 흥미로운 설정은 아
마도 그리스 신화에 나오는 '레테의 강'에서 모티브를 딴 것으로
보인다. 그리스 신화에는 하데스가 지배하는 명계로 가는 동안 망

자가 건너야 하는 다섯 개의 강이 있다. 아케론, 코키토스, 플레게톤, 스틱스, 그리고 레테가 저승의 강들이다. 아케론이 슬픔을 상징하고 코키토스는 탄식을 의미하는데 망자는 이 강을 건너면서 후회스러운 기억과 함께 탄식을 하게 된다. 플레게톤은 불로 이루어진 강으로 망자가 여기를 지나면서 불에 의해 영혼이 정화되고 지상과 저승의 경계를 이루는 스틱스강을 거쳐 하데스의 땅으로 들어가게 된다. 그리고 명계로 들어가면서 레테의 강물을 한 모금씩 마시게 되는 망자는 과거의 모든 기억이 사라지고 전생의 번뇌를 잊는다. 그리스 신화에는 기억의 여신도 있고 망각의 여신도 있다. 므네모시네와 레테가 그들이다.

현대사회를 보면 기억 잘하는 법을 가르치는 책이나 학원은 많지만 망각을 가르치는 곳은 없다. 분명히 요즘에는 기억이 망각에 비해 더 대접을 받는 모양새이지만 오래전 시대에는 기억과 망각이 동등하게 모두 대우받았던 것 같다. 오히려 이루 말할 수 없이 복잡해지고 잊어버리고 싶은 일이 더 많을 현대사회에 망각이 몇 배로 중요시되어야만 할 것 같은데, 상대적으로 덜 복잡했을 옛날에 망각을 중시한 것을 보면 여유가 있어야 망각도 한 자리를 차지할 수 있고 요즘을 사는 우리는 망각에까지 신경 쓰지 못하고 허겁지겁 사는 것이 아닌가 하는 생각이 든다. 그래도 우리는 망각과 함께 살고 있다. 오히려 망각을 더 많이 하고 있어서 아무 생각 없이 편안하게 잊고 살아가는지도 모른다. 기억의 대척점에 망각이 존재하는 것이 아니라 기억과 망각이 같은 방향으로 가고 있으며, 우리는 왼손에 기억을 오른손에 망각을 들고 있는 것이다.

나쁜 기억을 바로 망각할 수만 있다면 얼마나 좋을까? 외상후 스트레스 증후군처럼 매우 심각한 심리적인 트라우마를 겪고 있다면 기억을 없애는 치료가 도움이 될 수 있을 것이다. 하지만 사람이 대부분 가지고 있는 나쁜 기억은 사소하고 작은 소화험이다. 이것들이 미미한 고통일 수 있겠지만 사실은 이 고통으로부터 우리는 배우고 더 나아진다. 어느 기억까지 지울 것인지 정할 수도 없다. 많은 과학자가 기억을 지우는 약을 개발하려고 연구 중이며 일부에서는 효과를 보기도 했지만 윤리학자들은 기억을 인위적으로 지우는 것에 반대하면서 다음과 같이 얘기한다. "기억이 존재하는 데에는 그럴 만한 이유가 있다. 우리는 기억으로부터 삶의 다양한 교훈을 얻지 않는가. 불쾌한 기억도 그 나름대로 의미가 있으므로 지우는 것이 능사가 아니다."[1] 사실 옳은 말이다. 나쁜 기억만 선별하여 지워버린다면 잘못한 행동에 대해 인간은 무감각에 빠지기 쉽고 자신에 대한 성찰이 이뤄지지 않아 스스로 고통을 딛고 발전하는 모습을 기대하기 어려워진다. 누구는 좋은 기억마저 과분하다고 느껴 지우고 싶어할지 모른다. 망각의 범위를 정하지 못하는 인간은 그래서 레테의 강물을 마시고 전생의 모든 기억을 없애는 데 동의하는 듯싶다. 하지만 죽어서도 버리고 싶지 않은 아름다운 추억이 분명히 있을 테니 그들만 따로 떼어 주머니에 고이 집어넣고 저승의 길을 걸을 수는 없는 것인지…….

「도깨비」에는 많은 죽음이 등장한다. 수많은 망자가 망각의 차, 아니 레테의 강물을 마시고 전생을 잊기 원하지만 사실 기억하고 싶은 이승을 사는 것이 우리 인간이 가치를 두어야 할 최고의 인생 목록이다. 먼저 떠나가야 하는 사람들을 보며 남은 사람들이 가슴 아파하고 애통해하지만 유치원 아이들을 위해 죽음을 택한 도깨비 신부인 지은탁이 망자의 찻집에서 도깨비와 저승사자에게 남긴 말은 애잔한 감동으로 다가온다. "그러니까 남은 사람은 더 열심히 살아야 해요. 가끔 울게는 되지만 또 많이 웃고 또 씩씩하게. 그게 받은 사랑에 대한 예의예요." 우리에겐 나쁜 기억을 지우는 것보다 좋은 기억을 쌓는 것이 더 필요하다.

망각에 대한 두 가지 해석: 잊히거나 잊거나

망각의 본질에 대해 두 가지 해석이 존재한다. 하나는 매우 오래된 가설이고 다른 하나는 최근에 연구된 가설이다. 아마 둘 다 맞을 것으로 보인다. 그래서 둘 사이에는 역시 '통약불가능성'이 자리한다. 오래된 가설이 보기에는 최근 가설이 이해되지 않을 것이고 거꾸로 최근 가설 입장에서는 예전 가설이 마음에 들지 않을 것 같다. 두 가지 이론은 직접적으로 비교할 수 없는 명제이기 때문이다. 100년도 훨씬 넘은 오래된 해석은 시간이 지나면서 기억이 남아 있는 정도가 감소한다는 망각 곡선 가설이고, 최근 발표된 해석은 망각이 뇌에서 일상적으로 일어나는 능동적인 활동이라는 가설이다.

독일의 심리학자 헤르만 에빙하우스는 기억에 대한 실험 연구를 개척해 1885년 망각 곡선을 창안해냈다. 망각 곡선 이론은 시간이 지나면서 기억이 남아 있는 양이 감소한다는 것이다. 에빙하우스는 의미 없는 알파벳 철자 열, 예를 들어 dihgw 등으로 망각의 양을 계산해냈는데, 정보에 대한 기억을 유지하기 위한 시도가 없으면 기억이 빠르게 사라지고 정보를 복습하면 망각의 속도가 느려지며 최종적으로는 장기 기억으로 남는 기억의 양이 많아지는 것을 수치화했다.[2] 그의 실험은 통제되어 있는 실험실 환경에서는 의미를 부여할 수 있지만 실제 세계에서는 개인의 감정이나 동기 부여 그리고 스트레스 상황이 기억에 영향을 미치기 때문에 꼭 들어맞는 것은 아니다. 그래도 에빙하우스는 과학적으로 기억을 연구했던 최초의 심리학자라는 칭송을 들었으며 연상법이 학습에 영향을 미치는 많은 실험으로 영국의 경험주의자들이 제안했던 아이디어들을 입증했다. 중요한 것은 우리 인간이 기억해야 할 정보는 노력해서 기억하고 상대적으로 덜 중요한 일들에 대해서는 각자의 망각 곡선을 보유하고 있다는 점이다.

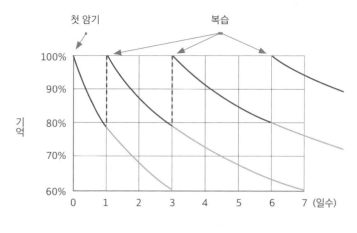

[그림 6] 에빙하우스의 망각 곡선

2012년 론 데이비스는 초파리에서 능동적 망각 현상을 발견했다. 초파리의 뇌 속에 있는 후각 또는 다른 감각의 기억을 저장하는 장소에서 도파민 생성 뉴런에 대한 연구를 진행하던 중 도파민이 망각에 있어서 중요한 역할을 한다는 것을 알게 되었다. 데이비스는 특정한 냄새를 맡았을 때 전기 충격을 느끼는 유전자를 보유한 초파리를 만들었는데 초파리는 그 냄새가 나면 도망을 갔다. 이후 연구진이 초파리의 뇌에서 도파민 세포를 활성화해 분비를 증가시켰더니 초파리가 냄새에 대한 기억을 빨리 잊게 된 것이 확인됐다. 반면 도파민 세포를 차단하면 기억이 유지되었다. 기억을 조절하는 도파민 세포는 망각에 관여하는 것으로 여겨지며, 또 다른 연구에서도 초파리의 도파민 세포가 장시간 활성화되어 있는 것이 확인되어 뇌가 망각을 위해 늘 작동하고 있음이 밝혀졌다.[3] 원래 포유류 뇌에서 뉴런 간 연결이 강화될 때 기억이 형성되는데 토론토 아동병원의 뇌과학자인 폴 프랭크랜드는 새로운 뉴런이 만들어지는 신경 생성 과정에서 거꾸로 뇌가 능동적으로 망각한다는 증거를 찾았다. 생쥐의 뇌에 신경 생성 자극을 해 기억력이 향상되는지 실험하던 프랭크랜드 연구팀은 2014년 신경 생성이 증가할 때 생쥐가 기억을 더 잘하기보다 더 잘 잊는 것을 발견한 것이다. 그는 새로운 뉴런이 해마에 결합될 경우 기존 회로에 통합되는데 만일 기존 회로에 정보가 있고 그것의 배선을 바꾸려고 하는 경우 그 정보에 접근하기가 더 어려워진다고 설명했다.

이같이 최근에 이루어진 연구들에 따르면 망각은 평상시에 일어나고 있는 뇌의 능동적인 활동이라고 한다. 즉 기억을 위해서 인간은 망각하고 있는 것이다. 능동적 망각에 시간의 변수가 더해지면 당연히 인간은 기억하려고 노력하지 않은 정보에 대해서 시간이 흘러감에 따라 자연스럽게 망각을 진행한다. 이는 망각 곡선이 존재함을 설명해준다. 기억하려고 노력하지 않는데도 불구하고 기억이 강해지는 것이 트라우마이고 소확혐이다. 이것은 망각 곡선으로 설명되지 않고 능동적 망각으로 해결되지도 않는다. 큰 상처는 마음의 흉터로 남아 망각이 뚫고 들어갈 여지를 보여주지 않는다. 생채기로 시작된 작은 상처는 그 부위의 잦은 자극에 덧나며 딱지를 만들어낸다. 크기가 커지고 모양도 변형된다. 상처는 또한 오염되기도 한다. 엘리자베스 로프터스가 말한 기억오염memory contamination은 시간이 오래 지난 후에 습득한 '사건 후의 정보'가 당사자로 하여금 무의식적으로 사건을 기억하는 방식마저 바꾸는 현상을 말한다. 물론 망각도 작동하여 나중에 기억하는 내용은 실제와 다를 수 있게 된다. 이렇게 되면 자신의 기억에 대한 확신이 얕아져야 하는데 오히려 인간은 자신을 합리화하기 위해 편향을 내세워 자신만의 나쁜 기억을 더욱 강화한다. 과거의 기억을 바탕으로 기억의 오류와 망각이 더해진 인간은 현재의 관점에서 기억을 재구성하게 된다.

명장 크리스토퍼 놀란 감독의 영화 「메멘토」는 기억에 관한 영화다. 시간의 역순으로 편집하고 현재와 과거를 교차 편집한 이 영화는 관객과 평론가들로부터 극찬을 받았다. 주인공은 아내를 살해한 범인을 찾고 있는데 문제는 자신이 단기 기억상실증을 앓고 있다는 것이다. 10분만 기억할 수 있어서 논리적인 사고가 불가능하기 때문에 메모에 적어가며 범인을 찾아 나선다. 마지막 장면의 반전에서 주인공은 그가 저질렀던 일을 감당할 수 없어 현실을 잊기 위해 자신의 기억을 왜곡했음이 밝혀진다. 그는 기억을 하기 위해 메모까지 만드는 노력을 한 것이 아니라 망각을 위해 기억을 조작하는 자기 합리화를 수행한 것이다. 그래서 「메멘토」는 기억이 아니라 망각에 관한 영화다.

건망증:
나에게는 경도의 인지 장애?

나이가 들어가며 깜빡깜빡 잊는 일이 잦아짐을 느낀다. 단순한 건망증이면 좋겠는데 옆에서는 '경도 인지 장애' 아니냐며 놀리기도 한다. 사실 경도 인지 장애는 정의상 치매로 진행되는 중간 과정으로 보기 때문에 농담이라도 기분이 서늘해진다. 내일을 예측하지 못하는 평범한 인간으로서 그런 소리를 듣고 두려워지는 것은 인지상정이리라. 듣는 순간 바로 소환혐이다. 건망증은 약속 시간이나 날짜를 잠시 망각한 경우이지만 경도 인지 장애는 약속 자체를 잊거나 그와 관련된 사실들을 완전히 망각하는 것을 의미한다. 기억력이 떨어졌다고 바로 경도 인지 장애 진단이 내려지지는 않으며 인지 기능 평가를 비롯한 여러 검사를 시행하고 오랜 기간 추적하면서 진단하게 된다. 그래도 정상 노화 현상인 건망증에 대해 인터넷의 수많은 정보를 접하는 우리는 알게 모르게 예민해질 수밖에 없다.

노화의 속도를 줄이는 가장 좋은 방법 중 하나는 운동이라고 했다. 부부가 같이 할 수 있는 운동이면 금상첨화이기에 아내에게 골프를 권유했고 이제 보기 플레이어를 넘어서려는 아내는 골프를 꽤 즐겨 한다. 겨울에 접어든 어느 주말, 친구 부부와 골프 모임을 갖기로 했다. 얄궂게도 그날따라 영하의 기온이라서 이것저것

챙길 게 많았다. 새벽에 정신없이 나와 클럽하우스에서 옷을 갈아입고 식사를 하려는데 아내가 다급하게 얘기했다. "나 국밥 시켜줘요. 밥 나오는 동안 골프숍에서 양말 사가지고 올게요. 양말을 놓고 왔나봐." 그 많은 양말을 집에 두고 또 비싸게 하나를 산다고 하니 속이 조금 쓰렸다. 오전 라운딩이 끝나고 로커룸으로 돌아왔는데 오후 조로 플레이를 시작할 중년의 두 남자가 내 앞에서 이야기를 나누고 있었다. "아이참, 집에서 나올 때 뭔가 찜찜했는데 역시나 모자를 안 갖고 왔네?" "그럴 수도 있지 뭐. 하나 사가지고 나가." 두 사람의 대화에 속으로 웃음 지으며 샤워를 하려고 준비하는데 친구가 옷도 못 갈아입고 분주하게 왔다 갔다 한다. "왜 그래?" 내 질문에 친구가 손에 로커 번호표를 든 채 난처한 표정으로 말했다. "아침에 이 번호 로커에 옷을 다 넣어놨는데 지금 열어보니 아무것도 없어." 그 번호의 로커에 넣지 않고 실수로 다른 곳에 넣었다는 의미였다. 직원과 함께 주변의 로커를 여러 개 열어봤는데 다 아니었다고 했다. 도대체 어디에 넣은 걸까? 친구는 직원과 함께 찾아보겠다며 다른 장소로 움직였다. 샤워를 마칠 때까지도 친구는 나타나지 않았고 시간이 흘러 일층 로비에 나머지 세 사람이 모였다. 자초지종을 친구 부인에게 알리고 친구를 기다렸지만 계속 소식이 없었다. 마냥 기다릴 수 없어 친구 부인에게 이렇게 부탁했다. "혹시 지금쯤 다 해결돼서 샤워 마치고 로커룸에 와 있을 수도 있으니 전화 한번 해보지 그래요?" 했더니 친구 부인이 겸연쩍은 듯 말했다. "저, 아침에 나올 때 폰을 놓고 왔나봐요."

건망증은 삶의 매우 정상적인 부분인 것 같다. 사람들이 얘기하고 걱정하는 경도 인지 장애는 아마도 대부분이 건망증일 것이다. 아니 그렇게 믿고 싶다. 경도 인지 장애는 기억력이 많이 상실되어 결국 알츠하이머병으로 이행되는 경우도 있고, 망각이 심하지는 않지만 인지 기능이 손상된 경우 혈관 치매가 의심되기도 한다. 이런 무시무시한 정보를 자주 접하는 우리는 사소한 망각에도 화들짝 놀라 자신이 경도 인지 장애에 해당되지 않을까 불안에 떨게 된다. 소확혐을 망각해야 하는데 거꾸로 작은 망각, 즉 건망증이 몇 번 있었다고 소확혐이 되어버리는 것이다. 나쁜 기억은 이상하게 잊히지도 않는다. 건망증이 심해져도 소확혐만은 초롱초롱하다. 건망증은 해마에만 들락거리고 편도체 안으로는 감히 내딛지도 못하니, 편도체에 뿌리 박힌 나쁜 기억은 잊으려 노력해서 더 못 잊고 망각에 맡기고 싶어도 문득문득 떠오른다. 나 자신의 의식과 무의식의 세계 곳곳에 알박기를 해놓은 소확혐은 꼬리인 주제에 몸통을 흔들어버린다. 꿈쩍 말아야 할 큰 몸집이 꼬리 때문에 쉽게 흔들리니 꼬리를 잘라버려야 한다는 생각만 간절해진다. 뇌와 꼬리는 물리적으로 가장 멀리 떨어져 있지만 어찌나 강하게 연결되어 있는지 꼬리가 잘리기는커녕 머리 행세를 한다. 젊어서 전전두엽을 충분히 이용하고 좋은 경험을 많이 한 치매 환자는 순하고 '예쁜 치매'로 가게 되고, 나쁜 기억에만 집착하고 늘 불안해하던 치매 환자는 화를 잘 내는 '미운 치매'로 간다. 건망증이 심해지고 경도의 인지 장애를 앓으며 치매가 되더라도 소확혐은 끝끝내 살아남는 것이 확실하다. 소확혐은 건망증과 다른 길을 걷는다. 만날 일이 없다. 건망증 때문에 괜한 걱정을 할 필요도 없다. 나이가 들며 유독 건망증이 심해진다고 불안해하지 말자. 이 또한 정상 노화 과정일 테니 삶의 일부로 같이 살아가야 한다.

그런데 잠깐, 친구가 어떻게 로커 번호를 잘못 읽었는지 궁금하지 않은가? 451을 순간적으로 421로 착각해서 벌어진 일이었다. 숫자의 인지 실패. 친구는 정상일까 아니면 경도 인지 장애일까? 갑자기 또 불안해진다.

망각의 기술:
하인 람페를 잊어야 한다는 칸트의 명령

칸트에게는 40년간 자신을 옆에서 지켜준 하인이 한 명 있었다. 군인 출신의 마틴 람페는 칸트처럼 정확했다. 새벽 다섯 시에 칸트의 침실 문을 두드려 깨우고 수프를 식탁에 준비해놓았다며 점심시간을 알려주는 그와 칸트는 천생연분이었는지도 모른다. 하지만 칸트의 말년에 람페는 부주의한 행동으로 해고당하는데, 칸트는 람페를 잊지 못했다. 헤어지고 2년 후에 칸트가 사망했는데 그의 작업실에서 메모 한 장이 발견되었다. 거기에는 이렇게 적혀 있었다. "람페라는 이름을 완전히 잊어야 해." 칸트의 '명령'이었다. 하지만 스스로에게 내린 잊으라는 명령은 곧 잊지 않겠다는 의미로 받아들여질 수밖에 없다. 『망각』의 저자 다우어 드라이스마는 기억에 일가견이 있던 칸트가 람페가 떠난 첫째 주에 망각의 기술을 그리워했던 것이 분명하다고 표현했다.[4] 사람들을 모아놓고 그들에게 "지금부터 코끼리는 생각하지 마"라고 얘기하면 지금까지 코끼리의 코도 생각하지 않았던 사람들이 코끼리를 생각하기 시작한다. 세계적인 언어학자 조지 레이코프의 책 『코끼리는 생각하지 마』는 대중에게 코끼리를 생각나게 하기 위해 코끼리라는 단어를 뇌의 기억으로 주입한 다음, 코끼리를 통해 어떤 개념이 지속적으로 떠오르도록 프레임을 거는 것을 알려준다. 사람들은 코끼리라는 프레임, 즉 기억 안에서 사고하게 되는 것이다. 칸트가 메모에 적은 망각의 명령은 기억 강화의 명령으로 바뀌었으니 이를 모를 리 없는 칸트는 하인 람페를 진실로 잊기가 싫었던 것 같다.

SF 영화의 고전으로 일컬어지는 「블레이드 러너」의 후속작 「블레이드 러너 2049」에는 수명 제한이 사라진 복제 인간 레플리칸트가 등장하고 이를 견제하는 인간의 위기감이 화면을 메운다. 복제 인간 레플리칸트와 정상적인 우리 인간과의 가장 큰 차이를 혹시 아는가? 바로 기억이다. 바로 인간은 살아오면서 쌓은 기억을 가지고 있고 레플리칸트는 회사로부터 설계되고 주입된 기억을 가지고 있다. 기억은 주입할 수 있어도 인간이 가진 마음은 주입할 수 없다. 이는 영화의 설정이지만 사실 더 중요한 감별점은 망각이다. 인간은 경험하면서 기억과 망각을 동시에 수행하지만 레플리칸트는 기억된 기억을 망각할 능력이 없다. 인공지능 시대의 새로운 용어 중 '과적합overfit'이 있다. 이것은 과거의 데이터에 과하게 학습된 나머지 실제 변수들 사이의 관계를 제대로 설명하지 못하게 되고 새로운 데이터를 예측하는 능력이 떨어지는 것을 말한다. 인공지능은 과거에 축적된 정보 기억을 스스로 지우지 못한다. 이미 학습한 데이터가 평균값으로 존재하고 새로운 상황이 나타나 이것이 극단값이 되어 평균에 영향을 미치는 노이즈가 된다면 이 노이즈를 제거하는 능력이 필요한데 인공지능은 아직 거기까지는 다다르지 못한 듯하다. 어떤 사람이 운전을 하다가 고속도로 정체 구간을 만나 앞차에 추돌하는 사고를 냈다고 치자. 다음부터 이 운전자는 앞차가 브레이크를 밟아 브레이크 등이 켜지면 자동으로 본인 차의 브레이크를 밟도록 학습된다. 만일 인간이 과거의 모든 상황을 기억만 하는 능력이 있다면 사고 당시 앞차와의 거리, 옆 차선의 여유 정도, 본인 차량 브레이크 작동 시의 정지 거리, 도로 표면의 미끄러운 정도, 또는 주변의 어두운 정도까지도 정보로 분석해야 해서 교통사고를 방지하는 데 골든 룰을 학습하기 어려울 것이다. 즉 인간은 과거의 경험에서 필요 없는 정보들은 빠르게 망각하고 가장 중요한 포인트를 기억함으로써 새로운 상황에 대처할 때 '과적합'을 피할 줄 안다. 망각의 혜택이다. 인간이 망각을 하지 못하면 과잉기억증후군에 걸리는 것이고, 망각이 너무 많으면 일화적 기억을 거의 못하는 자전기억결핍증에 빠지게 된다. 적절한 망각은 건강한 인간의 건강한 뇌를 만드는 데 매우 유용한 것이다.

영국 케임브리지대학 인지뇌과학연구소의 마이클 앤더슨 연구팀은 fMRI와 자기공명분광법MRSI을 이용해 억제성 신경전달물질인 가바GABA, gamma aminobutyric acid가 해마에서 능동적 망각을 위해 어떤 역할을 하는지를 연구했다.[5] 강박적인 사고와 자신의 뜻대로 생각을 제어하지 못하는 증상은 해마의 과잉 활동 때문인 것으로 알려져 있는데, 앤더슨은 특정한 생각을 억누르려는 사람들을 대상으로 실험해 가바 수치가 높은 이들이 기억의 센터인 해마를 억제하는 전두엽 영역이 더 넓고 망각을 더 잘 한다는 것을 알아냈다. 그동안 해마의 가바가 어떻게 원하지 않는 생각을 멈추게 하는지는 아직 밝혀지지 않았다. 또한 항불안제로 흔히 사용되는 벤조디아제핀 계열의 약이 가바 수용체의 기능을 강화해 불안을 감소시킨다고 알려져왔는데 정확한 기전은 모르고 있었다. 이러한 기전들은 앤더슨의 실험으로 설명할 수 있게 되었는데, 전두엽 피질이 해마에서 일어나는 생각을 억제하며 해마에 가바가 충분히 있어야 전두엽 피질의 명령을 잘 따를 수 있다는 점을 밝힌 것이다. 즉 벤조디아제핀에 의해 작동이 강화된 가바는 해마에서 원하지 않는 불안한 기억을 멈추게 해준다는 의미다. 벤조디아 제핀 계열의 약을 소량 투여하면 불안도 줄여주지만, 내시경 등의 시술 전에 충분한 양을 주는 경우 수면을 유도하기도 하고 수면이 안 되더라도 시술하는 동안의 나쁜 기억은 사라진다. 사실 망각하고 싶은 기억만 골라 지웠으면 좋겠지만 약물을 투여하면 정상적인 기억마저 소거된다. 기억하는 능력뿐만 아니라 망각하는 능력도 올려보려는 인간의 시도가 계속되고 있음에도 불구하고 인간의 뇌는 여전히 이것을 허락하지 않고 있다. 뒤에서 자세히 다루겠지만 약물 치료에 의한 기억 소거에는 한계가 있다. 나쁜 경험을 한 일정 시간의 사건을 편도체와 해마에서 사라지게 하는 데 성공한다 해도 인간의 뇌는 그 빈 공간이 두렵기 때문에 또다시 채우려 할 것이고 뇌의 주변 영역은 호시탐탐 기회를 노리다가 왜곡된 정보를 주입해 뇌의 주인을 혼란에 빠뜨릴 확률이 높다.

망각의 기술은 없다. 아니 망각이 기술이다. 망각을 하면서 더 즐겁고 더 아름다운 좋은 기억을 많이 채워넣는 것이 기술이다. 좋은 경험을 자주 하고 좋은 생각을 습관적으로 하면 왜곡되는 기억에도 좋은 영향을 주게 된다. 약물과 같은 외부의 힘으로 망각의 기술이 발전되는 것이 아니라 인간 스스로 부딪히고 극복하면서 나쁜 기억으로부터 벗어나는 것이 기술의 핵심이다. 만일 망각을 외부에서 조절하는 방법이 개발된다면 인간의 기억 치료에 국한되는 것이 아니라 바로 인공지능에 활용될 것이고, 인공지능은 인간에 훨씬 더 가까워지는 역사적 사건을 맞으며 미래학자 레이 커즈와일이 얘기한 '특이점이 온다Singularity is near'의 시대를 앞당기게 될 것이다. 하지만 인간의 휴머니즘은 윤리의 틀 안으로 인공지능을 밀어넣을 것이며, 집단 지성은 인간을 우주의 섭리를 따르는 최우선의 위치에 가져다놓을 것이다. 망각이 자연스러운 인간과 망각이 부자연스러운 인공지능은 그래서 이미 싸움의 결말이 나 있다.

사실 망각의 기술은 있다. 가장 훌륭한 망각의 기술은 좋은 경험하기와 좋은 기억으로 왜곡하기다. 일단 소확험이 자꾸 떠올라도 그냥 두자. 나쁜 기억은 편도체와 해마에 맡겨두고 우리는 전전두엽을 활용해야 한다. 시상하부의 쾌락 중추를 활성화해야 한다. 마음에 맞는 사람들과 여행을 떠나자. 맛있는 음식을 음미해보자. 나를 힐링해주는 책을 읽고 무엇이 좋았는지 글로 남겨보자. 친구를 칭찬해보자. 친구의 장점을 찾으려고 말도 안 되는 엉뚱한 얘기를 꺼내도 된다. 이 모든 좋은 경험은 뇌의 영역 곳곳에 기억의 절편으로 남겨진다. 시간이 흘러 자연스럽게 망각이 이루어질 것이다. 그리고 좋은 기억의 조각들은 나쁜 기억을 합리화할 무기로 사용된다. 인간은 무의식적으로 자신을 보호하고자 방어기제를 사용한다. 또한 인간은 누구나 프로이트의 방어기제를 다루는 데 천재적인 능력을 가지고 있다. 예를 들면, 친한 친구와 생각이 맞지 않아 크게 싸우고 연락이 장시간 끊겼을 때 싸움의 원인을 처음에는 상대방 탓으로 돌렸지만 점차 자신의 잘못이 아니었을까 생각해보게 된다. 둘 다 나쁜 기억이다. 다툰 상황이 일화기억으로 떠오르고 있지만 망각이 작동하며 군데군데 기억이 비게 된다. 그 빈 공간에 기억의 출처가 다른 기억이 들어올 수 있다. 친구의 장점을 떠올리고 그 친구가 나를 기분 나쁘게 한 행동은 원래 친구가 가지고 있던 장점에서 시작된 것이라고 합리화한 순간 싸움의 전개가 모두 이해된다. 실제 상황에서는 없었던 일이지만 출처가 다른 기억이 주입되면서 나중에는 내 나름대로의 맥락을 갖게 되는 것이다.

좋은 기억으로 왜곡하는 것은 인간이 가지고 있는 심리적 면역체계에서 작동한다. 대니얼 길버트가 언급한 '심리적 면역체계'는 인간이 스트레스를 받고 우울해지며 슬픔에 빠지더라도 이것을 이겨나가는 힘이 인간의 심리에 존재한다는 것인데, 바로 '회복탄력성'과 맥을 같이한다. 인간은 어떤 행동을 한 것보다 하지 않은 것에 대해 더 후회한다. 왜냐하면 우리의 심리적 면역체계는 행동하지 않은 것보다 행동한 것에 대해 더 쉽게 우리에게 유리한 방향으로 해석할 수 있기 때문이다.[6] 물론 나쁜 기억을 좋은 방향으로 왜곡하는 자기 합리화는 훈련이 필요하기도 하다. 심리적 면역체계는 고통의 강도가 셀 때 그리고 빠져나갈 구멍이 없을 때 더 작동을 잘 하기 때문에 두려워 말고 부딪치는 것이 필요하다. 인간은 겁이 많아, 무언가를 하지 않는 것보다 대담하게 일을 저지르는 것에 대해 쉽게 합리화를 할 수 있다는 것을 잘 알지 못하기에 실수를 하고 고통을 느끼더라도 저질러봐야 할 때 주저하게 되는 것이다. 소화혐을 좋은 기억으로 왜곡하는 것은 어려서부터 훈련시킬 수 있다. 늘 승용차 뒷자리에 앉아 창밖을 볼 수 없었던 아이가 시각과 평형감각의 불일치로 멀미를 시작하고 이것이 두려움이 되어 차 타는 것을 싫어하며 피한다고 언급했다. 부모는 차 타기 전에 아이가 또 멀미할까봐 아이에게 걱정의 표현을 하고, 가뜩이나 멀미의 기억으로 불안해하던 아이는 부모가 다시 떠올려준 나쁜 기억 탓에 아예 멀미하는 것으로 자포자기해버리는 이 상황에서 기억 왜곡의 훈련이 필요하다. 우선 버스나 기차같이 의자에 앉아도 창밖이 잘 내다보이는 경험을 시켜야 한다. 시각과 청각 그리고 평형감각의 일치로 인해 멀미를 하지 않았던 좋은 경험을 몇 번 하게 한 뒤 승용차 뒷자리의 시트를 높여 창밖이 잘 보이게 하면 어느 날 아이가 멀미를 하지 않고 넘어가는 날이 생긴다. 그리고 어른들이 옆에서 거들기만 하면 된다. "이제 형아가 됐구나. 키도 커져서 창밖도 잘 보고 그러니까 멀미도 안 하네. 엄마아빠도 어려서 다 멀미했고 크면서 좋아졌어." 형이나 언니가 빨리되기를 간절히 원하는 우리 아이들은 창밖을 내다보는 기억과 키가 커졌다는 기억이 주입되며 멀미라는 소화혐으로부터 벗어나기시작한다. 자동차로 여행 가기 전에 아이가 걱정한다고 멀미 방지패치를 붙이고 위생백을 준비해 아이 앞에 놓아두는 것은 아이의 멀미를 더 조장할 뿐이다. 아픈 기억은 부딪혀봐야 한다. 회피하는 것은 또 다른 나쁜 기억의 왜곡을 가져다줄 뿐이다.

영화 「블레이드 러너 2049」의 주인공 케이는 레플리칸트이고 연인으로 나오는 여주인공 조이는 인공지능 홀로그램이다. 조이는 죽기 직전까지 케이에게 헌신했고 사라지면서 케이에게 한 마지막 말도 "사랑해"였다. 잔혹한 천재 과학자이면서 레플리칸트를 생산하는 월레스 사의 CEO 월레스는 케이에게 이렇게 말한다. "고통은 네가 겪은 기쁨(조이)이 진짜였다는 것을 상기시켜주네."

제8장

치유

나쁜 기억은 통증이다:
연인과 헤어지면 발화하는 뇌의 신체 통증 영역

진실로 사랑했던 연인과 헤어지면 가슴이 미어지듯 아플 것이다. 각 나라의 언어에는 헤어짐의 상처로 인한 신체의 통증을 표현하는 말이 대부분 비슷하게 존재한다. 영어로는 '깨진 심장broken heart'이라는 표현을 쓰고 일본어나 중국어로도 역시 '가슴이 아프다'고 한다. 우리말은 실연의 아픔을 더 극적으로 표현하는데 백지영의 〈총 맞은 것처럼〉이라는 노래 가사에서는 '어떻게 헤어져 어떻게, 구멍 난 가슴에 우리 추억이 흘러넘쳐'라며 아픈 기억을 출혈이라는 은유로 나타내기도 했다. 실연은 정말로 사람을 아프게 할까? 그렇다면 얼마나 아픈 것일까? 2011년 미국 컬럼비아대학의 에드워드 스미스는 이 궁금증을 실험으로 풀어봤다.[1] 그의 연구팀은 최근 6개월 이내에 사랑했던 연인과 헤어진 40명의 참가자를 대상으로 헤어진 애인의 사진을 보여주며 fMRI 스캐너로 활성화된 뇌 영역 부위를 확인했다. 그리고 왼쪽 팔뚝에 뜨거운 열을 가해 통증을 느끼게 한 뒤 다시 fMRI로 뇌를 살펴봤다. 그랬더니 두 경우 모두에서 뇌의 배측후방섬엽이 활성화되었다. 이곳은 2차 체감각피질로 불리며 통증과 촉각을 담당하는 부위다. 마음의 상처가 신체의 통증이 되어버린 것이다. 또한 켄터키대학 심리학과의 나단 드월 교수팀은 사회적 거부, 즉 왕따를 당하고 마음의 상처를 입은 62명의 참가자를 대상으로 진통제 아세트아미노펜을 3주간 복용시켰더니 신체적 고통을 느낄 때 활성화되는 뇌 영역인 배측전대상피질과 전방섬엽의 활동이 감소함을 보고하면서 사회적 통증과 신체적 통증을 느끼는 뇌 영역이 겹친다고 결론내렸다.[2] 물론 사회적 통증이 생겼다고 진통제를 바로 복용하는 것은 약물 남용과 부작용 등을 고려할 때 권유되지 않는다. 마음의 상처는 마음으로 치료하는 것이 옳다. 여하튼 우리 뇌는 인간관계에서 느끼는 마음의 통증을 신체의 통증과 비슷하게 처리하는 것으로 보인다.

앞서 예로 들었던 자기결정권이 없는 민재의 이야기를 다시 꺼내보겠다. 민재는 하루에 100번이 넘는 트림을 하고 있었고 트림을 참으려고 하면 윗배가 아프다고 하여 병원을 찾은 환자다. 어려서부터 입이 짧아 부모가 강제로 먹이려 했고 민재의 의사와는 상관없이 늘 가족이 모든 상황을 결정해왔다고 했다. 그 아이가 싫어했던 소확혐들을 가족은 무시했고 결정권이 없었던 민재는 자동항법장치만 켠 채로 살아오다가 학습된 무기력에 더하여 스트레스를 받을 때마다 복통과 트림이 나타난 것이다. 또 한 명의 복통 환자 성필이의 이야기도 다시 해보겠다. 5년간 복통과 설사로 고생해온 성필이는 여러 병원에서 약을 받고 치료를 했으나 전혀 호전이 없었다. 5년 전 수업 시간에 대변을 참다가 실수한 뒤로 마음의 상처를 입었고 이후에는 학교에서 변 보기를 두려워하며 아침이면 복통이 생겨 대변을 보려고 화장실에 오래 앉아 있는 버릇도 생겼다. 아침 식사를 하면 학교에서 변을 보게 될까봐 아침을 거르기까지 했다. 두 아이는 자신들이 당해왔던 과거의 마음의 상처를 복통이라는 신체화 증상으로 표현했는데 나는 이것이 기능성 장애이지 질환은 아니라고 했다. 말이 기능성 장애이지 사실은 정상이다. 그러면 두 아이의 통증은 실제의 통증일까 아니면 꾀병일까? 병원에서는 이런 상황을 감별할 때 위약을 사용해본다. 정맥 주사로 식염수를 투여하면서 강력한 진통제라고 거짓말을 해보는 것이다. 어떤 아이들은 반응하고 어떤 아이들은 반응하지 않는다. 꾀병이라면 이론적으로 모두 위약에 잘 들어야 하는데 그렇지 않은 것을 보니 실제로 통증을 느끼는 것은 맞는 듯하다.

　이런 아이들의 통증에 대해 가능한 설명은 세 가지다. 하나는 강도intensity의 오인이다. 의학적으로 통증의 강도를 0에서 10점으로 표현하는데 기능성 복통을 가진 아이들은 과거에 심한 장염이나 대변의 급박감, 혹은 복부 수술 등으로 자신이 겪었던 실제의 심한 통증, 예를 들어 10점까지 도달하는 복통을 경험했고 이것은 아이에게 두려움으로 기억된다. 나쁜 기억에 예민한 아이는 또다시 이런 통증이 오는 것에 대해 불안해하며 무의식적으로 미리 겁을 먹는다. 자신이 통증을 겪었던 비슷한 환경과 상황, 비슷한 시간대, 또는 비슷한 냄새를 만날 때 과거에 당했던 나쁜 기억은 섬광 기억으로 떠오른다. 그리고 현재의 통증이 1점이라 해도 아이에게는 10점의 통증이 무서운 기억으로 소환되며 실제로 그렇게 느끼는 것이다. 10점의 통증은 매우 심한 상태이며 의학적으로 바로 좋아질 수는 없는 것이지만 민재와 성필이가 호소한 기능성 복통은 한두 시간이 채 지나지 않아 바로 가라앉는다. 실제로 아프지는 않지만 뇌가 아프게 느끼는 통증이 되었고 이런 고통은 생각보다 빠르게 호전된다. 두 번째는 앞서 언급했듯이 신체적 통증과 사회적 통증의 오버랩이다. 나단 드월의 연구팀이 왕따를 당한 사람에게 진통제 아세트아미노펜을 투약하자 배측전대상피질과 전방섬엽의 활동성이 감소되었다고 했는데 이 부위는 나오미 아이젠버거 연구팀의 왕따당한 사람의 뇌 fMRI 분석에서 신체적 고통을 당할 때 활성화되는 영역과 동일하다.[3] 사회적 연결과 사회적 고통에 대한 연구를 주로 하는 아이젠버거는 또 다른 연구에서 인체에 염증을 유발했더니 외로움과 우울한 기분을 만들어냈다고 발표했다.[4] 비슷한 맥락으로 민재와 성필이는 가족과 사회로부터 관계 단절에 준하는 나쁜 경험을 했고 이것은 뇌 안에서 신체적 통증으로 변환되었을 것이다. 두 아이의 경우와 마찬가지로 사회적 통증을 담당하는 뇌 영역이 진정되면 신체적 통증은 바로 사라진다. 세 번째로 가능한 설명은 신체적 통증의 기억을 관계에 대한 나쁜 기억에 이식하여 기억이 왜곡되는 것이다. 분명히 출처가 다른 기억인데도 가져다가 새로운 기억을 만든다. 민재는 트림을 시작하면서 통증이 생긴 게 아니었다. 언젠가 윗배가 아팠던 경험을 했고, 왜 자꾸만 트림을 하냐고 묻는 가족의 지적에 참으려고 하면 배가 아파진다는 일종의 자기 불구화 현상self-handicapping으로 상황을 모면하려 한 것으로 보인다. 배가 아팠던 기억을 가져와 트림을 참을 때의 기억으로 이식했고 이것은 자신을 보호하기 위한 기억의 왜곡이 되어 같은 일이 반복될 때마다 고정적이고 자동화된 기억으로 떠오른 것 같다. 성필이는 학교에서 대변을 보지 않기 위해 아침마다 화장실에 가는데 화장실에 오래 앉아 있는 이유는 복통이 계속 있어서였다. 대변의 절박감 등을 자주 경험했던 성필이는 복통에 대한 예민한 기억을 가지고 있었고 이는 매일 아침 학교에 가기 전에 대변을 봐야 하는 강박적 기억에 이식되었으며 반복되다보니 하나의 증상으로 기억이 왜곡된 것이다.

세 가지 설명이 각각 다른 듯 보여도 사실은 모두 같은 심리적 기전을 바탕에 깔고 있다. 반복에 의한 학습, 즉 조건화가 만들어내는 통증이다. 우리는 앞에서 파블로프의 고전적 조건화 실험을 응용해 개에게 조건화된 두려움으로 '학습된 무기력'을 만들어낸 마틴 셀리그만의 실험을 봤다. 같은 개념으로 조건화가 통증을 일으키는 데도 영향을 준다는 점이 수십 년간 여러 연구에서 보고되었다. 즉 고전적인 조건화를 통해 건강한 정상 성인에게서 통증에 대한 역치를 낮춤으로써 조건화된 통각과민증이 유발될 수 있음이 잘 알려져 있다.[5] 이것은 아마도 두려움과 불안에 의해 매개되는 것으로 여겨지는데 신경화학 그리고 신경영상 연구가 이를 뒷받침한다.[6]

조건화는 급성 통증뿐만 아니라 만성 통증도 유발한다. 일반적으로 사람은 통증에 반응할 때 대처나 회피 전략을 택한다. 대처, 즉 맞서는 전략을 택하면 사람은 통증을 일으킨 손상이 사라진 후에 더 이상의 통증과 관련된 두려움을 경험할 일이 없어 통증은 멎지만 반대로 회피 전략을 사용하면 통증 관련 공포가 진화하면서 과각성을 일으키고 신체 감각을 잘못 해석하는 등 과잉 반응을 일으키게 된다. 이런 식으로 공포와 회피가 연속되는 악순환은 통증에 대한 예민성을 더 올리고 통증을 만성화시키는 것이다. 또한 한두 번의 경험에 근거해 결론을 내리고 전혀 관련 없는 상황에서 그 결론을 적용하는 과잉 일반화 오류를 통해 통증이 만성화된다.[7] 이 같은 과잉 공포와 과잉 일반화를 제거하는 것이 나쁜 기억에 의해 유발된 만성 통증을 치료하는 최우선 목표가 될 것이다.

치료는 두 가지 방법으로 이루어진다. 첫 번째는 맥락의 이해다. 기능성 복통을 호소하는 민재나 성필이가 병원을 방문하면 일반적으로 의사는 검사를 시작한다. 병의 유무에 대한 객관적인 증거를 찾아야 하기 때문이다. 의사는 혈액 검사와 소변 검사, 엑스레이와 초음파 혹은 CT 같은 영상 검사, 그리고 마지막에는 내시경을 시행하기도 한다. 결과가 모두 정상으로 나오면 의사는 환자에게 정상이라고 통보한다. 하지만 환자는 불만이다. 왜냐하면 본인은 계속 아픈데 의사가 검사 결과 정상이어서 정상이라고 하니 승복할 수가 없다. 이런 종류의 통증을 치료하고자 할 때 의사는 환자가 왜 정상인지를 맥락을 통해 설명해야 한다. 여기에도 게슈탈트 심리학이 필요하다. 전체는 부분의 합보다 크다. 다시 말해 의사가 복통만 쳐다보면 배에 관한 검사만 시행하고 환자 주변에서 벌어지고 있는 상황 맥락을 놓치기 쉽다. 환자의 복통, 환자의 성향, 환자의 기억, 가족과의 관계, 외부 환경 등 각각은 '부분'이고 이 모두를 합쳐서 질병이 아닌 기능성 복통이라는 하나의 '전체'가 만들어지는 것인데 복통만 고려하다보면 복부 장기처럼 보이는 것만 찾아보게 될 확률이 크다. 각 '부분'을 이어주는 것이 맥락이고 이 맥락을 찾고 환자와 가족에게 알려주어 현재 나타난 통증의 원인에 대한 이해를 시켜야 통증에 대한 두려움이 사라진다.

두려움이 사라진다고 통증이 바로 없어지는 것은 아니다. 다음 단계가 필요하다. 그래서 두 번째 방법으로는 부딪치며 극복하기다. 연구에 따르면 민재와 성필이같이 기능성 만성 복통을 호소하는 아이들은 위험을 회피하려는 성향이 다른 아이들보다 의미 있게 높다는 것이 알려져 있다.[8] 회피 전략은 만성 통증을 고착화시키고 악순환에 빠지도록 만들기 때문에 아이들에게 맥락을 이해시킨 후에는 통증에 대해 적극적으로 대처하도록 격려하는 것이 반드시 필요하다. 앞부분에 예를 들면서 민재와 성필이에게 왜 통증이 나타났는지 상세한 맥락을 설명하자 두 아이 모두 미소를 지었다고 했다. 이렇게 맥락을 이해한 아이들에게 바로 시도할 것이 근성을 불러일으키는 것이다. 통증은 병이 아니고 기억의 오류일 수 있으며, 배가 아무리 아파도 곧 저절로 사라진다는 것을 확신하게 하고, 복통이 무서워 미리 회피하지 말고 그냥 부딪혀보자고 아이에게 용기를 북돋워주는 것을 말한다. 무기력에 빠진 아이도 자신을 이해하고 용기를 주면 긍정적으로 따라오게 되어 있다. 아동과 청소년 심리 연구에 의하면 아이의 대처 방식에 따라 적응적 대처인 경우 통증과 우울 증상이 감소했고 수동적 대처를 할 때는 반대로 신체화 증상과 우울이 증가한다고 한다.[9] 심리적인 통증을 호소하는 어린아이에게도 이러한 적극적인 대처를 알려주고 격려하면 단기간에 현저한 호전을 보인다. 자기효능감을 경험하기 시작한 아이들은 자신감을 회복하고 '극복'의 의미를 진정으로 깨달으며 자신이 몰랐던 자신을 되찾게 되는 것이다.

나쁜 기억이 유발한 신체화 증상 통증은 물리적으로 치료하는 것이 아니다. '치유'의 영역이다. 병이 있고 원인을 찾아 약을 써서 호전시키는 것은 '치료'다. 치유는 그보다 더 높은 치료 단계를 의미한다. 치유하는 사람도 치유받는 사람도 매우 심한 도전을 경험한다. 정상을 정상이라 설명하는 것이 얼마나 어려운지를 우리는 늘 잊고 지낸다.

두려움이 믿음을 만났을 때:
베이브 루스의 월드 시리즈 예고 홈런

외래에서 만난 여섯 살 기태의 엄마는 걱정과 두려움이 많은 예민한 사람이었다. 기태는 두 살 때 변기 훈련으로 기저귀를 떼면서 적응하지 못해 변을 참기 시작했고, 프롤로그에서 언급한 소아 변비의 기전처럼 가족들이 걱정하며 아이의 항문에 심하게 관심을 갖는 바람에 변을 안 보려 하고 숨어버리는 악순환에 빠졌다. 이후로 다른 병원에서 2년여 간 변비 치료를 받던 기태에게는 또 하나의 증상이 추가되었다. 변지림이 나타난 것이다. 팬티에 변을 소량씩 묻히는 변지림은 소아에게서 흔히 볼 수 있는 증상으로, 변비 상황에서 변을 참고 참다가 조금 흘리거나 혹은 항문이나 배변 과정에 예민해지면서 기능적으로 조금씩 묻히는 경우로 나뉜다. 기태는 처음에는 변비로 시작한 변지림이었지만 어른들의 어설픈 개입으로 항문에 대한 트라우마가 생긴 상태에서 심리적인 변지림으로 진행된 사례였다. 이러한 변지림은 항문 괄약근 운동과는 상관없이 무의식적으로 발생하는데 기태 엄마는 아이의 항문 괄약근에 문제가 생긴 것 아니냐며 병원을 찾아온 것이었다. 엄마의 걱정은 더 많이 있었다. "매일 아이 대변 때문에 걱정돼요." "아침저녁으로 변기에 앉혀서 변 보는 연습을 시킵니다." "아이가 항문이 찢어지면 안 될 것 같아요." 엄마의 불안의 근원이 무엇이었는지 확실히는 모르겠지만 엄마는 아이의 미래에 벌어질 일에 대해 과도한 집착을 보였다. 기태의 변비와 변지림 모두 질병이 아니고 결국 좋아질 텐데 그것을 모르는 엄마는 현재의 기태가 보이는 현상에만 관심을 가지고 걱정하고 있었다. 변비가 반복되거나 변을 자주 볼 때는 항문이 살짝 찢어질 수 있는 것임에도 괄약근의 손상으로까지 생각을 전이시키는 엄마는 작더라도 나쁜 경험이나 기억이 많은 듯했다. 그래도 그렇지 엄마가 왜 이렇게 아이에게 하루에 두 번이나 변 보는 연습을 시키는지가 궁금했는데 엄마의 다음 말에서 답을 찾을 수 있었다. "학교 가기 전에 대변 문제가 해결되어야 합니다." 엄마의 불안은 이것이었다. 초등학생이 되어서도 변지림이 계속되면 학급 친구들에게 창피를 당하고 왕따가 될까봐 두려웠던 것이다. 사실 심리적인 변지림은 학교에 갈 나이가 되면 대부분 좋아진다. 냄새가 나기 때문에 친구 눈치도 보게 되고 선생님으로부터 혼도 나며 창피함도 느끼면서 사회생활 속에서 스스로 익히고 극복하게 되는 것이다. 이런 과정을 혼자서 겪어봐야 하는데 괜한 걱정에 아이의 경험을 미리 막아버리는 엄마 때문에 아이는 더욱 퇴행해버린다. 아이가 충분히 해낼 수 있는 일임에도 불구하고 엄마는 기태를 믿지 못하고 있었던 것이다. 엄마는 '내일의 나쁜 기억'으로 인해 늘 두려움에 파묻혀 있을 수밖에 없었다.

뉴욕 양키스의 3번 타자 베이브 루스가 타석에 들어섰다. 1932년 10월 1일 시카고 컵스의 홈 구장 리글리 필드에는 4만 9986명의 관중이 가득 들어차 월드시리즈 3차전을 뜨겁게 달구고 있었다. 이미 2차전까지 양키스에 패했던 시카고 팬들로서는 이날 게임을 또 빼앗길 수는 없었기에 열광적으로 시카고 컵스를 응원하고 있었다. 3회 초까지 4대 1로 뒤지던 경기를 3회 말에 2점, 4회 말에 1점을 따라붙으며 4대 4의 동점을 만들어놓은 시카고 컵스는 5회 초에 베이브 루스와 루 게릭으로 이어지는 뉴욕 양키스의 강타선을 막아야 했다. 원아웃에 베이브 루스가 타석에 서자 컵스 팬들은 모두 야유를 보내기 시작했다. 이에 아랑곳하지 않고 루스는 타석에 선 채 손가락을 들어 센터 필드 쪽을 가리켰다. 사람들 눈에 이 모습은 센터 필드 방향으로 홈런을 날리겠다고 예고하는 것처럼 보였다. 그리고 바로 다음 투수가 힘차게 공을 뿌리자 루스는 방망이를 강하게 휘둘렀고 잘 맞은 공은 루스가 가리켰던 바로 그 가운데 방향으로 날았다. 센터 깊숙한 곳에 떨어지는 500피트짜리 대형 홈런이었다. 이것이 월드 시리즈에 전설로 내려오는 베이브 루스의 '예고 홈런'이다.[10]

훗날 이 스토리가 사실이 아니었을 것이라는 반론도 있었지만 중요한 것은 당시 5만 관중의 야유 속에서 홈런 타자의 위용을 보여야 했던 베이브 루스의 뇌 안에는 두려움과 믿음이 조우하고 있었다는 점이다. 1914년에 보스턴 레드삭스에 입단하며 메이저 리그 야구를 시작한 그는 총 일곱 차례의 월드 시리즈에서 우승했다. 세 번은 보스턴 레드삭스에서, 네 번은 뉴욕 양키스에서 우승 반지를 낀 것이다. 1932년 시카고 컵스와의 월드 시리즈가 그에게 마지막 우승 반지를 선사한 경기였고 이후 그는 내리막길을 걷는다. 메이저 리그에서 22시즌을 뛰며 총 714개의 홈런을 날린 베이브 루스는 1935년에 은퇴하는데, 1932년의 월드 시리즈에서 뉴욕 양키스의 3번 타자로서 그에게 주어진 책임이 막중했음은 누구라도 상상해볼 수 있다. 팀의 최고참으로서 어린 선수들을 데리고 나간 최고의 경기에서 모범을 보여야 했고 당시 필라델피아 애슬레틱스 소속의 슬러거 지미 폭스가 58 홈런으로 루스를 제치고 홈런왕 타이틀을 이미 땄기 때문에 지는 태양 베이브 루스는 큰 부담감을 느꼈을 것이다. 잘해야 본전이고 잘못하면 비난을 뒤집어써야 하는 상황에서 경기에 임하는 그가 두려움을 가졌을 것은 분명하다. 그런 그가 타석에 들어서며 거리로는 가장 먼 센터 필드 방향으로 홈런을 예고한다는 것은 잘 이해가 가지 않는 부분이다. 하지만 그는 믿었다. 다행히 1회 초에 루스는 이미 첫 번째 홈런을 날렸다. 자신의 몸이 좋은 상태라는 것을 알고 있던 루스는 5회 초에 다시 한번 자신을 믿었던 것 같다. 평소 "홈런을 날리는 데는 공 하나면 충분하다"던 그는 그 말을 지켰고 결국 뉴욕 양키스는 시카고 컵스에 4연승 스윕하면서 1932년 우승을 차지했다. 믿음이 두려움을 멀리 날려버리고 예고 홈런과 함께 베이브 루스는 이렇게 전설이 되었다.

두려움은 믿음의 반대편에 서 있다. 우리는 믿지 못해서 두려워한다. 믿음의 반대말은 불신이 아니라 사실 두려움이다. 이렇듯 두려움의 대척점에 믿음이 존재하는데 두려움은 믿음을 만날 수 있을까? 뇌과학의 발전은 인간의 심리 상태를 뇌 영역의 관점에서 해석할 수 있게 만들었다. 실제로 우리 뇌 안에서 두려움이 믿음을 만나는 곳이 존재한다. 그곳은 편도체다. 전혀 어울리지 않을 것 같은 두려움과 믿음이 편도체에서 직접 만날 수는 없다. 두려움은 그 나름대로 편도체와 긴밀한 연락을 취하고, 믿음은 믿음대로 편도체와 연결 고리를 확보하고 있다. 그리고 하나의 사건이 벌어졌을 때 편도체를 중심으로 두려움과 믿음은 자신들의 영역을 확보하려고 힘쓴다. 마치 예전 디즈니 애니메이션의 도널드 덕이 고민에 빠졌을 때 머릿속에 하얀 천사와 검은 악마가 동시에 나타나 자기 말을 들으라며 도널드에게 속삭였던 장면과 유사하다.

믿음과 편도체와의 연결 고리는 우리 몸의 신호전달물질인데 바로 신뢰의 호르몬 옥시토신이다. 뇌하수체 후엽에서 분비되는 옥시토신은 자궁수축 호르몬으로 잘 알려져 있으며 분만 과정에 작용하고 모유의 생산을 돕는다. 이런 옥시토신이 호감이 가는 상대를 앞에 두면 혈액으로 분비되고 상대방을 안고 싶게 만든다. 즉 상대방과 유대관계를 맺고 싶을 때 혹은 감정적인 교류가 일어날 때 분비된다. 또한 모성애의 호르몬으로서 아이를 돌볼 때 분비되고 이것이 도파민 분비를 자극해 동물들은 자식을 돌보는 데서 보상을 받고 몰입하게 된다. 신뢰를 불러일으키는 옥시토신에 대한 심리학적인 연구는 매우 많다. 위스콘신대학의 레슬리 셀처는 사회적 교류를 통해 신뢰가 생기게 하고 마음을 안정시키는 옥시토신에 대해 매우 흥미로운 실험을 진행했다. 7~12세의 여자아이들에게 수학과 어려운 영어 단어 문제를 풀게 하여 스트레스를 유발하고 이 아이들을 네 그룹으로 나누었다. A군은 문제를 다 풀고 바로 엄마를 만나게 했고 B군은 엄마의 위로 전화를 받게 했다. C군은 엄마로부터 문자 메시지를 받게 했고 D군은 엄마와 아무 접촉도 없게 만들었다. 실험 후에 이들로부터 소변을 받아 옥시토신 양을 측정했는데 어느 그룹에서 옥시토신이 증가했고 어느 그룹에서 변화가 없었을까? 엄마를 만나고 엄마의 목소리를 들은 A와 B군에서는 옥시토신이 증가했지만 문자 메시지를 받거나 아무런 접촉이 없었던 C와 D군에서는 옥시토신 수치에 변화가 없었다.[11] 아이들이 해결할 수 없는 어려운 문제를 풀면서 느끼는 감정은 당연히 스트레스도 있겠지만 아마 두려움이 뇌를 지배하고 있었을 것이다. 편도체가 활활 타오르는 상황에서 엄마의 미소 띤 얼굴과 따뜻한 목소리는 옥시토신을 통해 편도체의 불을 바로 꺼 두려움을 날려버렸을 뿐만 아니라 위로와 사랑이라는 보상도 받게 했다. 또 하나의 기발한 연구는 2005년 『네이처』지에 실린 투자에 대한 신뢰 실험이다. 금융 회사에 가서 투자를 결정해야 하는 상황이라고 가정해보자. 어느 종목에 얼마만큼 혹은 얼마나 오래 투자를 해야 할지 우리는 고민하게 되고 불안해한다. 그리고 미래를 모르는 만큼 예측에 대한 두려움 때문에 결정하는 데 많은 시간이 소요된다. 이미 뇌의 편도체는 뜨겁게 달아오르고 아마도 동공은 커지며 심박수는 크게 증가하고 있을 것이다. 취리히대학의 연구자들은 실험 참여자들에게 투자자의 역할을 부여한 후 두 군으로 나누어 한 군에는 코에 옥시토신을 뿌리고 다른 군은 위약을 뿌린 뒤 투자 회사 직원들을 만나게 했다. 그랬더니 옥시토신을 투여받은 투자자들이 그렇지 않은 군보다 직원을 더 믿고 투자금을 맡기는 것으로 나타났다.[12] 투자 결정 전까지 불안해하고 두려워하던 투자자들은 옥시토신 한 방에 투자 회사 직원들에 대한 신뢰를 갖게 되고 공격적으로 투자하게 되었다.

이렇듯 믿음은 두려움을 대체할 능력을 가지고 있다. 이미 여러 연구에서 옥시토신이 편도체의 활성화를 줄일 수 있다고 보고하고 있다. 옥시토신은 편도체를 포함하는 뇌의 변연계에 결합하는데 이 사실이 신뢰의 옥시토신이 두려움의 편도체를 만날 수 있는 중요한 포인트가 됨을 알려준다. 편도체는 감정적인 자극의 진행에 관여하고 얼굴 표정에 들어 있는 감정을 인식하는 데도 역할을 하고 있다. 그래서 과학자들은 실험 참여자들에게 옥시토신을 투여한 뒤 공포에 질리거나 화가 난 얼굴 표정을 보여주며 fMRI로 편도체 활성화를 조사해봤다. 그랬더니 옥시토신이 감정적인 얼굴 표정에 대한 편도체의 반응을 약화시키는 것으로 나타났다.[13] 옥시토신은 종교적인 믿음에도 크게 영향을 준다. 지구상에 종교가 탄생하게 된 진화적인 이유가 바로 미래에 대한 두려움이다. 인간은 이 두려움을 극복하기 위해 종교에 의지하게 되고 종교는 다시 믿음을 더욱 굳건하게 강화시킨다. 영성은 자신을 초월하며 더 높고 더 고귀한 것을 추구하는 삶의 실제를 말한다. 뇌 안에서 이러한 삶의 자세를 관장하는 호르몬이 바로 옥시토신이다. 최근 한 연구에서 과학자들은 83명의 실험 참여자를 대상으로 영성과 관련하여 옥시토신을 투여하거나 투여하지 않는 이중맹검시험을 시행했다. 이들은 정기적인 묵상을 하지는 않았던 일반인으로, 옥시토신을 투여받은 사람들은 투여하고 일주일 후에 만났을 때 영성이 자기 삶에서 중요한 것이었다고 말했다. 옥시토신은 사람을 일주일 동안 영성의 삶으로 인도한 것이다.[14]

우리는 두려운 상황을 예상할 때 혹은 만났을 때 편도체를 활성화시킨다. 여기로부터 벌어지는 다양한 인간의 행동과 사고는 앞서 자세히 기술했다. 옥시토신이 편도체의 활성화를 줄여주므로 누군가는 이것을 약물로 개발하여 사용하자고 주장할지 모른다. 하지만 더 쉽고 더 안전하고 더 인간적인 치유법이 있으니 그것은 '믿음'이다. 베이브 루스의 타석으로 다시 한번 가보자. 최고령의 나이에 몸도 예전 같지 않은데 그해의 홈런왕 타이틀도 빼앗긴 루스가 적지의 5만 명 관중의 야유를 들었을 때 그의 편도체는 활활 타오르기 시작했을 것이다. 그때 루스는 평정심을 되찾고자 많은 좋은 기억을 소환했을 것으로 보인다. 베이브 루스를 절대적으로 신뢰하는 뉴욕의 팬들, 루스를 늘 존경하는 덕아웃의 양키스 선수들, 그리고 1회 초에 쏘아 올렸던 홈런의 기억. 하지만 무엇보다 중요한 것은 자신에 대한 믿음이었다. 자신을 믿는 사람들에게 둘러싸여 있고 또한 자신이 자신을 굳게 믿는 루스에게, 손가락으로 가장 먼 관중석을 가리키는 그 순간만큼은 자신을 초월하는 기분을 느꼈을지도 모른다. 옥시토신은 편도체를 눌렀고 전설의 홈런은 이렇게 만들어졌다. 두려움이 믿음을 만났을 때 확실한 승자는 믿음이다.

기태와 엄마는 두 달 후에 외래에 왔다. 첫 외래에서의 처방은 기태가 스스로 해결할 수 있는 것을 믿어주자는 것과 그것을 위해서 온 가족이 모른 척하고 잘한 경우에 칭찬을 많이 해주자는 것이었다. 엄마가 말했다. "아무 간섭을 하지 않았더니 처음에는 대변을 묻히고도 얘기를 하지 않아 계속 냄새가 나고 엉덩이에 발진도 생겼어요." 그러고는 2주 동안 대변을 흘린 채로 외출도 하고 잠도 잤는데 엄마가 기태를 믿고 도와주지 않자 변화가 생기기 시작하더란다. "외래 다녀온 지 3~4주 되니까 아이가 스스로 팬티에 변 봤다며 얘기를 꺼내는 거예요. 대화가 되기 시작했습니다. 5주 되니까 아이의 두려움도 줄어들고 제 두려움마저 많이 가셨어요." 엄마가 신나서 얘기하는 모습에 진료실 안은 더 밝아졌다. "아이는 더 발전할 겁니다. 어머니, 아이를 꼭 믿어주세요." 나는 혹시나 호전이 안 될 경우를 대비해서 3개월 후에 외래 예약을 잡고 가도록 엄마에게 부탁했다. 그리고 3개월이 지난 뒤 기태와 엄마는 외래에 오지 않았다.

믿음을 가져오는 방법: 칠레 광산 매몰 사고에서 69일 만에 생환한 33인의 무기

2010년 10월 13일 밤 9시 55분 칠레 산호세 광산에 갇혀 있던 서른세 번째 광부 루이스 우르수아가 구조 캡슐 '불사조 2호'를 열고 모습을 드러내자 칠레 국기가 그려진 수많은 풍선이 광산 상공으로 날아올랐다. 입구에서 대형 화면을 통해 구조 장면을 지켜보던 광부 가족들은 샴페인을 터뜨렸고 마지막 캡슐이 올라오는 내내 외쳤던 '치치치 레레레, 칠레의 광부들' 구호와 노래는 광산을 쩌렁쩌렁 울리며 최고조에 달했다. 22시간 전 작전이 시작되고 화면에 '1'에서 시작한 매몰 광부의 구조 숫자는 드디어 가슴 벅차게 '33'으로 바뀌었다.[15] 칠레의 수도 산티아고에서 800킬로미터 떨어진 코피아포 인근에 위치한 산호세 광산은 금과 구리를 생산하던 곳이었다. 8월 5일 지하에서 여느 때와 마찬가지로 일을 하던 광부들은 머리 위로 들려오는 큰 굉음에 모두 입을 다물 수밖에 없었다. 광산이 무너지고 있었다. 70만 톤의 돌과 흙이 갱도를 막았고 서른세 명의 광부가 지하 700미터 지점에 갇힌 것이다. 넓이가 50제곱미터에 불과한 임시 대피소에는 물 20리터, 우유 16리터, 주스 18리터, 복숭아 통조림 1개, 완두콩 통조림 2개, 연어 통조림 1개, 참치 통조림 20개, 강낭콩 통조림 4개, 크래커 96통이 남아 있었다. 광부 열 명이 이틀을 버틸 수 있는 분량이었다. 모두 생존 본능을 발휘하기 시작했다. 직급이 가장 높았던 우르수아의 지시에 따라 매우 소량의 음식이 배급제로 공급되었고 물과 불빛을 확보했다. 지하의 33인이 사투를 벌이는 사이 지상에서도 구조 작전이 시작되었다. 피녜라 대통령은 임시 대피소 지점을 추정해 채굴 기계의 드릴로 그곳까지 구멍을 뚫을 계획을 세웠다. 광부들이 조금씩 감지되는 드릴 소리를 들으며 버티던 15일째, 음식이 동났다. 그리고 이틀 후 더 이상 버티기 어려웠을 시점에 기적이 일어났다. 드릴이 대피소의 벽을 뚫고 들어온 것이다. 광부들이 드릴을 두드리기 시작했고 지상에서는 이 생존자의 신호에 환호성을 질렀다. 곧이어 지상으로 올라온 드릴 끝에는 빨간 글씨로 적힌 메모지가 달려 있었다. '우리 33인은 살아 있습니다.' 곧바로 각지로 타전된 빅 뉴스에 전 세계가 진심으로 박수를 보냈다. 작은 구멍으로 음식을 공급하고 연락을 취하면서 칠레 정부는 광부들을 구할 지름 72센티미터의 터널을 뚫기 시작했다. 지루한 시간이 지나고 두 달이 훨씬 넘어 탈출용 터널이 관통되었고 지상의 서늘한 바람이 대피소 안으로 몰려 들어왔다. 광부들은 서로 얼싸안고 눈물을 흘렸다. 광산 경험이 많은 플로렌시오가 첫 번째로 불사조 2호 캡슐에 타고 올라갔고 전 세계로 송출되는 생방송 화면에는 구출되는 모든 광부와 가족의 재회의 기쁨이 끝없이 넘쳐흘렀다. 마지막으로 올라온 우르수아는 대통령과 악수하며 이렇게 말했다. "대통령님, 저희 근무 끝났습니다." 매몰 69일째였다.[16]

생사의 갈림길에 섰던 광부들이 위기를 딛고 기적을 만들어낸 배경에는 자연적으로 발생한 리더십과 이를 뒷받침한 조직의 힘이 있었다. 미국 ABC 방송은 매몰 기간에 세 명의 리더가 각자 역할을 분담해 모두의 생명과 삶의 의욕을 유지한 공이 크다고 보도했다. 첫 번째는 33인의 리더였고 가장 마지막에 캡슐에 올라탄 작업반장 루이스 우르수아였다. 그가 산호세 광산에 온 지는 두 달 밖에 되지 않았지만 광부들의 신뢰를 얻어 69일 동안 이들의 안전을 책임졌다. 매몰되고 수일 후에 신경이 날카로워진 광부들 사이에서 싸움이 벌어졌다. 우르수아는 광부들을 4개 조로 나누어 격리함으로써 싸움을 예방했고 모두의 안전을 위해 규율을 강조하며 각자에게 다양한 역할을 부여했다. 그가 대피소 벽에 그린 조직도에는 간호사, 기록자, 정신적 지주, 오락반장 등이 표시되어 있었다. 냉정하며 침착한 우르수아 반장 덕분에 광부들은 신속하게 안정을 되찾았던 것이다. 두 번째 인물 요니 바리오스는 광부들의 건강을 책임졌다. 50세의 바리오스는 15년 전에 받았던 6개월짜리 간호 교육의 기억을 되살려 광부들의 건강을 일일이 확인하고 주기적으로 체온과 체중, 그리고 감염 여부를 체크했다. 지상과 연락이 이루어진 후에는 의료팀의 지원을 받아 폐렴과 독감에 대한 예방접종도 시행했다. 자신이 열심히 들었던 간호 교육의 기억을 믿고 바리오스는 광부들의 건강을 책임졌던 것이다. 마지막 인물은 정신적 지주였던 63세의 최고령자 마리오 고메즈였다. 그는 주기적으로 기도 시간을 이끄는 영적인 리더였다. 지하에 갇힌 광부들의 정신적인 트라우마를 예방하기 위해 그들을 3명씩 11개 조로 나누고 서로를 지원하는 버디 시스템을 만들었다. 그는 유머와 기도의 힘을 믿었으며 사람들로 하여금 재미있는 동영상을 찍어 보도록 유도했다. 세 명의 리더와 광부들이 보여준 69일 스토

리의 주제는 너무나 분명했다. 닿을 수 없는 높은 가치에 대한 신념이었다.[17]

생과 사를 가르는 신의 영역에 두려움으로 가득 찬 인간이 믿음으로 도전한 것이었다. 두려울 때 인간은 기도를 한다. 그러나 기도만으로 두려움이 사라지지는 않는다. 기도만으로 두려움을 타개할 해결책을 만들어낼 수는 없다. 두려움 앞에서 인간이 보이는 행동은 앞서 상세히 언급했다. 바이러스 질환인 감기에 특별한 치료제는 없는데 아이가 감기에 걸린 상황에서 전혀 도움이 되지 않는 항생제를 사용하는 이유는 더 나빠져서 폐렴이 될까봐 두려워 보호자와 의사가 그 손실을 기피하기 위해 쓰게 되는 것이라고 했다. 부모와 의사는 손실을 기피한 듯하여 만족했지만 사실 이 약을 먹는 당사자는 아이이며 항생제 내성의 피해는 고스란히 아이에게 가게 된다. 이런 사실을 의사와 부모가 모르는 것도 아니다. 그들의 항변도 이해가 된다. 아이가 열나고 아픈 상황에 빠지면 불안해지기 때문에 대비하는 수밖에 없다고 말한다. 불안과 두려움으로 편도체가 지나치게 활성화되어 있는 상태에서 우리 뇌는 편도체와 연결되어 있는 해마옆이랑의 모든 기억을 중지시킨다.[18] 본인이 알았던 올바른 정보도 기억해낼 수 없게 되는 것이다. 두려움에 빠지면 두려움을 통해서만 세상을 바라보게 되는 것이 인간이다. 편도체가 불안과 위기를 느끼고 있을 때 긍정적인 이야기를 전한다고 부정의 감정이 긍정으로 바뀌지는 않는다. 33인의 산호세 광부가 매몰되고 며칠이 지났을 때 생사의 갈림길에 서 있었던 그들의 편도체는 아마도 우리가 상상하는 그 이상으로 타오르고 있었을 것이다. 당연히 주먹다짐이 일어났을 법하다. 나이 든 연장자의 희망의 메시지도 똑똑한 리더의 생존 방법 강의도 전혀 소용없었을 것이다. 하루하루 시간이 지날수록 광부들이 깨우치고 있었던 유일한 진실은 그들이 아직 살아 있다는 점이었다. 현재의 관점으로만 미래를 볼 수 있는 인간은 그제야 희망을 키우기 시작했다. 희망의 바탕에는 믿음이 존재한다. 그렇다면 무엇에 대한 믿음이었을까?

의학 교과서에 감기에는 항생제가 필요 없다고 기술되어 있지만 미래에 생길 수 있는 후유증을 과대평가하고 미리 걱정하는 부모와 의사는 앞서 기술한 것처럼 아이에게 항생제를 복용시키는 실수를 자주 저지른다. 주변에 폐렴으로 입원한 아이가 있었거나 인터넷에 나오는 무서운 정보들을 보면서 항생제 사용의 당위성을 찾는 데 급급한 이들에게 어떤 긍정적인 이야기도 들리지 않을 것을 우리는 알고 있다. 그래도 시도해볼 수 있는 유일한 방법이 있는데 감기가 저절로 나을 것이라는 희망과 믿음을 스스로 느끼게 만드는 것이다. 즉 감기를 믿어야 한다. 감기는 어차피 스스로 없어지는 병이라는 사실을 인식해야 하는 것이다. 그냥 감기인데도 그것을 믿지 못해 뭔가 미래에 대한 대응을 준비하는 사람에게 감기를 믿으라고 하는 것은 어폐가 있을지 모른다. 그러나 걱정이 많은 사람은 무서운 정보(잡음)에 취약하기 때문에 마찬가지로 올바른 정보(신호)를 보여주면서 감기를 믿게 하는 것이 맞다. 감기에 걸린 나의 미래는 감기를 앓고 지나간 남의 오늘이라는 사실을 자각시키는 것이 필요하다. 미국이나 유럽같이 의료 수가가 높은 선진국에서는 감기로 진료를 보러 가지 않으며, 휴식과 영양 보충으로도 충분히 감기를 이길 수 있다는 데이터를 알려주고, 항생제 남용으로 인한 피해가 고스란히 아이의 몫이 될 수 있다는 또 다른 두려운 사실도 알려야 한다. 감기의 본질을 믿지 못해 벌어지는 일이므로 감기를 믿는 순간 두려움을 떨쳐버릴 수 있게 된다.

칠레 광부들의 이야기로 돌아가보자. 매몰된 지 열흘이 지나고 보름이 지나면서 아무 일 없이 여전히 생존해 있음을 인지한 그들은 매몰 17일째에 구조대가 드릴로 뚫은 구멍을 통해 전달된 쪽지를 시작으로 지상과 연락을 취하기 시작했다. 이제 땅 아래 700미터까지 구멍을 파고 구조 캡슐을 내리려는 구조 작전이 시행되고 있음을 알게 되고 작전의 진척 상황도 파악하고 있었을 것이다. 결국 이들은 두 가지에 대한 믿음을 갖기 시작했다. 하나는 자신의 미래 생사에 대해 가장 의심하던 대상 바로 자신이니, 본인이 살수 있다고 믿는 순간 포기하고 우울해하던 그는 생각과 태도가 바뀐다. 가족을 생각해서라도 살아 나가야 할 동기가 분명해진 것이다. 또 다른 믿음의 대상은 정부다. 사고 직후 광산의 안전을 책임진 광산 회사와 정부에 대해 분통을 터뜨리고 증오의 저주를

퍼부었겠지만 이제는 구출 작전을 책임진 정부를 온전히 믿게 되었다. 자신을 믿고 정부를 믿음으로써 생사의 갈림길에서 느꼈던 엄청난 두려움은 드라마틱하게 왜소해졌을 것이다.

나쁜 경험과 기억에서 시작된 두려움을 벗어나는 방법은 이제 명확해졌다. 두렵고 걱정되고 화가 나는 대상을 믿어야 한다. 그 대상이 나일 수 있고 가족일 수 있으며 동료나 조직일 수도 있다. 나 자신에 대한 믿음을 확실히 가져보자. 자신이 보기에 늘 불안한 가족을 믿고 끝까지 맡겨보자. 또한 엉성해 보이고 마음에 들지 않는 주변을 믿어보면 생각보다 잘하고 있음을 알게 될 것이다. 내가 자식을 걱정하고 있다면 자식을 믿어야 하고 미래를 걱정한다면 미래를 믿으면 된다. 이러한 믿음을 가져와야 두려움으로 가득 찬 편도체에 신뢰의 호르몬 옥시토신이 뿌려지며 두려움보다 희망을 볼 수 있게 된다.

태생적으로 입이 짧은 아이들은 어려서부터 먹는 데 관심이 없다고 했다. 아이의 몸도 상대적으로 작고 잘 안 자라는 것 같아 부모는 걱정한다. 취학 전에 영유아 검진이라는 프로그램도 있어서 병원을 들러보면 아이의 키나 몸무게가 정상의 3퍼센타일 이하로 떨어져 있다는 이유로 큰 병원으로 가서 검진을 해볼 것을 권유받는다. 병원에서는 아이가 잘 안 먹어서 그런 것이니 잘 먹이라는 얘기만 해준다. 이 말을 들은 부모는 아픈 기억을 떠올린다. 부모 중에 누군가도 어려서 잘 안 먹고 작았다는 나쁜 기억이 있어서 내 자식만큼은 본인을 닮으면 안 된다는 강박적인 생각을 하게 되고 이것은 바로 아이에게 음식의 강요로 이어진다. 그나마 아이가 좋아하는 음식이 있는데도 부모 생각에 그것이 성장에 그다지 도움이 되지 않는다고 생각하면 그 음식을 주지 않고 부모가 '좋아하는' 음식을 아이에게 강권하게 된다. 부모의 실수는 단순하다. 현재주의가 심하게 작동하는 것이다. 지금의 관점에서 보면 아이가 못 클 것 같지만 사실 이 입 짧은 아이들은 사춘기를 넘어서면서 미래에는 식성이 달라지고 먹는 패턴이 변한다. 이런 아이의 부모 중 누군가 입이 짧았으면 내가 꼭 물어본다. 어려서 파나 양파를 먹었냐고. 대부분의 부모가 먹지 않았다고 답하면 또다시 묻는다. 지금은 아주 잘 드시지 않냐고. 부모는 그렇다고 답한다. 어려서 작고 안 크던 부모 중에 현재는 체격이 매우 좋은 분들이 많다. 언제부터 잘 먹고 살이 찌기 시작했냐고 물으면 모두 사춘기를 넘어서면서라고 대답한다. 그것이 바로 정답이라고 나는 부모에게 얘기한다. 입 짧고 안 먹는 아이들이 스무 살 넘으면 대부분 잘 먹게 되고 하물며 어떤 아이들은 비만이 되기도 한다. 아마도 살이 너무 찌면 부모는 그때 가서 아이에게 그만 먹으라고 할지도 모른다고 나는 덧붙인다. 아이의 미래를 심하게 걱정하는 부모에게 내린 처방은 '믿음'이다. 아이를 믿고 그 아이의 미래를 믿으면 된다. 아이에게 먹는 결정권을 돌려주는 순간 아이도 행복해지고 부모도 행복해진다. 내 아이만 특별하지는 않다. 불안하더라도 내 아이 역시 남들처럼 클 텐데 이는 남들의 오늘을 보면 알 수 있다.

믿지 못하는 대상을 믿는 것, 이것이 어려워 보이기는 해도 한 번만 믿고 시도하고 또 성공하면 나 자신을 괴롭혔던 많은 두려움과 불안이 사그러질 것이다. 칠레 산호세 광산의 33인 광부의 타오르던 편도체를 누른 것은 믿음 그 하나였다. 두려움이 사라진 뒤 이들이 보여주었던 모든 조직적인 행동은 사실 현대 경영의 비즈니스 이론을 능가하는 자연발생적인 성공론이었고 33인의 전전두엽이 편도체의 간섭을 배제하고 이루어낸 고귀한 통찰의 판단이었다. 보통 감기의 자연적인 진행 과정을 알고 그것을 믿는다면 불안과 두려움이 조장한 항생제 처방을 없앨 수 있다. 잘 안 먹는 내 아이를 믿는다면 내 아이의 미래도 같이 믿을 수 있고 이것은 가족의 행복으로 이어진다. 그래서 '믿음'이 필요하다. 내가 옆으로 제쳐놓았더라도 내 안의 어딘가에 있을 '믿음'을 찾아서 가져와야 한다.

명상:
스티브 잡스와 유발 하라리의 찬사

가만히 앉아서 내면을 들여다보면 우리는 마음이 불안하고 산란하다는 것을 알게 됩니다. 그것을 잠재우려 애쓰면 더욱더 산란해질 뿐이죠. 하지만 시간이 흐르면 마음속 불안의 파도는 점차 잦아들고, 그러면 보다 미묘한 무언가를 감지할 수 있는 여백이 생겨납니다. 바로 이때 우리의 직관이 깨어나기 시작하고 세상을 좀더 명료하게 바라보며 현재에 보다 충실하게 됩니다. 마음에 평온이 찾아오고 현재의 순간이 한없이 확장되는 게 느껴집니다. 또 전보다 훨씬 더 많은 것을 보는 밝은 눈이 생겨납니다. 이것이 바로 마음의 수양이며, 지속적으로 훈련해야 하는 것입니다. (…) 저는 선불교의 진리를 깨우쳤습니다. "스승을 만나고자 세계를 돌아다니려 하지 말라. 당신의 스승은 지금 당신 곁에 있으니."[19]

스티브 잡스가 명상에 관하여 한 말이다. 대학을 중퇴하고 인도에서 7개월을 보내며 잡스는 동양의 명상 수행에 매료되었고 이후 30여 년을 수련한 것으로 알려져 있다. 젊은 시절에 그가 가장 감명 깊게 읽은 책 중 하나는 일본의 선불교 지도자 스즈키 순류가 쓴 『선심초심』이다. 스즈키 순류는 1959년 미국으로 건너가 선불교를 전파했고 1960년대 이후 미국의 정신적 지도자 중 한 명으로 손꼽혔다. 샌프란시스코에 살던 잡스는 스즈키 순류가 설립한 '타사하라 선禪 센터'에서 수행했고 순류의 제자인 오토가와 고분 스님을 만나 평생 스승으로 모셨다. 다시 말해 스즈키 순류는 스티브 잡스의 스승의 스승이었던 것이다.[20] 『선심초심』의 사상을 삶의 지침으로 삼아 수행을 실천한 잡스에게 선은 평생 그가 탁월

한 업적을 이루는 데 토대가 되었음이 틀림없다.

아직도 명상이라고 하면 인도의 요가나 불교의 명상을 떠올리는 사람이 많다. 불교에서는 선禪, 디야나Dhyana라 하며 마음을 가다듬고 정신을 통일해 깨달음의 경지에 이르게 하는 수행법을 의미한다. 명상은 불교를 비롯해 힌두교, 기독교, 이슬람교 등 모든 종교와 중국의 유교, 도교에 이르기까지 수행의 도구로 사용된다. 심리학 용어 사전을 보면 명상은 마음의 고통에서 벗어나 아무런 왜곡 없는 순수한 마음 상태로 돌아가기 위한 실천을 의미한다고 되어 있다. 20세기에 들어서면서 서구인들이 동양의 사상을 만나게 되고 이것을 서양에 맞게 해석하여 재구성하면서 명상은 마음 수련의 새로운 트렌드로 자리잡았다. 1960년대 이후 서양에서는 마인드 컨트롤 같은 새로운 명상법이 탄생했는데 이는 거꾸로 동양에 수입되어 명상은 이제 동서고금을 막론하고 마음을 다스리는 수련의 대명사가 되었다. 스티브 잡스는 명상을 통해 무엇인가를 감지할 여백을 찾는다고 했다. 이로부터 직관이 깨어난다고 했는데 직관은 생각을 의미한다. 이렇듯 생각을 일으키는 여백은 무엇일까? 그것은 감각, 더 자세히 말하자면 감각 기억이다. 우리 몸이 오감으로 받은 데이터는 매우 짧은 시간 동안 감각 기억으로 남고 이는 단기 기억을 거쳐 장기 기억으로 저장된다. 그리고 감각 기억에서 장기 기억으로 넘어가는 흐름이 바로 생각이다. 결국 감각은 감정을 이끌어낸다. 아침에 일어나 창문을 활짝 열어보자. 비가 오는 우중충한 날씨보다 따사로운 햇살이 내리쬐는 푸른 하늘을 보면 하루의 시작이 즐거워진다. '오늘은 좋은 일이 있을 것 같아.' 혼자 되뇌이며 동네 길을 나서다가 콜롬비아 커피 향에 이끌려 카페 노천 의자에 앉아 베이글을 한입 베어물고 지나가는 사람들을 물끄러미 바라본다. 전화하는 목소리도 들리고 재잘거리는 여학생들의 모습도 보인다. 오감이 느끼는 평안한 하루의 시작은 나의 행복한 감정을 최고조로 밀어올리며 그동안 만나지 못했던 옛 친구를 떠올리게 만든다. 이제 전화 한 통에 한걸음에 달려온 친구와 새로운 기억이 시작되려 한다.

> 아무것도 하지 마세요. 숨을 통제하려고도 하지 말고, 숨을 특정한 방식으로 쉬려고도 하지 마세요. 그것이 무엇이 됐든, 그저 지금 이 순간의 실체를 관찰하기만 하세요. 숨이 들어오면 지금 숨이 들어오는구나, 하고 자각할 뿐입니다. 숨이 나가면 지금 숨이 나가고 있구나, 하고 자각할 뿐입니다. 그리고 초점을 잃고 정신이 기억과 환상 속에서 방황하기 시작하면 지금 내 정신이 숨에서 멀어져 방황하는구나, 하고 자각할 뿐입니다.

유발 하라리는 『21세기를 위한 21가지 제언』에서 명상 편에 위파사나 명상 수련회에 참여해 스승인 고엔카로부터 들은 내용을 이렇게 기술했다.[21] 위파사나는 마음과 몸의 무상한 성질을 꿰뚫어보는 것을 의미한다. 고엔카는 순간의 실체를 관찰하고 자각하기만 하라고 가르쳤다. 다시 말해 호흡뿐만 아니라 몸 전체의 '감각'을 관찰하라는 가르침이었다. 하라리는 이 감각에 대해 행복감이나 황홀경 같은 특별한 느낌이 아니라, 열, 압력, 고통 같은 가장 세속적이고 일상적인 감각이라고 덧붙였다.

위빳사나의 기술은 정신의 흐름이 몸의 감각과 긴밀하게 연결돼 있다는 통찰에 기반을 둔다. 나와 세계 사이에는 언제나 몸의 감각이 있다. 나는 결코 바깥 세계에서 일어나는 사건에 반응하는 것이 아니다. 나는 언제나 내 몸속 감각에 반응할 뿐이다. 감각이 불쾌하면 기피로 반응한다. 감각이 쾌적하면 더한 갈망으로 반응한다. (…) 누군가 우리의 국가나 신을 모욕해서 우리가 격분할 때, 욕을 참을 수 없게 만드는 것은 명치에서 일어나는 타는 듯한 느낌과 가슴을 움켜쥐는 일단의 고통이다. 우리의 국가는 아무것도 느끼지 않는다. 우리 몸이 고통을 느끼는 것이다. 분노가 무엇인지 알고 싶은가? 화가 났을 때 몸에서 일어나고 지나가는 감각을 관찰해보면 알수 있다. (…) 그 전까지 분노를 1만 번은 경험했을 것이다. 하지만 분노가 실제로 어떻게 느껴지는지 관찰해보려고 하지는 않았다. 화가 날 때마다 분노의 감각적 실체보다 분노의 대상

— 누군가 한 일이나 말 — 에만 집중했다.

계속 이어지는 하라리의 글은 스티브 잡스의 말과 일맥상통함을 보여준다. 잡스도 직관이 깨어나면 자신에게 충실하게 되면서 '마음에 평온이 찾아오고 현재의 순간이 한없이 확장되는 것이 느껴진다'고 했다. 사실 자신의 감각을 인지하는 것만 가지고도 감정을 조절할 수 있다. 이제 '믿음' 말고도 공포나 분노로 인해 심하게 활성도가 증가된 편도체를 억제할 방법을 하나 더 알게 되었다. 두려운 감정이 앞설 때 두려워하지 말아야 한다고 누르는 것은 의미가 없다. 분노가 폭발하는데 분노를 참고 누른다고 해결되지는 않는다. 편도체의 활성화를 감소시키려고 감정을 다스리려 하는 것은 실수를 범하는 것이다. 감정을 불러일으키는 감각을 먼저 다스려야 하는데 그것이 요가이고 명상이다. 자신이 무언가를 바라는데 그것이 나타나지 않을 때 정신은 나쁜 감정으로 반응하게 되어 있다. 고통은 바깥세상에 있는 대상으로부터 온 것이 아니라 자신이 불러일으킨 정신적 반응이라는 것을 인지하는 게 감정 치유의 첫걸음이 된다. 명상을 통해 감각을 느끼고 마음의 고요함을 되찾으면 신뢰의 호르몬 옥시토신의 분비가 촉진된다.

32명의 실험 참여자를 대상으로 한 최근 연구에서는 1시간에 걸친 명상 전후에 참여자의 타액을 수집해 옥시토신의 농도를 측정하여 비교했다. 예상대로 명상 후에 받은 타액 내의 옥시토신

농도가 명상 전과 비교해 유의하게 높아짐을 알 수 있었다.[22] 사회적 관계를 통해 소속감을 느끼고 위로와 사랑을 받을 때 옥시토신이 분비되는데 명상이 옥시토신 분비를 촉진하는 것에 대한 기전은 아직 확실히 밝혀지지 않았다. 다만 명상을 할 때 스트레스가 적어지고 혈중 도파민 농도가 올라가는 것이 뇌실방핵에서의 옥시토신 분비를 자극하는 것으로 보인다.[23] 명상은 자신에 대한 위로와 사랑이 된다. 이것은 결국 나 자신을 믿는 것이며 나를 사랑하는 것이다. 그러므로 활성화된 편도체를 누르기 위해 우리가 명상을 하거나 대상에 믿음을 갖는 것은 둘 다 동일한 가치를 추구하는 것이다.

"나는 행복해서 노래하는 것이 아니다. 노래를 불러서 행복한 것이다." 심리학자 윌리엄 제임스의 명언이다. 보통 사람들은 감정이 생기고 그 후에 신체 감각이 나타난다고 믿는다. 연인과 헤어지면 슬퍼서 엉엉 운다. 당연해 보이지만 제임스는 반대로 해석한다. 울기 때문에 슬퍼지는 것이다. 그는 신체와 온전히 분리된 감정은 존재하지 않는다고 단언했다. 1890년 윌리엄 제임스는 신체 감각을 전혀 느끼지 못하는 사람의 감정을 연구해보면 자신의 이론을 검증하게 될 것이라고 주장했다.[24] 그로부터 100여 년이 지나 휴고 크리즐리와 연구팀은 제임스의 제안대로 순수자율신경부전증 환자를 대상으로 감정과 관련된 경험을 대조군과 비교했다. 순수자율신경부전증은 교감신경계와 부교감신경계의 피드백 시스템이 망가져서 환자의 신체 감각 능력이 떨어지는 질환이다. 실험 결과 환자군은 대조군과 비교해 감정에 대한 경험이 적고 공포로 유발되는 신경의 활동이 떨어지며 타인이 느끼는 감정이 어떤 정황에서 영향을 받는지를 잘 이해하지 못하는 것으로 밝혀졌다.[25, 26] 이것은 윌리엄 제임스의 선신체 후감정 이론을 뒷받침하는 것이다. 명상 또한 신체의 감각을 제어하고 그것이 감정의 유발을 억제한다는 점에서 제임스의 이론과 맥락을 같이한다. 호흡과 순간순간 발생하는 감각에 집중하다보면 신체와 감정이 연결되어 있음을 느낄 수 있고 어떻게 하면 감각이 바뀌는지 혹은 마음이 평온해지는지 알 수 있다. 몸이 평안함을 느끼면 전에는 압도당하기만 했던 나쁜 기억을 말로 표현할 수 있고 감정에 휩쓸리지 않는 법도 배우게 된다. 명상은 이렇듯 내 안에서 소통하는 방법도 가르쳐준다. 스티브 잡스는 자신의 스승은 지금 자신 곁에 있다고 말한다. 그리고 그의 스승 스즈키 순류의 말대로 "당신이 어디에 있든지 간에, 깨달음은 거기에 있다."[27]

나쁜 기억 지우기 그리고 좋은 기억 주입하기: 중독성 강한 미래의 서비스

서기 2084년, 광산에서 인부로 일하는 더글러스 퀘이드는 매일 꿈에서 미모의 갈색 머리 여성과 화성에서 살고 있는 자신의 모습을 보게 된다. 현실과는 크게 동떨어진 이상한 꿈에 혼란스러워하던 퀘이드는 어느 날 인위적으로 기억을 주입해주는 서비스 회사 리콜의 광고를 보게 된다. 일상이 무료했던지라 그는 회사를 찾아 우주여행을 다녀온 것처럼 하기 위해 화성에 관한 기억을 이식하기로 한다. 그러나 새로운 경험에 대한 기억을 원했던 그에게 예상치 못한 일이 벌어진다. 기억 주입 중에 부작용이 발생한 것이다. 이미 기억이 조작되어 있는 사람이 또 다른 기억을 주입받으면 뇌가 손상을 입기 때문이다. 부작용을 겪고 간신히 집으로 돌아온 퀘이드에게 또다시 이상한 일이 벌어진다. 아내와 주변 인물들이 자신을 공격하기 시작한 것이다. 결국 퀘이드는 자신이 화성의 독재자 코하겐의 특수 요원이었고 코하겐에게 반기를 든 자신이 붙잡혀 기억이 지워졌으며 새로운 기억이 이식된 채 지구에서 살아오게 된 것을 알게 된다. 현실의 아내를 포함한 주변 사람들은 코하겐의 부하로 자신을 감시해오고 있었던 것이다. 이들의 추격을 피해 화성으로 가게 된 퀘이드는 꿈에서 봤던 갈색 머리 여자를 만나게 된다. 그녀는 퀘이드의 진짜 아내였다. 그는 아내와 함께 코하겐의 폭정을 저지하기 위한 화성에서의 싸움을 시작한다.

1990년에 개봉되었고 2012년에 리메이크된 영화 「토탈 리콜」의 줄거리다. 기억을 다룬 이 영화는 매우 흥미롭게도 기억 지우기와 기억을 주입하는 두 가지 테마를 하나의 스토리에 담았다. 일정 부분의 기억을 지운다는 것은 인류가 꿈꾸고 있는 거대한 과학 프로젝트가 되는 것이고 기억을 이식하는 것도 먼 미래에 도달해보고 싶은 인류의 소망 중 하나가 될 것이다. 영화에 나온 대로 2084년 즈음이면 기억을 다루는 작업이 뇌과학의 발전과 더불어 일상화될지도 모른다. 물론 신의 영역으로 보이는 인간의 의식과 무의식을 인위적으로 건드린다는 게 윤리적 문제를 비롯한 상상을 뛰어넘는 파급 효과를 가져오겠지만, 인공지능의 거침없는 발달에 의한 특이점이 곧 오리라 예상되는 만큼 기억이라는 영역도 불가침의 패러다임이 깨질 수 있는 분야로 생각된다. 만일 기억 지우기와 기억 주입하기가 현실화된다면 사람들은 어떻게 반응할까? 당연히 나쁜 기억을 지우고 좋은 기억을 이식하는 것을 우선적으로 선호할 것이다. 사실 현실에서는 나쁜 기억을 없애는 것이 가장 어려운 문제다. 아무리 작은 나쁜 기억이어도 그것이 내 뇌 안에 확실히 박힌 것이라면 더욱 어렵다. 그냥 사라지게 할 재간이 없어 보인다.

그렇지만 그동안 꾸준히 발전해온 뇌과학은 기억을 없애는 데 일단 약물을 시도하기에 이르렀다. 약물을 사용할 수 있게 된 배경으로는 우리 몸이 두려운 기억의 형성에 노르에피네프린(노르아드레날린) 체계를 사용하기 때문이다. 스트레스가 발생하면 우리 몸은 부신 수질에서 노르에피네프린을 분비하여 각성도를 높인다. 고농도의 노르에피네프린은 뇌의 아드레날린성 수용체를 통해 두려움을 유도한다. 노르에피네프린 뉴런은 주로 중뇌 양쪽에 위치한 청색 반점(청반)이라는 핵에 모여 있고 이것은 스트레스와 공황에 대한 반응을 비롯해 관련 감정을 조절한다. 이 뉴런은 해마와 편도체 그리고 전전두엽까지 뇌 전역에 축삭을 뻗고 있다. 사실 노르에피네프린 덕분에 인간은 외부로부터의 위험에 각성되어 있고 바로 반응하여 경계 상태를 유지할 수 있게 된다. 심장의 박동을 올리고 혈압을 증가시키며 그 순간에 싸워야 할지 아니면 도망가야 할지를 결정하는 데 중요한 역할을 한다.

암스테르담대학의 메렐 킨트 교수팀은 2009년 획기적인 연구 결과를 『네이처 뉴로사이언스』지에 발표했다. 연구팀은 60명의 참여자를 대상으로 한 인체 실험에서 베타 아드레날린성 차단제로서 항고혈압제로 많이 이용되는 경구용 프로프라놀롤을 두려운 기억이 재활성화되기 전에 투여했을 때 24시간 후 두려운 기억의 행동 표현을 지우고 두려움이 돌아오는 것을 예방할 수 있다고 보고했다.[28] 프로프라놀롤이 서술 기억은 건드리지 않고 두려움 반응만 제거한 것으로, 뇌가 감정 정보를 처리하는 과정에서 편도체에 위치한 베타 아드레날린성 수용체에만 선택적으로 작용하는 것이다. 즉 아드레날린은 트라우마를 입은 사람에게 잊지 못할 아픈 기억을 형성하게 만드는 물질인데 프로프라놀롤이 편도체에서 아드레날린의 흡수를 방해해 나쁜 기억의 형성을 막는다는 의미다. 해마에는 작동하지 않기 때문에 서술 기억은 살아 있게 된다.

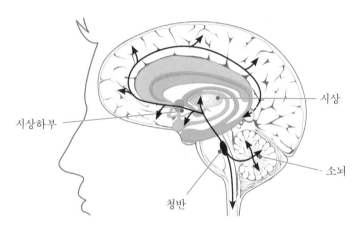

시상하부

시상

소뇌

청반

[그림 7] 노르에피네프린 시스템

또 하나의 기억을 지우는 연구는 쥐 실험으로 이루어졌다. 단백질 키나아제 C의 동형 단백질인 PKM제타는 해마에서 장기 상승 작용, 즉 장기 기억의 유지에 필요한 물질이다. 미국 뉴욕의 SUNY 다운스테이트 메디컬 센터의 연구팀은 쥐를 대상으로 PKM제타의 억제제인 ZIP를 쥐의 대뇌 피질에 부분적으로 투여한 뒤 장기 기억이 빠르게 소실됨을 확인했다. 그리고 그 효과는 적어도 수 주 이상 유지되었다고 발표했다.[29]

기억 지우기 실험에 대하여 과학자들은 부정적인 반응을 보인다. 킨트 연구팀의 프로프라놀롤 실험의 문제점은 자원자를 대상으로 한 3일간의 연구였을 뿐 그 후에 두려움이 돌아왔는지의 결과는 알지 못한다는 것이다. 또한 실험실에서 창조해낸 공포는 인간 뇌의 생생한 공포의 기억과 동일하게 비교할 수 없으며 킨트 교수의 연구는 무서운 자극에 대한 인간의 놀람 반응을 예방한 것뿐이라는 비판이 존재한다. 이러한 기억 지우기 연구가 계속 진행되고 있지만 아직 확실한 효과와 실용성을 보여주지는 못하고 있다. 부분적으로 특정 기억만을 사라지게 하기도 어렵고 윤리적 이슈는 여전히 높은 벽이기 때문이다. 인간은 과거의 경험과 기억으로부터 교훈을 얻는다는 기억의 존재 이유를 들고나오는 한 아마도 기억 없애기 시도는 크게 환영받기 어려울 것으로 보인다. 또한 선택적인 기억을 없애는 기술이 확보되지 않으면 외상후 스트레스 장애 환자의 치료에 적용하는 것도 윤리적 문제를 낳을 것이며 부작용에 대한 대책이 없다면 현실에서 사용되는 것은 난망하다.

기억을 주입하는 문제에 관해서는 1987년 노벨 생리의학상을 수상한 스스무 도네가와 교수가 이끄는 매사추세츠 공과대학 연구팀을 빼놓을 수 없다. 이들은 뉴런 레벨에서 기억을 조작하기 위해 광유전학optogenetics 기법을 사용했다. 이 기법은 빛을 통해 유전적으로 조작된 뉴런을 선택적으로 흥분시키거나 억제하는 방법을 말한다. 연구팀은 쥐의 해마에 기억되는 공간 기억, 즉 박스 안에서 정상적으로 행동하는 기억과, 편도체에 기억되는 정서 기억, 즉 발에 전기자극을 가해 얼어붙게 만드는 기억을 만든 다음, 광유전학 기법으로 동시에 양쪽 뉴런을 발화시켜 전기자극을 주지 않았음에도 불구하고 마치 쇼크를 받은 듯 얼어붙게 만드는데 성공했다.[30] 가짜 기억이 주입된 것이다. 2013년『사이언스』지에 이 연구 결과를 실은 뒤 연구팀은 곧바로 2014년『네이처』지에 나쁜 기억을 좋은 기억으로 바꾸는 연구 결과를 게재했다. 수컷 쥐를 대상으로 전기자극을 가해 기억하게 만든 다음 박스 안의 한 모퉁이를 지날 때마다 광유전학 기법으로 레이저를 통해 전기쇼크가 기억된 뇌세포를 재활성화시켰다. 그랬더니 쥐들은 고통의 기억이 떠오르는 모퉁이로는 가지 않았다. 그다음으로 연구팀은 수컷 쥐를 꺼내 암컷 쥐와 만나게 했다. 흥분한 수컷 쥐는 좋은 기억을 갖게 되었고 연구팀은 바로 레이저를 이용해 전기자극으로 갖게 되었던 고통의 기억 뉴런을 재활성화시켰다. 이 뉴런의 재활성화로 두려운 기억이 되돌아오는지를 보려는 것이었다. 그러나 수컷 쥐는 암컷을 전혀 두려워하지 않았다. 새롭게 자극된 기억은 암컷을 만났다는 좋은 기억이 되어버린 것이다. 연구팀이 쥐를 박스 안에 다시 넣었을 때 레이저가 쏘여지는 모퉁이에서 쥐는 도망가지 않았다. 오히려 그 장소에서 쥐는 암컷을 찾는 시늉을 하고 있었다. 공포의 나쁜 기억이 사랑의 좋은 기억으로 바뀐 것이다.[31]

사실 나쁜 기억을 없애고 좋은 기억으로 대체하는 꿈같은 이야기가 현실이 되는 것은 두렵다. 나는 인위적으로 기억을 조작하는 것에 반대한다. 왜냐하면 이 방법은 자발적으로 부딪혀서 이겨나가는 것이 아니라 회피하는 행동이기 때문이다. 두려움을 피하기 위해 방어기제로 사용하는 컨트롤이기 때문이다. 극복하지 않고 도망가는 행동은 나 자신과의 싸움에서 이미 지고 들어가는 것이다. 기억을 지우고 새롭게 이식하는 시대가 실제로 왔다고 가정해보자. 한 번 나쁜 기억을 사라지게 한 사람이 그 한 번으로 끝낼 수 있을까? 소확험 정도의 사소한 나쁜 기억을 시험적으로 사라지게 해봤던 사람은 조금 더 센 기억을 사라지게 하고 싶을 테고, 외상후 스트레스 장애 환자가 엄청난 트라우마 기억을 사라지게 했다면 그보다 강도가 약한 나쁜 기억은 매우 손쉽게 지우도록 마음먹을 것이다. 아마도 한 번, 두 번 기억을 지우고 새로 이식하다 보면 기억이 엉키고 혼란스러워질 테고, 「토탈 리콜」에 나왔듯이 두 번째 기억 주입 시에 뇌 손상이 오는 정도는 아니더라도 예상치 못할 부작용이 심각하게 우려된다. 분명히 부작용에 대한 경고를 주고 나서 결정하도록 하겠지만 그래도 고통이 있으면 그것을 피하고자 집착하고 즐거우면 즐거움이 사라질까 두려워하는 인간의 본능으로 볼 때 나쁜 기억 지우기와 좋은 기억 주입하기는 실현 가능한 시대가 도래하면 중독성이 매우 강한 대표적인 서비스가 될 것 같다. 겉으로는 드러나 보이지 않기 때문에 요즘의 '성형 중독'보다 더 많은 공급과 수요가 따를 것이며 이 '기억 삭제 중독'과 '기억 이식 중독'은 어마어마한 사회적 파장을 낳을 확률이 높다. 참으로 많은 사람의 후회와 오히려 재생산되는 트라우마에 아마도 기억의 조작과 관련해서는 우리 사회가 무용성을 들고나오게 될 것이 분명하다. 그리고 상식을 가진 사람들은 자신을 괴롭히는 나쁜 기억과 두려운 기억에 대처하는 방안으로 인간 본연의 자세와 성찰을 불러내 최선의 솔루션을 만들어내고자 할 것이다. 그것이 인공지능과 차별되는 인간의 통찰이다.

자각:
당신을 죽이지 않은 것은 당신을 더욱 강하게 만든다

기억과 인지 조절의 근본적 기전과 상호작용을 연구하는 케임브리지대학의 마이클 앤더슨 교수의 2018년 논문 제목은 '당신을 죽이지 않은 것은 당신을 더욱 강하게 만든다What doesn't kill you makes you stronger'로 시작한다. 사실 이 말은 19세기 철학자 니체가 한 것이다. 매우 도발적인 제목의 이 논문 도입부에서 앤더슨은 '나쁜 기억은 시간이 흐르면서 점점 사라진다'는 일반적 명제에 이의를 제기한다. 수동적인 망각이 모든 기억에 적용되지는 않을 것이라고 생각한 앤더슨은 이 연구에서 트라우마 이후에 갖게된 나쁜 기억으로부터 자연적으로 회복되는 것이 부분적일지언정 과거의 기억을 억누르는 능력을 강화함으로써 오지 않을까 알아보고자 했다. 연구팀은 기억 조절 역시 경험에 의존한다고 가정하고 원하지 않는 기억의 소환을 멈추는 실제 경험을 많이 해본 사람이 그 기억에 대한 억제 능력을 더 잘 보여줄 것이라고 생각했다. 실험 결과를 보면 실제로 더 강한 트라우마의 경험을 말한 실험 참여자들이 특정 기억을 억누르는 데 좀더 능숙한 것으로 나타났다. 적절한 훈련을 통해 사람들이 나쁜 기억을 잘 다루는 방법을 배울 수 있고, 이러한 심적 고생을 경험하는 것이 살아가면서 정신적인 회복탄력성을 증가시키는 데 도움을 줄 수 있다는 의미다.[32] 다시 말해 자신의 과거 기억에 파묻혀 있지 말고 노출시켜서 그 기억이 무엇인지 자각한 뒤에 버릴 것은 버리는 마인드 컨트롤 훈련이 필요하다는 것이다.

작지만 확실히 나쁜 기억도 자주 반복되면 트라우마가 될 수 있다고 했다. 기억을 떠오르게 하는 비슷한 상황 혹은 사소한 사건 하나에 가슴이 두근대고 얼굴이 화끈거리며 어떤 때는 통증 같은 신체 감각을 느끼게 되는데 이것을 피하려다보면 오히려 그 감각이 내 몸을 제압해버린다. 이럴 때 피하지 말고 감각에 주의를 기울이며 그에 따르는 감정을 이해하고 그 감정을 일으킨 기억과 마주쳐봐야 한다. 이것이 자각이다. 실제 생활에서 이 자각은 고생스러운 일이 될 수 있다. 그것이 두려워 더욱 피하고 싶은지도 모르겠다. 사실 앤더슨의 실험에서 가장 중요한 메시지는 제목에 있었다. 나쁜 기억이 아무리 아파도, 기억과 마주하는 것이 아무리 두려워도, 자신을 죽일 수도 없고 죽여서도 안 된다. 죽일 정도가 아니라면 오히려 그런 경험들이 나 자신을 더 강하게 만들 수 있다.

앞부분에 언급했듯이 나심 탈레브는 『안티프래질』에서 충격을 가하면 깨지기 쉬우니 조심하라는 '프래질'에 반대의 접두어 '안티'를 붙여 신조어 '안티프래질'를 만들어냈다. 이것은 '깨지기 어려운'이라는 뜻이 아니라 한 단계 더 상위 개념으로 '충격을 가하면 가할수록 더욱 강해지는' 것을 말한다. 잔디를 자주 깎아주면 잔디는 뿌리의 결속이 강해지며 더 잘 자란다. 가로수의 나뭇가지를 쳐주면 그 나무는 더 굵고 더 높이 큰다. 사람의 예를 들어보자. 10대 청소년기부터 나타나는 자가 면역성 염증성 장질환인 크론병과 궤양성 대장염은 선진국형 질환이다. 미국이나 유럽에 환자가 많고 우리나라에는 20여 년 전부터 나타나기 시작해 지금은 주변에서 가끔 볼 수 있는 만성 희귀 질환 중 하나가 되었다. 발생 원인이 밝혀져 있지 않지만 '위생 가설'이 그럴듯한 설명 중 하나가 된다. 어려서 기생충에 감염되어본 세대, 즉 마당이나 뒷산에서 흙장난하고 땅에 떨어진 것도 다시 주워 먹고 배탈도 잘 나던 세대는 잦은 장 내 감염으로 자연스럽게 면역이 되며 튼튼한 장을 갖게 되었다. 하지만 아파트 생활이 시작되면서 깨끗한 환경에서 위생적으로 키운 아이들은 어려서부터 장 내 감염을 앓을 기회가 많이 없었다. 이런 아이들이 나중에 장으로 균 감염이 크게 발생하면 그동안 면역이 준비되지 않은 상태라 장이 면역적으로 심각하게 손상될 수 있다는 것이다. 지금도 장 내 기생충이 만연한 나라에서는 크론병이나 궤양성 대장염을 찾아보기 어렵다.

나심 탈레브는 '호르메시스hormesis'를 언급했다. 독이 강하면 인체에 들어와 사람을 사망하게 만들겠지만 소량의 독, 즉 유해 물질은 신체에 자극을 주어 스트레스에 대응하게 만든다. 우리 몸은 직접적으로 방어하기도 하고 미래에 대비해 방어력을 증강시켜 놓기도 한다. 인간의 심리도 마찬가지다. '프래질'한 사람과 '안티프래질'한 사람이 있을 것이고 결국 내 몸이 자각하고 반응하는 것에 따라 누구는 '외상후 스트레스 증후군'이 되고 누구는 '외상후 성장post-traumatic growth, PTG'이 되는 것이다. '외상후 성장'은 시련을 딛고 이겨나가는 긍정적인 심리적 변화를 지칭한다. 이것은 자신의 내면을 이해하고 주변 환경에 적응하고 소통하려는 도전을 의미한다. 지금까지의 내가 아닌 변화된 자신을 이끌어내야 하기 때문에 과정에서의 아픔을 감내해야 한다는 것도 인지하고 있어야 한다. 변하고 싶지 않은 자신은 타인의 도움을 간절히 바라고 있겠지만 나를 도와줄 사람은 바로 나 자신이라는 것을 자각해야 한다. 그래서 더욱 아프고 아픈 만큼 성숙해진다. 치유의 관점에서 볼 때 어떻게 하면 프래질한 성향을 안티프래질한 방향으로 이끌어가는가가 핵심 포인트가 된다. 그래서 앤더슨 교수의 연구팀은 '당신을 죽이지 않은 것은 당신을 더욱 강하게 만든다'면서 스스로의 자각과 직접적인 대응을 요구한 것이다.

외상후 스트레스 장애를 연구해온 세계적인 의학자 베셀 반 데어 콜크는 트라우마를 치료하는 방법으로 뇌에서의 하향식과 상향식 조절을 주장했다.[33] 그는 편도체를 화재경보기라 불렀고 내측전전두엽을 감시탑이라고 칭했다. 부엌 쪽에서 연기가 날 때 깜짝 놀란 편도체는 맞서 싸우거나 도망갈 것을 지시하게 되지만 감시탑인 내측전전두엽은 그것이 음식을 굽는 연기인지 실제로 불이 난 것인지를 판단해 다음 행동을 결정해준다. 우리가 살아가는 데는 이 두 영역의 균형잡힌 관계가 필요한데 외상후 스트레스 장애가 발생하면 균형이 깨지면서 감정 조절에 문제가 생긴다. 내측전전두엽의 활성이 급격히 저하돼 전전두엽 본연의 억제 기능이 발휘되지 않는 것이다. 그래서 감정 조절을 위해 하향식 혹은 상향식 변화를 가져와야 하는데 하향식 조절은 신체 감각을 점검

하는 감시탑의 기능을 강화하는 것이다. 상향식 조절은 자율신경계의 기능을 보정하는 것인데 호흡과 움직임, 촉각을 통해 자율신경계에 접근한다. 그런데 이 두 가지 방법이 익숙하게 들리지 않는가? 바로 명상 혹은 요가의 효과다. 호흡을 느끼고 집중하면서 친숙해지고 자기 조절 능력을 습득한다. 이것은 상향식 조절이다. 또한 감정으로 유발된 신체 감각이 외부 문제가 아니라 나 자신으로부터 발현한 것임을 자각하는 과정은 하향식 조절로 설명된다. 그리고 내가 두려워하고 불안해하는 대상을 믿는 것은 전전두엽을 활용해 편도체에 메시지를 전달하는 것이므로 또한 하향식 조절이 된다. 그런데 중요한 것은 하향식 조절과 상향식 조절 모두 자각을 기반으로 이루어진다는 것이다.

나쁜 기억의 두려움을 가진 나 자신이 느끼는 것이 말단 신체의 감각이건 통증이건 간에 실체를 자각하는 것이 우선이다. 나를 아프게 만드는 것이 나 자신이거나 혹은 어떤 대상이어도 나와 그 대상을 믿어보는 것이 필요하다. 이것은 두려운 대상이 두렵지 않음을 자각하는 과정이다. 기억을 지우려는 노력도 회피하려고 억지로 해보는 것이 아니라 능동적으로 당당하게 부딪혀 지우는 것이 올바른 자각이다. 나쁜 기억에서 헤어나오지 못하는 사람들은 스스로를 동굴 안에 가둬놓고 있다. 움직이려 하지 않으며 자신만의 세계에 만족하고 산다. 플라톤은 동굴의 비유를 통해 한 번도 세상에 나가보지 않은 사람은 동굴 안이 세상의 전부인 것처럼 인지한다고 했다. 보이는 것은 동굴 안 그림자에 불과해 그 너머의 실체를 알아야 하는데도 도무지 동굴 밖의 세상을 보려고 하지 않는다. 그 사람을 동굴 밖으로 강제로 끌고 나가 볼 수도 있겠지만 이는 옳은 방법이 아니다. 시간과 노력이 많이 걸리더라도 스스로 걸어나오도록 설득하고 기다려주어야 한다. 인간은 통찰의 동물이다. 인간은 경험 혹은 상상으로부터 스스로 깨우침을 얻을 수 있다. 소확혐에서 트라우마까지 나 자신을 괴롭히는 나쁜 기억에 대처하고 치유하는 방법은 결국 한 가지로 귀결된다. 치유의 핵심은 자각이다.

우리는 왜 나쁜 기억을 두려워하지 않아도 되는가?

티 없는 마음의 영원한 햇살

떳떳하기만 한 여사제의 삶은 얼마나 행복한가!
그녀는 세상을 잊고 세상은 그녀를 잊었네.
티 없는 마음의 영원한 햇살이여!
모든 기도는 성취되었고 모든 소망은 체념했네.

알렉산더 포프의 시 「엘로이즈가 아벨라르에게」의 구절이 등장하
는 영화가 한 편 있다. 영화의 원제목은 '티 없는 마음의 영원한
햇살Eternal sunshine of the spotless mind'인데 국내에는 「이터널 선샤인」
이란 제목으로 2005년 개봉했다. 시의 내용을 풀어보면 다음과
같다. '한 여자가 속세를 벗어나 여사제가 되었고 과거의 일을 모
두 잊어버렸으니 티 없는 마음을 가지고 영원한 햇살을 맞게 되었

321

다. 걱정을 잊게 해달라는 기도는 이루어졌는데 속세에서 바랐던 소원은 포기할 수밖에 없었다.'

17세기 영국의 시인 알렉산더 포프는 12세기 중세의 유명했던 상류사회 스캔들을 시로 옮겼다. 피에르 아벨라르는 프랑스의 신학자였고 그는 39세에 파리 대성당 성직자의 조카딸인 17세의 엘로이즈를 보고 반해 그녀가 살던 풀베르 삼촌 집에 가정교사로 들어간다. 사랑에 빠진 두 사람은 비밀 연애를 계속했고 엘로이즈는 임신을 하게 된다. 이를 알게 된 그녀의 삼촌 풀베르는 아연실색하고 격앙되어 자신의 명성이 손상되지 않게 아벨라르에게 비밀리에 엘로이즈와 결혼할 것을 종용한다. 신학자였던 아벨라르 역시 자신의 명성 때문에 결혼을 하지 못하고 엘로이즈와 도피하여 살다가 몰래 결혼식을 올렸다. 이후 풀베르 일가는 엘로이즈를 학대했고 대외적으로 두 사람의 결혼을 발표했다. 이에 아벨라르는 엘로이즈를 수녀원으로 도피시켰는데 풀베르는 아벨라르가 그녀를 버리고 풀베르 가문을 모욕했다고 생각해 사람들을 고용해 아벨라르를 거세해버렸다. 아벨라르는 수도원으로 들어갔고 둘은 각자 수도원과 수녀원에서 따로 살게 된다. 아벨라르는 두 사람 사이에 벌어졌던 일을 친구에게 편지로 써서 보냈고 이 글을 우연히 보게 된 엘로이즈는 여전히 그를 사랑했기에 그에게 편지를 쓰기 시작했다. 두 사람은 서로의 안부와 학문적인 이야기를 편지로만 주고받았고 아벨라르가 먼저 사망하자 엘로이즈는 그의 시체를 그녀의 수녀원으로 옮겨와서 매장했다. 후에 엘로이즈가 사망하자 세상 사람들은 둘을 합장해주었는데 두 사람이 주고받았던 편지가 공개되며 둘의 이야기는 세상에 널리 알려졌다.[1] 「이터널 선샤인」에 소개된 시 구절 중 '영원한 햇살eternal sunshine'은 엘로이즈의 변하지 않는 따뜻한 기억으로 해석되는 것이 옳을 것이다.

「이터널 선샤인」에는 기억을 지운 남녀 주인공이 나온다. 조엘과 클레먼타인은 오랫동안 교제해온 연인이었다. 사소한 일로 자주 싸우던 둘은 결국 헤어졌고 이별이 몹시 괴로웠던 클레먼타인은 기억을 지워주는 회사를 통해 조엘과의 기억을 모두 지워버린다. 사과하려고 클레먼타인을 찾은 조엘은 그녀가 자신을 몰라보자 기억을 지웠다는 사실을 알게 되고 자신도 그 회사를 찾아가 클레먼타인과 관련된 기억을 지우게 된다. 기억은 최근에 서로 다투고 미워했던 것부터 지워지기 시작하는데 과거로 갈수록 둘이 사랑했던 좋은 기억이 많이 나타나자 조엘은 무의식 속에서 기억 지우기 작업에 저항한다. 클레먼타인을 데리고 자신의 어린 시절이나 숨기고 싶은 기억 속으로 도피하면서 그녀와의 기억이 지워지지 않도록 노력한 것이다. 그러나 결국 기억은 모두 지워지고 이튿날 두 사람은 우연히 추억의 장소에서 조우하게 된다. 기억은 지워졌지만 사랑은 남아 있었던지 두 사람은 대화를 나누기 시작한다. 아벨라르를 향한 엘로이즈의 변하지 않는 따뜻한 햇살 같은 기억은 클레먼타인의 가슴에 남아 있던 조엘과의 따뜻한 사랑의 기억과 오버랩된다. 현실에서 아벨라르와 엘로이즈 두 사람은 그들을 끊임없이 괴롭혔던 주변으로부터의 나쁜 기억을 초월해 좋은 기억으로 승화시켰고, 영화에서 조엘과 클레먼타인은 이별의 아픔이 떠오르는 게 두려워 나쁜 기억을 없애는 데 성공하는 듯했지만 남아 있던 좋은 기억으로 새로운 만남을 이어가게 되었다.

좋은 기억과 나쁜 기억의 경계는 어디일까? 물론 좋은 기억은 나쁜 기억으로 변환 가능하고 나쁜 기억은 좋은 기억을 다시 불러오게 할 수 있다. 즉 같은 기억이 관점에 따라 좋은 기억이 되기도 혹은 나쁜 기억이 되기도 한다. 조엘과 클레먼타인의 이야기가 영화가 아닌 현실이었다면 둘은 다시 만날 수 있을까? 대답은 '아니오'일 가능성이 높다. 같이 지내기 어려울 정도로 나쁜 기억이 쌓인 상태에서 서로를 잊기 위해 기억을 지울 정도였다면 마음으로는 처음부터 만나지 않았으면 좋았겠다는 생각을 할 수도 있다. 첫 만남의 기억까지도 지우고 싶었을지 모른다. 초반의 좋은 기억이 후반의 나쁜 기억에 파묻혀버리고 세월이 흘러 만남이라는 하나의 기억으로 묶어놓고 보면 결국 나쁜 기억이 되는 것이다. 나자신의 머릿속에서는 상황과 맥락에 따라 같은 기억이라도 동전의 양면이 된다. 결국 보이는 것만 보고 보고 싶은 것만 보는 인간의 한계에 따라 기억을 아름답게 포장할 수도 있고 어떻게든 지우고 싶은 나쁜 기억으로 만들어낼 수도 있다.

좋은 기억과 나쁜 기억을 판단함에 있어 사실 가장 중요한 포인트는 자신의 입장과 관점이다. 좋은 기억은 모두 나 자신에게 이로울 때 만들어진다. 내가 가장 행복했고 나로 인해 많은 사람이 좋았으며 나의 성취에 대한 자부심이 있을 때 좋은 기억이라 말한다. 하지만 나쁜 기억에 대해서 나 자신은 대부분 미화되어 있다. 친구와 심하게 싸우고 다시는 보지 않는다고 말할 때 모든 잘못은 친구에게 있었고 자신은 잘못한 게 없다고 생각한다. 내 자식이 불안 장애를 일으켜 틱 증상이 생기고, 특별한 병이 없는데도 구토하고 아파할 때, 그것이 알게 모르게 부모의 불안으로 인해 아이에게 압박함으로써 발생한 것이라고는 결코 생각하지 않는다. 그동안 잘 지내오던 상대방이 화를 내면서 나에게 마음의 상처를 입히면 그것이 사실은 나 자신이 유발한 문제임을 전혀 자각하지 못한다. 내 관점에서 보면 나쁜 기억 속에 들어 있는 나는 아웃사이더다. '망각한 자에게는 복이 있나니, 자신의 실수조차 잊기 때문이라.' 니체의 이 말에는 해학이 담겨 있다. 우리 인간은 자신의 허물을 벗으려는 행위에 매우 능하다. 그것이 망각이든 남 탓이든 결국 기억의 왜곡은 반드시 발생하게 되어 있다.

거세당한 아벨라르는 수도원에 파묻혀 신학 연구에만 몰두했다. 그렇게 사랑했던 엘로이즈가 열정적인 편지를 보내왔는데도 그는 답장으로 수도원 생활에서의 주의점, 신학 및 성서학적 문제에 대한 문답, 신앙의 정통성에 대한 의견같이 감정이 배제된 내용을 엘로이즈에게 보냈다. 엘로이즈는 나쁜 기억보다 좋은 기억을 간직하고 싶어했지만 아벨라르는 나쁜 기억으로부터 벗어나려는 몸부림으로 좋은 기억을 찾기보다 자신을 합리화하는 데 힘을 쏟은 것으로 보인다. 같은 기억도 이렇게 관점에 따라 다르게 해석된 것이다. 자신의 실수를 잊기에 망각한 자들은 복이 있다고 한 니체의 잠언은 「이터널 선샤인」의 대사로도 활용되면서 이 영화의 한 테마를 이룬다. 영화는 아름다운 마무리를 선택했지만 현실 세계에서 '인간은 늘 같은 실수를 반복한다'. 우리는 나쁜 기억을 지우고 또 좋은 기억을 만든다. 우리는 자신을 합리화하면서 나쁜 기억은 버리려 하고 내 입맛에 맞는 좋은 기억만 취하려고 집착한다. '모든 기도는 성취되었고 모든 소망은 체념했네.' 좋은 기억은 내 기도에 신이 반응한 것이고 나쁜 기억은 내가 체념할 정도로 어쩔 수 없었던 사건이다. '티 없는 마음의 영원한 햇살이여!' 다른 건 모르겠고 나의 좋은 기억만큼은 영원히 지속될 것이다. 뒤집어보니 알렉산더 포프의 시는 그렇게 다가온다.

수면 아래에 감춰진 절대다수의 소환혐

마이클 잭슨의 새 앨범이 나오는 날 음반 가게 앞에서는 새벽부터 끝이 안 보이는 줄을 서며 사람들이 손에 앨범을 쥐는 순간을 기다렸다. 한 곡 한 곡에 전 세계가 환호했고 관련 기사는 넘쳐났으며 판매량은 역사상 전무후무한 기록을 세웠다. 역대 세계 박스 오피스 영화 순위를 보면 「어벤저스」와 「아바타」 「스타워즈」 등이 최고 순위에 올라 있다. 전 세계에서 한 해에 나오는 노래와 영화는 도대체 몇 작품이나 될까? 그중에서 우리가 보통 히트작이라고 부르는 것들은 몇 퍼센트를 차지할까? 일반적으로 전체 상품 중에서 20퍼센트가 80퍼센트의 매출을 올린다는 80대 20의 법칙은 잘 알려져 있다. 『와이어드』지의 편집장 출신인 크리스 앤더슨은 2004년 디지털 주크박스 업체의 CEO로부터 주크박스에 있는 1만 종의 앨범 중에서 분기당 한 곡이라도 팔린 앨범이 몇 퍼센트나 되는지 맞혀보라는 흥미로운 질문을 받았다. 앤더슨은 잠시 고민하다가 50퍼센트라고 답했다. 그러나 돌아온 정답은 놀라웠다. 98퍼센트였던 것이다. 히트작은 그리 많지 않지만 그 수많은 노래 중에 최소 한 곡 이상 팔린 경우가 98퍼센트나 차지했다니! 이는 엄청나게 높은 수치였다. 왜냐하면 오프라인 서점에서 매출 상위 1만 종 가운데 절반이 분기당 한 권도 팔리지 않기 때문이다. 월마트에서 팔리는 음악 CD도 매출 상위 1만 종 가운데 절반이 한 개 이상 판매되지 않는다. 오프라인 서점이나 CD 판매점에서 모든 책과 CD를 비치할 수는 없으니 잘 팔리는 물건 중심으로 판매대에 전시하는 것이 당연하고 절반 정도의 매출이 제로인 게 이해가 간다고 하지만 아무리 온라인 판매라고 해도 98퍼센트는 상상하기 어렵다. 사람들은 자신의 취향에 맞는 책과 음악을 골랐던 것이고 그만큼 취향은 다양했던 것이다. 크리스 앤더슨은 이러한 양상에 관심을 가지고 수요 곡선을 눈여겨보기 시작했다. 적은 수의 대히트 상품을 제외하고는 대부분 판매량이 급감하고 한두 개 팔리는 상품들은 끝없이 X축을 따라 이어지는 모습에서 앤더슨은 '긴 꼬리long tail' 개념을 생각해냈다. 그림에서 보듯이 X축을 따라가는 꼬리 아래 면적의 합은 히트 상품을 보여주는 왼쪽 피크의 면적을 능가할 수도 있는 것이다. 전통적인 80대 20의 파레토 법칙과 반대되는 이 새로운 모델을 그는 '롱테일 현상'이라 명명하고 2004년 『와이어드』지에 기고했다.[2]

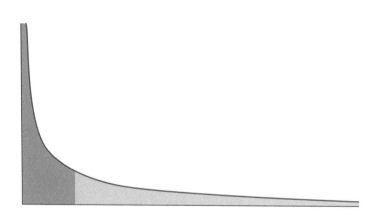

[그림 8] 롱테일 현상

새로운 비즈니스 모델 롱테일 현상은 나쁜 기억에도 잘 들어맞는다. 늘 주목을 받는 트라우마는 상품의 대히트작과 같은 것이고 개인 각자가 가지고 있는 작은 소확혐은 긴 꼬리 부분을 이룬다. 언론을 통하거나 주변에서 전해지는 이야기로 알게 되는 우리 눈에 확 띄는 트라우마는 그야말로 빙산의 일각에 불과하다. 수면 아래에는 지구에 살고 있는 약 70억 명 사람들의 마음 깊은 곳에 자리한 각자의 소확혐이 넘쳐난다. 한 사람당 하나만 있을 리는 만무하니 개수로 따지면 상상을 뛰어넘는 수의 작지만 확실히 나쁜 기억이 존재하는 것이다. 그렇게 개수가 많아도 동일한 내용의 소확혐은 하나도 없다. 톨스토이의 소설 『안나 카레니나』의 첫 구절은 이렇게 시작한다. '행복한 가정은 모두 엇비슷하고 불행한 가정은 불행한 이유가 제각기 다르다.' 안나 카레니나의 법칙으로 잘 알려진 이 구절대로 인간의 소확혐은 모두 다른 이유를 가진 기억을 말한다. 상처 입은 마음을 치료받고 싶은데 누구나 인정하는 트라우마급의 정신의학적 질환이 아니면 사실 병원에서는 거들떠보지도 않는다. 전문적인 심리상담이나 지인과의 대화가 전부일 뿐이다. 1980년 미국정신의학회는 정신의학의 질병에 관한 체계적인 진단 시스템 매뉴얼을 만들기 시작해 『정신 질환 진단 및 통계 편람-3Diagnostic and statistical manual of mental disorders-3: DSM-3』이 발간됐다. 여러 논의와 개정을 거쳐 2013년 DSM-5가 발표되었고 이 진단 기준에는 300여 종의 정신 장애가 실려 있다. 외상후 스트레스 장애의 진단 기준은 다음과 같이 시작된다.[3] '개인은 다음의 두 가지가 존재하는 외상적 상황에 노출되었다. 첫째, 실제적인 죽음이나 생명을 위협하는 사건들, 혹은 심한 부상, 자신과 다른 사람의 신체적 온전성에 대한 위협을 경험, 목격하거나 직접 직면한 적이 있다. 둘째, 개인의 반응은 강한 두려움, 무력감, 혹은 공포를 포함한다.' 즉 정신 질환의 진단에 들어가는 것은 생명에 위협이 될 만한 엄청난 사고나 양육을 통한 학대 혹은 성폭력 등 큰 트라우마를 겪은 경우를 의미한다는 것이다. 그렇다면 이렇게 질문해보자. 본인이 속한 작은 모임에서 '왕따'를 당하고 괴로워한다면 이것은 트라우마인가 아닌가? 진단 기준에는 강한 두려움과 무력감 그리고 공포를 느껴야 한다고 했다. '왕따'를 당해서 아픈 기억으로는 남아 있지만 금세 회복해 일상생활을 잘 해나가는 사람은 나쁜 기억이 평생 가더라도 트라우마는 아니라고 해야 하는가?

앞에서 좋은 기억과 나쁜 기억의 경계가 어디인지 살펴봤듯이 이제 소확혐과 트라우마의 경계가 어디인지도 이야기해보는 게 좋을 듯싶다. 머릿말에서 밝혔듯이 이 책의 내용은 되도록 트라우마가 아닌 소확혐과 관련된 항목들을 다루고자 했다. 소확혐은 큰 트라우마가 아닌 작은 트라우마를 지칭한다. 우리가 살아가면서 일상에서 겪는 대부분의 작은 사건이 작은 트라우마의 모집합이다. 그리고 이 소확혐은 '안나 카레니나의 법칙'과 '롱테일 현상'대로 다 각자의 이유가 있고 지구상에 살고 있는 사람의 수만큼, 아니 그보다 몇 배 더 많이 존재한다. 그러면 작은 트라우마의 '작은'이라는 의미는 어떻게 정의될 수 있을까? 어디서부터 '작은' 트라우마인가? 공학이나 수학, 물리학이나 화학에서는 1 더하기 1은 2가 되지만 의학, 특히 정신을 다루는 학문에서는 1 더하기 1은 결코 2가 되지 않는다. 의학이나 심리학처럼 '전체가 부분의 합보다 큰' 학문에서는 경계가 늘 불분명하며 A와 B를 나눠놓아도 둘 사이를 넘나드는 교집합이 존재하게 마련이다. 더 헷갈리는 것은 교집합의 크기가 아주 작을 수도, 클 수도 있다는 것이다. 아주 큰 경우 A와 B는 동일해진다. 소확혐과 트라우마 사이의 교집합은 사람마다 가지고 있는 감수성에 따라 작아질 수도 있고 커질 수도 있다.

제롬 케이건의 생후 4개월 영아의 연구에서 봤듯이 매우 예민한 고반응군은 약 20퍼센트이고 이들은 자라서 과도공포유형이 되었다. 이들에게 소확혐은 트라우마급으로 느껴질 수도 있다. 반면 저반응군은 40퍼센트였고 이들은 자라서 최소공포유형이 되었는데 예민한 사람들에게는 트라우마급 사건이었어도 이들에게는 별일이 아닐 수 있다. 같은 사건도 누구에게는 소확혐이 되고 누구에게는 트라우마가 되는 것이다. 그래서 경계를 가르는 것은 의미가 없다. 개인의 감수성이 그 경계를 지정한다. 더 정확히 말하면 개인마저 상황과 맥락에 따라 감수성이 달라질 수 있으므로 경계는 더욱 불분명할 수 있다. 그렇기 때문에 친구가 자신의 고민을 상담해왔을 때 조언을 하는 우리는 매우 조심해야 한다. 친구가 보여주는 생각과 행동이 일반적으로 말하는 트라우마인지 아닌지를 함부로 재단해서는 안 된다. 도와준다고 한마디 던진 말 때문에 친구는 또다시 트라우마를 겪을 수도 있다.

이 책은 트라우마를 집중해서 다루지는 않았다. 하지만 개인의 감수성에 따라 트라우마가 되거나 소확혐이 될 수 있는 것처럼 이 책도 보는 관점에 따라 트라우마부터 작은 나쁜 기억까지 모두 다룬 것으로 볼 수 있다. 트라우마의 치료는 전문성을 요한다. 지금까지 기술한 내용에는 체계적인 구분이나 치료가 포함되어 있지 않다. 즉 트라우마의 해결을 주목적으로 한 것이 아니라 정말로 많은 사람이 겪고 있는 소확혐에 대한 이야기를 하고 싶었다. 스스로를 알아갈 수 있도록 가이드하는 역할에 충실하고자 했다. 아마도 치유에 관심을 갖는 사람이 매우 많을 텐데 치유도 중요하지만 사실은 나 자신이 왜 이런 기억에서 벗어나지 못하고 있는지 그 원인과 맥락을 아는 것이 훨씬 더 중요하다고 생각한다. 나쁜 기억의 본질을 파악하게 되면 치유 방법은 트라우마든 소확혐이든 사실상 동일하다.

나쁜 기억에서 벗어나는 네 가지 방법

주말이어서인지 내비게이션은 서울에서 전라도 광주까지 네 시간 가량 소요된다고 알려주었다. 장마 기간이라 서울에는 비가 오지 않더라도 날씨 예보는 전국 곳곳에 소나기 소식이 있다고 알려주었다. 아내와 나는 간식을 이것저것 챙기고 라디오에서 흘러나오는 음악과 함께 우리 동네를 벗어났다. 수원을 지나며 내비게이션에 나오는 도착 소요 시간이 자꾸만 늘어남을 알 수 있었다. 안성에 다다르니 고속도로는 정체 상태를 보이기 시작했다. 원래 막히는 구간이어서 그러려니 했는데 내비게이션이 갑자기 고속도로를 벗어나 국도로 향하도록 경로를 변경했다. 아내가 말했다. "크게 차이 안 나면 그냥 고속도로로 가도 되지 않아?" 안성 이남으로 비가 내리고 있었다. 양은 꽤 많아 보였다. 내비게이션을 조작해보니까 가는 방향으로 고속도로에 길게 빨간 정체 구간이 표시되어 있었다. 서울 시내의 교통 정체 때문에 고생했던 나쁜 기억이 정말로 많은 나는 아내의 말을 듣지 않고 국도로 빠져나갔다. 비가 억수같이 쏟아지기 시작했다. 하늘은 더 컴컴해졌고 내비게이션상의 모든 길이 빨갛게 나타나 있었다. 앞이 보이지 않을 정도의 폭우 속에 좁고 구불구불한 지방 도로에서 나는 계속 내비게이션을 손가락으로 조작해보고 있었다. 다른 길로 빠지면 조금 더 나을까? 얼마나 오래 내비게이션에 매달려 있었는지 기억이 나지 않았다.

간신히 다시 고속도로에 올라타고 드디어 여섯 시간 만에 광주에 도착할 수 있었다. 목적지에 차를 대고 아내가 수고했다는 말을 해줄 것으로 기대했는데 아내는 의외로 차갑게 한마디를 던졌다. "그렇게 해서 뭐가 좋았어? 서너 시간을 내비게이션만 조작했고 나랑은 말도 별로 안 했잖아. 그냥 처음부터 고속도로로 왔어도 도착 시간은 비슷했을 거고 음악이나 들으며 얘기를 했으면 더 나았을 텐데 이게 뭐야?" 아내의 말에 머리를 한 대 세게 맞은 느낌이었다. 정신이 번쩍 들었다. 그리고 아내는 그동안 나를 살펴본 결과 교통 정체 구간이 나타나면 내가 늘 내비게이션에 손을 대고 빠르게 가는 방법을 찾는 데만 열중한다고 덧붙였다. 나는 차가 막히는 것에 대해 시간상의 손해만 떠올렸고, 막히더라도 그 시간을 알차게 보내는 법을 깨우치지 못했던 것이다. 아내가 백번 옳았다. 나의 허물을 자각한 순간이었다.

레바논계의 미국인으로 시인이자 작가였던 칼릴 지브란의 작은 글 한 편을 소개한다.[4]

우리는 다른 사람의 허물을 쉽게 보지만 정작 보아야 할 자신의 허물에는 어둡습니다. 그리스 속담에는 이런 것이 있습니다. '사람은 누구나 앞뒤에 하나씩 자루를 달고 다닌다. 앞에 있는 자루에는 남의 허물을 모아 담고 뒤에 있는 자루에는 자기의 허물을 주워담는다.' 뒤에 있는 자신의 허물을 담는 자루는 자기에게는 보이지 않지만 반대로 남들 눈에는 잘 보인다는 것을 늘 염두에 두고 자기 성찰을 게을리하지 말아야 할 것입니다.

앞에 있는 자루에 남의 허물을 한가득 집어넣고 다니면 그 무게 때문에 앞으로 쓰러질 것 같다. 그런데 쓰러지지 않는다. 그 이유는 간단하다. 뒤에 멘 자루에 들어 있는 자신의 허물이 그보다 더 많기 때문이다. 소확혐을 꽤나 간직하고 있는 우리는 아마도 우리가 생각하는 것보다 훨씬 많은 허물을 가지고 있을 것이다. 나쁜 기억을 두려워하는 우리가 자신의 허물이 무엇인지 자각하는 특별한 방법이 있을까? 길 가는 100명에게 물어보면 된다. 이들은 아무런 사심이 없다. 객관적인 관점에서 답을 해줄 사람들이다. 우리 뒤에 매여 있는 허물 자루를 볼 수 있는 사람들이다. 하지만 이렇게 하기는 힘드니 전문가를 찾아 심리상담을 해보는 것이 의외로 도움이 될 수 있다. 그리고 당연하겠지만 상담할 때 나쁜 기억의 부분만 얘기하지 말고 앞뒤 관련된 사건들을 모두 말해야 한다. 숨기지 않는 것도 자각이다. 전문가를 만나는 게 부담스럽다면 좋은 친구를 찾아가보자. 도와줄 친구가 여러 명 있으면 이들이 상담사 역할을 할 수 있다. 그들은 이야기를 들으며 맥락을 파악하게 되고 무엇이 문제였는지 콕 집어 알아낼 수 있다. 나쁜 기억의 원인 중 나 자신에게 문제가 있다는 것을 자각하는 순간 변화가 시작된다. 그리고 자신의 허물을 가리고자 노력했던 흔적들을 되짚어보면서 자신이 왜 그렇게 했는지 통찰해봐야 한다.

어떤 기억으로 인해 내 마음이 가라앉고 불쾌하다면 그것은 나의 손실이 된다. 그러므로 아주 사소한 소확혐일지언정 다시 떠올리는 것이 두렵고 싫다면 사람들은 본능적으로 이를 피하기 위해 행동 편향과 부작위 편향을 일으키고 남과 나를 컨트롤하면서 어설프게 개입한다. 가용성 휴리스틱에 휘둘려 중요한 본질을 놓칠 수 있고 자신을 보호하고자 편견과 혐오를 통해 타인에게 책임을 전가하기도 한다. 자신이 타인으로부터 평가를 받을 때 한 번 박힌 나쁜 기억은 잊히지 않으며, 타인의 제안을 거절했을 경우에 다수의 시선이 두려워 집단에 동조하게 되는 것도 허물이다. 현재의 감정에서 미래를 상상하기 때문에 지금 나쁜 기억에 둘러싸여 있으면 미래도 나쁘게 그려지게 되는 현재주의를 우리는 벗어나지 못하고 있고, 고통이 지속되면 그것을 피하려고 일을 벌이며 즐거우면 즐거움이 사라질까봐 두려워하는 집착과 강박이 편집증으로 이어지기도 한다. 모든 사건에는 확률이 존재하므로 그것을 따르면 되는데 불안하기 때문에 확률을 무시하려 하고 리스크가 완전히 사라질 때까지 집착하는 제로 리스크 편향도 보인다. 사소하더라도 반복되는 나쁜 자극에 당하는 사람이 자기 결정권이 부족하면 이것이 학습되어 학습된 무기력에 빠진다. 이러한 무기력은 본능을 잃어버리는 위축으로 나타나거나 두려움 때문에 편도체가 심하게 활성화되었을 경우에는 당황하게 되는데 사람들은 보통 예상치 못했던 일 앞에서 둘 다를 보여주기도 한다. 자신을 포장하는 데 능한 우리는 자기 합리화를 통해 스스로의 허약한 면이 보이지 않도록 겉으로 강한 척하는 자기기만을 보이고, 또 다른 실패가 두려워 자기 불구화를 통해 미리 자신을 낮춤으로써 평가에 대한 두려움에서 벗어나려고 한다. 우리는 자신의 평판이 나빠질 것을 걱정하면서 쉬운 과제를 우선적으로 처리하고, 어렵거나 불쾌한 일은 뒤로 미루거나 남에게 떠넘기는 경향도 있다.

지금까지 요약한 이 모든 것은 앞부분에서 자세히 설명했던 나 자신이 자각해야 할 허물이다. 그래도 여전히 해결되지 않은 문제가 남아 있다. 나의 아픈 기억을 유발한 것이 '내 탓'보다는 '남 탓'으로 여겨질 때가 더 흔하다는 것이다. 그래서 오해하지 말아야 할 것이 하나 있다. 나쁜 기억의 책임 소재를 따지려 할 때 나 자신의 허물만이 문제라는 것은 아니다. 사건과 기억은 혼자만 만드는 것이 아니라 타인과의 상호작용에서 만들어진다. 실제로 타인의 잘못이 더 큰 경우도 많다. 나쁜 기억으로부터 벗어나려는 욕구가 간절하다면 꼬인 실타래를 풀기 위해 나쁜 기억의 당사자에게 얘기를 꺼낼 수도 있다. 이때 문제가 복잡해진다. 나 자신이 절실하게 풀고 싶어도 상대방이 진심을 보여주지 않으면 해결되지 않을 것이다. 상대가 '남 탓'을 하고 있을 것이기 때문이다. 그래도 나 자신의 허물을 먼저 벗어버리는 편이 유리하다. 내가 먼저 내려놓으면 상대방이 얘기할 때 제3자의 입장에서 상대를 관찰할 수 있게 된다. 상대도 나 자신이 경험했던 똑같은 자기 합리화와 수많은 편향을 보이게 되는데 그것은 무의식에서 행동 누출로 벌어지는 것이므로 나에게 그대로 읽힌다. 이렇게 되어야 서로 간 감정의 공유가 가능해진다. 그리고 이야기를 나눠보자. 결국 나쁜 기억의 두려움에서 벗어나는 최선의 방법은 네 가지로 요약된다. 첫째, 회피하지 말고 둘째, 나를 내려놓으며 셋째, 마음을 자각하고 넷째, 부딪혀보는 것이다.

병원 이야기로 잠시 돌아가보겠다. 앞서 언급했던 입 짧은 아이 18개월 나영이는 어려서 남들보다 작게 태어났고, 잘 안 크는 것 같으니 많이 먹이라는 주변의 이야기에 스트레스를 받은 부모는 하루 종일 따라다니며 나영이에게 먹을 것을 강요했다. 미래에 아이가 크지 못하면 그것이 부모의 손해라고 생각했기 때문에 이를 회피하기 위해 설소대 수술을 하면서까지 먹였지만 아이는 오히려 구역질과 구토 증상을 나타냈다. 겁이 난 부모는 병원을 찾아 내시경을 비롯한 여러 검사를 하고 잘못된 진단을 받은 뒤 엉뚱한 약만 12주 동안 복용시켰다. 나쁜 기억에서 헤어나오지 못하던 부모에게 내가 내렸던 처방은 첫째, 나영이가 안 먹는 게 부모의 손실이 아님을 인식시키는 것이었다. 작게 태어나고 잘 안 먹는 아이들도 대부분 사춘기를 넘어가면서 정상적으로 잘 먹고 충분히 성장한다는 것을 진료 경험으로 알려주었다. 지금 보고 있는 나영이의 미래는 이 상황을 거쳐간 인생 선배들의 오늘이고 의사인 나는 그 과정을 모두 지켜봤으니 나영이도 특별한 일이 벌어지지 않는 한 남들과 동일하게 성장할 것이라고 했다. 현재의 관점으로 미래를 예측하지 말라고 알려준 것이다. 그러므로 손해 볼 것도 없으며 손해가 아니니까 회피하지도 말라고 했다. 둘째, 밥을 먹고 안 먹고는 나영이 자신이 결정해야 한다고 알려주었다. 배부르면 더 이상 먹지 않고 배고프면 음식을 찾게 되는 이런 생리적인 현상은 부모라도 아이에게 관여해서는 안 된다고 했다. 먹고 자고 놀고 배설하는 삶의 가장 기본적인 항목에서마저 지적을 받으면 아이는 곧 좌절한다. 아이의 변이 딱딱할 수도 혹은 묽을 수도 있고, 이틀에 한 번 혹은 하루에 서너 번 변을 볼 수도 있는데 이것이 부모와 다르다는 이유로 틀렸다고 판정하는 순간 부모와 의사의 어설픈 개입으로 의원병이 발생하는 것은 앞서 기술한 바와 같다. 부모는 아이를 소유한 것이 아니다. 아이는 다른 자아를 가진 또 하나의 인간이다. 아이 앞에서 우리는 마음속 깊은 곳으로부터 올라오는 욕심과 편견을 내려놓아야 한다. 셋째, 나영이가 무엇이라도 경험할 기회를 많이 가져야 한다고 알려주었다. 부모의 두려움이 이를 막고 있다고도 했다. 인터넷을 통해 넘치는 정보에 예민해지고 두려움이 가득해진 부모는 아이가 미리 경험할 기회를 자꾸만 박탈하게 된다. 이것은 무섭고 저것은 나빠 보이니 아이가 시도해보려는 것을 처음부터 통제하는 것이다. 사람은 경험의 동물이어서 자신이 겪어보면 스스로 다음을 판단할 수 있게 된다. 그래서 어려서부터 혼도 나보고 창피함도 겪어보며 실수를 해봐야 그것들을 개선할 수 있는 경험을 쌓는데 정보화 시대의 부모들은 자녀의 이런 경험을 처음부터 막아버리니 아이들은 자기 주도로 판단하고 결정하는 배움의 시기를 놓치게 된다. 나약하고 휩쓸리는 어른이 되어가는 것이다. 아이를 통제하는 것은 나 자신이 두렵다는 것을 표상하는 행위다. 아이의 문제가 아니고 부모 자신의 문제임을 자각하는 것이 우선이다. 넷째, 아이를 믿어보라고 알려주었다. 입이 짧아 안 먹는 아이에게 부모가 밥을 챙겨주지 않으면 하루 종일 아무것도 안 먹을 것 같지만 아이를 믿고 과감하게 부딪혀보라고 했다. 두 끼를 굶고도 잘 놀던 아이는 결국 허기짐에 항복하고 부모에게 와서 밥을 청할 것이라고 단언했다. 그리고 밥을 찾는 아이를 크게 칭찬해야 한다고도 알려주었다. 아이는 지금까지 밥 먹는 것을 늘 강요받아 식사 시간이 행복했던 적이 없기 때문에 지금부터라도 밥 먹는 것이 즐거운 경험으로 바뀌어야 한다고 말했다. 부모의 두려움을 아이에 대한 믿음으로 부딪혀보는 것이다.

가족 안에서 자기 결정권이 없어 자기 불구화 현상으로 트림을 자주 하고 복통을 호소하던 민재와, 학교에 가서 대변보는 것에 나쁜 기억이 있어 아침마다 배가 아파지고 화장실에 오래 앉아 있었던 성필이에게도 치료 처방으로 똑같이 네 가지를 언급했다. 첫째, 질병이 없으니 트림이나 복통을 미리 걱정하거나 회피하려고 하지 말자. 둘째, 어차피 시간이 흐르면서 다 나아질 것이기 때문에 환자라는 생각을 내려놓자. 환자로서 가질 수 있는 가족 안에서의 이득을 버리자. 셋째, 트림과 복통을 계속 호소해도 좋다. 아프고 괴로운 느낌일 뿐이니 있는 그대로 받아들이자. 결코 질병이 아니라는 것을 잊지 말자. 넷째, 괴로움과 부딪히자. 도망가지 말고 부딪혀 이겨보자. 재미있게 놀 때나 잠을 잘 때면 증상은 사라지니 질병이 아닌 이런 느낌 따위는 쉽게 극복할 수 있다. 나는 이렇게 부탁했고 그 말을 잘 이해한 민재와 성필이 그리고 가족들은 스스로의 허물을 벗어내고 자각을 통해 짧은 시간 안에 정상적인 생활을 되찾았다. 원하지 않는 기억이 많은 우리, 이제는 알았으니 허물을 훌훌 벗어던지자.

좋은 '나쁜 기억'

수면 유도 후에 위 내시경을 경험해본 사람들의 한결같은 이야기가 있다. "내시경이 입으로 들어오는 것 같았는데 눈 떠보니까 다 끝나 있는 거야. 아주 좋았어." 진정제를 주사해 환자를 가수면 상태에 빠지게 하고 시행하는 수면 내시경이 언제나 완전한 수면에 이르게 하는 것은 아니다. 누구는 정신을 잃을 정도로 충분한 수면을 취하지만 누구는 수면이 잘 안 되고 내시경 때문에 구역질을 호소하며 괴로워하기도 한다. 그런데 내시경 중에 반수면 상태로 깨어 있던 사람들도 검사를 마치고 나면 검사하는 동안의 기억을 못한다는 것이 장점이다. 수면 내시경을 원하는 사람들의 대부분은 예전에 비수면 내시경을 경험하고 고생했던 나쁜 기억이 있어 이것을 피하려 했거나 혹은 경험 있는 남들로부터 훈수를 받은 이들이다.

아이들도 내시경을 시행해야 할 상황이 꽤 있다. 문제는 소아의 경우 수면 내시경인데도 수면이 되지 않는다는 것이다. 어른은 수면제가 몸 안으로 들어오면 자게 된다는 것을 잘 이해하고 있고 벌어지는 상황을 믿어 대부분 수월하게 검사가 진행되는데, 아이들은 낯선 상황에 대한 두려움에서 시작해 몹시 긴장하는 데다 잠이 오는 것에 저항하기 때문에 수면이 사실상 불가능하다. 검사 시작 전에 잠이 든 것 같아도 내시경이 입안으로 들어가면 그 순간부터 구역질은 물론 소리 지르고 울며 심하면 내시경을 잡아 빼려고까지 한다. 모든 병원의 소아 내시경실은 이렇게 가끔씩 전쟁을 치르곤 한다. 물론 검사가 끝나고 아이가 진정 상태에서 깨어나 우리가 물어보면 아이는 검사 중에 고생했던 것을 어렴풋이 기억하는 듯하지만 대부분을 잊어버린 상태가 된다.

어느 날이었다. 열 살이 채 되지 않았던 환자가 수면 내시경 중에 어찌나 소리를 크게 지르고 울어대던지 그 소리가 밖에서 대기하던 엄마에게까지 들렸나보다. 엄마는 내시경실에 강력하게 항의를 했다. 수면 내시경인데 왜 수면이 안 된 상태에서 내시경을 했느냐부터 수면 진정에 지불한 금액을 환불해달라고까지 요구했다. 병원 '고객의 소리'를 통해 이 사실을 전달받은 나는 아주 민망하고 미안했다. 엄마 입장에서 보면 틀린 얘기가 아니었던 것이다. 이 사건은 나에게 작지만 나쁜 기억이 되어버렸다. 그다음부터 소아소화기영양 클리닉 외래에서 내시경을 처방할 때 수면 내시경을 하더라도 아이는 깨어 있을 수 있으며 소리도 지르지만 결국 기억은 하지 못한다는 것을 1~2분가량 보호자에게 꼭 설명하는 과정이 생겼다. 바쁘게 돌아가는 외래에서 총 진료 시간은 추가로 늘어났더라도 덕분에 더 이상의 불편 신고는 받지 않게 되었다. 나쁜 기억은 이렇게 나를 좋은 경험으로 이끌어주었다. 우리는 살아가며 누구나 과거 기억으로부터 스스로에 대한 가르침을 끄집어 내온다. 늘 벌어지는 일상이라 감흥 없이 지니곤 하지만 역사의 한 분기점에서 아주 중요한 인물에게는 나쁜 기억의 쓰임새로 인해 역사가 바뀔 수 있어 그 의미는 막중하다.

제2차 세계대전 초기인 1940년 5월, 구데리안 장군이 이끄는 독일 기갑군단이 영국-프랑스-벨기에 연합군의 배후를 차단했다. 이에 고민하던 영국 정부는 포위당한 34만 명의 연합군을 구출하기 위해 작전 암호명 다이나모로 5월 26일 프랑스 항구 덩케르크에서 도버 해협을 건너 영국으로 향하는 철수 작전을 승인했다. 9일 동안 860척의 배가 동원되어 작전이 진행되었는데 구축함 등의 대형 선박 외에도 수백 척의 작은 민간 선박들이 동원되어 연합군을 구출해내 '덩케르크의 기적'으로 불린다. 철수는 성공적으로 끝났지만 연합군은 천문학적인 손실을 입게 되었다. 그래도 영국 언론은 이 작전을 실패가 아니라 '대성공'이라고 치켜세웠으며 철수 작전이 완료된 직후 영국 수상 처칠은 의회 연설을 통해 영국 국민이 단결해 역경을 이겨나가자며 '덩케르크 정신'을 국민에게 외쳤다. 다음은 그 유명한 처칠의 연설 마지막 부분이다. "어떤 대가를 치르더라도 우리는 해안에서 싸울 것입니다. 우리는 들판에서, 거리에서 싸울 것이며 우리는 언덕에서 싸울 것입니다. 우리는 결코 항복하지 않을 것입니다. (…) 그리하여 하느님이 주신 좋은 시절에 신세계가 엄청난 군사력과 경제력으로써 구대륙을 구제하고 해방시키기 위해 앞으로 나설 때까지 우리는 투쟁을 계속할 것입니다."5

처칠은 육군사관학교를 졸업하고 기병 소위로 임관하여 참전한 보어 전쟁에서 포로로 잡힌 후 가까스로 탈출해 유명세를 탔다. 25세에 하원의원으로 당선되었고 제1차 세계대전이 발발하자 전시 내각에서 해군장관을 맡게 되었다. 독일과 같은 편이었던 터키의 수도 이스탄불로 진격하기 위해 처칠은 흑해로 들어가는 다르다넬스 해협의 동쪽에 있는 갈리폴리 항구를 장악할 계획을 세웠다. 내각을 설득해 공격 작전을 실행에 옮겼지만 터키에는 나중에 초대 대통령이 되는 케말 파샤 장군이 버티고 있었다. 영국 함대는 피셔 제독의 지휘하에 대규모 선단을 동원해 갈리폴리 항을 공격했지만 터키군의 격렬한 저항에 부딪혀 큰 손실을 입은 채 패배하게 된다. 작전 실패에 대한 문책으로 처칠은 해군 장관직에서 물러났고 우울함을 달래기 위해 한동안 시골에 내려가 있었다. 후에 정계로 복귀한 그는 독일이 영국을 공습할 가능성이 있어서 영국 공군을 강화해야 한다고 주장했다가 비난을 받기도 했다. 하지만 제2차 세계대전에서 독일이 실제로 영국을 공습하자 그의 혜안을 인정한 영국 정부는 그를 다시 해군 장관으로 임명했고 네빌 체임벌린 수상이 사임한 뒤 처칠은 영국 수상으로 취임한다. 그리고 전쟁 초기에 그는 덩케르크 철수 작전을 지휘하게 된 것이다. 처칠에게 과거에 그의 마음을 가장 아프게 한 것이 무엇이었냐고 물으면 아마도 제1차 세계대전 당시 연합군 최악의 작전으로 평가받는 갈리폴리 상륙 작전이라고 대답했을 것이다. 최강 함대를 이끌고도 당시에 무능에 가까웠던 터키군에게 대패했기 때문에 그 아픈 기억은 평생 그를 괴롭혔으리라 여겨진다. 당시 연합군은 25만 명의 사상자를 내고 갈리폴리에서 철수했던 것이다.

제2차 세계대전 초기에 프랑스 영토에서 연합군이 독일군에게 배후를 공격당해 오도 가도 못하게 된 상황을 접한 처칠의 머릿속에는 무슨 생각이 먼저 떠올랐을까? 분명히 제1차 세계대전 갈리폴리 전투가 기억났을 것이다. 당시의 사상자 수 25만 명과 현재 고립된 연합군 34만 명의 숫자가 머릿속에서 교차되고 있었음에 틀림없다. 어떻게 대처하는 것이 최선의 결정일까? 평생 간직해왔던 나쁜 기억으로부터 처칠은 크게 얻은게 있었다. 젊은 군인 한 명 한 명이 누군가의 아들이고 누군가의 형제이며 조국을 지켜주는 든든한 자원이었다. 갈리폴리 전투처럼 젊은이들을 무모하게 떼죽음으로 몰아가는 것은 다시는 일어나지 말아야 할 역사였다. 지금은 후퇴하더라도 언젠가 반격할 기회가 반드시 있을 것이며 그때를 기다려보겠다는 결심이 선 것이다. 이들을 믿고 국민을 믿기로 한 이 결정에 모두가 환영했으며 영국을 하나로 묶어준 처칠의 명연설은 나치 독일을 향한 반격의 전환점이 되었다.

잘 알려져 있지 않지만 사실 처칠에게는 또 하나의 나쁜 기억이 있었다. 제2차 세계대전이 발발하자 처칠은 미국의 루스벨트 대통령에게 긴급 지원을 요청했다. 낡은 구축함이라도 40~50척 정도를 빌려달라고 했던 것이다. 그러나 제1차 세계대전에 참전해 많은 인명 피해를 본 미국은 중립법을 핑계로 처칠의 요청을 거절했다. 깊은 고민 끝에 체면을 구겨가며 미국에 손을 내밀었던 처칠은 자존심이 크게 상했을 것이다. 그러나 그는 이 아픈 기억을 특유의 긍정으로 승화시켰다. 영국 총리 보리스 존슨의 저서 『처칠 팩터』에는 처칠이 '사랑에 빠진 어떤 사람도 내가 프랭클린 루스벨트에게 한 만큼 세심하게 애인의 변덕을 맞추려 노력하지 않았다'라고 한 말이 나온다. 한 번 루스벨트에게 면박을 당했지만 자신과 루스벨트를 믿은 그는 루스벨트에게 지속적으로 공을 들였고 유명한 연설에서 '신세계(미국)가 엄청난 군사력과 경제력으로써 구대륙을 구제하고 해방'시키길 기원한다며 미국을 한껏 치켜세운 것이다. 존슨 총리는 그의 책에 이렇게 기술했다. "미국이 처칠의 교묘한 책략과 매력과 아부에 끌려들어갔다. 다른 영국 지도자는 미국을 전쟁에 끌어들인다는 전략 목표를 세우지 못했을 것이고 그 목표를 달성하기 위해 처칠처럼 지칠 줄 모르는 열정으로 전력 질주하지 못했을 것이다."[6]

처칠은 과거 기억으로부터 자신을 자각하고 부딪혀 극복하는 방법을 찾아낸 것이다. 남에게 얘기도 못한 채 혼자 숨기고 있던 나쁜 기억에 휘둘리지 않고 오히려 나쁜 기억을 이용한 덕분에 그는 새로운 역사를 창조할 수 있었다. 기억을 통해 미래가 시뮬레이션된다고 했다. 나쁜 기억에 묻혀 헤어나지 못하면 미래 또한 그 틀에 맞춰 그려진다. 하지만 나쁜 기억을 딛고 일어나면 더 나은 좋은 경험이 우리를 기다린다. 그 과정이 몹시 두렵고 나 자신을 힘들게 하지만 회피하지 말고 스스로를 내려놓으며 마음을 자각하고 부딪혀보는 자신의 모습을 시뮬레이션해보자. 제3자 입장에서 자신을 살펴보자. 무엇을 고민하고 있으며 무엇을 두려워하는지 성찰해볼 기회가 반드시 온다. 그러면 나를 괴롭히는 나쁜 기억이 그렇게 나쁘지 않으리라는 것을 깨우칠 수 있다. 과거에 자신을 휘감았던 무서운 기억이 이제는 더 이상 두렵지 않을 수도 있음을 알게 될 것이다.

우리가 나쁜 기억을 두려워하지 않아도 되는 가장 큰 이유는 첫째, 나쁜 기억을 없애지 않고도 그 기억으로 더 큰 성장이 가능하기 때문이다. 성장은 미래를 의미한다. 과거에 발목 잡혀 우울한 미래를 그리는 것은 내가 나를 자각하고 부딪히지 못했을 때 나타난다. 더 큰 성장은 유능하고 통찰력 깊은 처칠만이 달성할 수 있는 성과가 아니라 매우 평범하고 소시민적인 우리 모두가 성취할 수 있는 것이다. 그 옛날 그리스 시민들도 스스로 마음속에 새겨야 할 말을 격언으로 남겼다. '파테마타 마테마타.' 고통으로부터 배운다는 뜻이다. 나쁜 기억을 없애려 하지 말고 그것으로부터 배워 훌륭한 결말로 승화시키는 우리 자신을 상상해보라. 기억을 없애려 소비하는 총 에너지 양의 매우 적은 부분만으로도, 안 그런 척 위장하려는 노력의 아주 조금만 떼어 가지고도 자존감과 자기만족은 훨씬 높이 올라간다. 둘째, 나쁜 기억 또한 '메타 합리성'을 갖는다. 인간이 기저 본능인 손실의 두려움을 피하려고 할 때 비합리적인 행동 패턴을 보인다고 앞서 언급했다. 허버트 사이먼은 의사결정 과정에서 노력을 배가하면 더 나은 대안을 도출할 수 있음에도 어느 기준만 넘어서면 만족하면서 과정을 마감하는 인간의 '제한된 합리성'을 내세웠고, 게르트 기거렌처는 겉으로는 비합리적으로 보이는 인간의 행동이 맥락과 환경에 따라 상당 부분 합리적일 수 있다는 '생태적 합리성'을 말했다. 더 나아가 손실 기피를 보이는 파푸아뉴기니 원주민의 모습이 실제로는 매우 합리적인 선택이었다는 '건설적인 편집증' 개념을 소개한 재러드 다이아 몬드의 통찰에서 우리는 합리성과 비합리성의 논쟁을 초월해야 하는 손실 기피의 '메타 합리성'을 이해하게 되었다. 나쁜 기억의 기저에 자신이 책임져야 할 매듭이 있음을 자각하고 이것을 풀어 가다보면 나 자신은 한 단계 더 발전하게 된다.

기억은 세 종류로 이루어진다. 평생 지니고 싶은 좋은 기억, 다시는 떠올리고 싶지 않은 나쁜 기억, 그리고 나를 완성시키는 좋은 '나쁜 기억'이 그것이다.

옮긴이

디즈니 애니메이션 「라이온 킹」의 주인공인 어린 심바는 숙부인 스카의 계략에 빠져 좁은 골짜기로 향합니다. 이미 스카는 하이에나들을 끌어들여 영양떼가 좁은 골짜기로 몰려들도록 만들었고, 사정없이 무섭게 달려오는 영양떼 앞에 놓인 심바가 위험에 처했음을 심바의 아빠인 무파사 왕에게 알립니다. 무파사는 심바를 구하러 골짜기로 갔고 달려오는 영양떼 앞에서 간신히 아들을 들어 올려 구해냈지만 자신은 낭떠러지에 매달리게 됩니다. 스카는 도와달라는 무파사를 영양떼 속으로 던져버리고 심바는 죽은 아빠를 발견합니다. 그리고 스카는 심바가 아빠의 죽음에 책임을 져야 한다며 행복했던 프라이드 랜드를 떠나라고 말합니다. 아빠의 죽음이 자기 잘못 때문이라고 믿은 심바는 정처없이 길을 떠나고 미어캣 티몬과 멧돼지 품바를 만납니다. 심바의 아픈 기억을 안아주는 티몬과 품바. 그들의 생활 철학은 '하쿠나 마타타'였습니다. 스와힐리어로 '문제없다'는 이 말은 영화에서 '근심 걱정을 모두 떨쳐버리자'는 의미로 나옵니다. 심바는 이들과 어울리며 과거의 아픔을 극복해냅니다. 자신의 나쁜 기억에서 벗어나지 못할 수도 있었지만 주변의 도움과 함께 스스로 자각하고 성장한 심바는 결국 프라이드 랜드의 왕으로 귀환합니다.

소확혐을 가진 많은 이들이 혼자 회피하거나 속으로만 끙끙 앓고 있습니다. 제 외래를 찾아온 환자와 보호자는 도움을 요청하러 온 분들입니다. 이렇게 타인의 도움을 찾기라도 하면 치유가 될 수도 있는데 그 용기조차 없거나 모르고 지내는 분이 많아 안타깝기도 합니다. 손을 내밀고 싶은데 내밀 곳이 없다고 말하는 것도 충분히 이해합니다. 별것 아니니까 손을 내밀 필요도 없다고 말할 수도 있습니다. 바라건대 이 책을 읽고 스스로 해결할 수 있는 소확혐이 아주 많기를 기대해봅니다. 주변의 도움이 필요하다면 전문가를 꼭 찾아보십시오. 나의 나쁜 기억을 안아줄 사람이 어딘가에 반드시 있습니다. 심바에게 티몬과 품바가 나타났듯이요.

그래서 이 책에 인용된 사례의 환자와 보호자께 우선 감사를 드립니다. 큰 병이 아닌 경우 대학병원에 오는 것은 사실 귀찮고 힘든 일이지만 용기를 내어 오신 분들입니다. 저 또한 이분들을 진찰하는 와중에 고민하면서 통찰을 얻고 이렇게 책까지 쓸 용기를 얻었으니 더 큰 감사를 드려야겠습니다. 물론 책에 나오는 이름은 가명이고 약간의 각색이 들어갔음을 밝힙니다.

이 책 속 아이디어의 많은 부분은 제 가족으로부터 나왔습니다. 사랑하는 아내 이미우와 원아 그리고 원제가 툭툭 던지는 이야기들을 메모해두었다가 오래전부터 모아놓은 자료와 합쳐보니 참으로 궁합이 잘 맞았습니다. 스토리 라인이 절로 완성되더군요. 책의 저자 이름에 여러 명이 들어가면 안 되는지 한동안 고민했습니다. 이 세상에서 저를 만나준 고마움이 다시금 떠오르는 순간이었습니다. 부모님께도 큰 감사를 올립니다. 글을 쓰면서 부모님께 혼났던 어린 시절의 아픈 기억에 웃음 짓기도 했거든요.

저와 같은 병원에 근무하는 정신건강의학과 전홍진 교수께 고마움을 전합니다. 베스트셀러 『매우 예민한 사람들을 위한 책』의 저자로서 이 책이 나오는 데 산파 역할을 했습니다. 글항아리 이은혜 편집장님을 연결해줬으니 정말 큰일을 한 거죠. 그리고 글을 보자마자 바로 계약하자고 했던 편집장께 진심으로 감사 인사를 올립니다. '손실 기피'는 결코 아니었고 좋은 작품을 탄생시키려는 '적절한 개입'이 매우 도움이 되었습니다. 글항아리 식구들에게 또한 감사드립니다. 초고에는 있지도 않았고 부탁도 안 했는데 상황에 딱 맞는 멋진 그림을 찾아 추가로 넣어주는 센스에 그저 감복할 따름입니다. 글 잘 쓰는 의사-기자-논설위원 김철중 박사와 의학채널 비온뒤 대표이사 홍혜걸 박사께도 감사의 말씀을 올립니다. 현업 때문에 무척 바쁠 텐데도 시간을 내어 원고를 읽어주고 추천사를 성심껏 마련해주었습니다.

제가 근무하는 병원의 소아청소년과에서 김미진 교수를 비롯한 소아소화기영양 멤버들을 자칭 타칭 '휴먼 GI(gastrointestinal, 위장관)'팀이라고 부릅니다. 휴머니즘을 베이스로 환자를 보기 때문에 붙은 별명인데 팀원 모두가 한마음으로 환자들에게 '좋은 기억'을 심어주는 전문가들이어서 그저 고맙기만 합니다. 그러고 보니 제 주변의 많은 사람이 '하쿠나 마타타' 정신으로 똘똘 뭉쳐 있고 이 정신의 전도사이기도 합니다. 또한 마감 시간에 늦지 않게 먼 길 마다하지 않은 한재길님에게도 감사를 드립니다.

다시 한번 저를 도와주신 모든 분께 제 마음 깊은 곳에서 우러나오는 감사를 전하고 또 전합니다. 우리 말이죠. '하쿠나 마타타'를 생활 철학으로 삼지는 못하더라도 두려울 때 혹은 힘겨울 때마다 '하쿠나 마타타'라고 외쳐볼 수는 있지 않을까요? 과거의 아픈 기억에 휘둘리지 맙시다. 눈 딱 감고 우리 한번 기억을 안아줘 봅시다.

우리는 할 수 있습니다. 감사합니다.

참고문헌

프롤로그: 우리는 왜 나쁜 기억을 두려워하는가?

1. 조윤성, 〈파괴적 행동 편향〉, 캐나다 한국일보, 2018 https://www.koreatimes.net/ArticleViewer/Article/112333

2. 대니얼 길버트, 『행복에 걸려 비틀거리다』, 서은국 외 옮김, 김영사, 2006, 51쪽

3. 스티븐 핑커, 『빈 서판』, 김한영 옮김, 사이언스북스, 2017, 683쪽

4. 다우어 드라이스마, 『망각』, 이미옥 옮김, 에코리브르, 2015, 39-46쪽

5. 나심 니콜라스 탈레브, 『안티프래질』, 안세민 옮김, 와이즈베리, 2013, 173쪽

6. Watson J, et al. Conditioned emotional reactions. J *Experiment Psychol* 1920;3:1-14

7. Redelmeier A, et al. Patients' memories of painful medical treatments: real-time and retrospective evaluations of two minimally invasive procedures. *Pain* 1996;66:3-8

8. 최연호, 「두려움, 경험 그리고 기억」, 한경에세이, 2019 https://www.hankyung.com/opinion/article/2019043004531

9. 스티븐 핑커 외, 『마음의 과학』, 존 브록만 편집, 이한음 옮김, 와이즈베리, 2012, 218쪽

10. 케빈 랠런드 외, 『센스 앤 넌센스』, 양병찬 옮김, 동아시아, 2014, 70쪽

11. 대한신경정신의학회, 트라우마가 뭐길래, https://terms.naver.com/entry.nhn?docId=2109866&categoryId=51011&cid=51011

12. Kornfeld A. Mary Cover Jones and Peter case: Social learning versus conditioning. J *Anxiety Dis* 1989;3:187-95

제1장 기억

1. Scoville WB, et al. Loss of recent memory after bilateral hippocampal lesions. J *Neurol Neurosurg Psychiatr* 1957;296:1-22

2. Annese J, et al. Postmortem examination of patient H.M.'s brain based on histological sectioning and digital 3D reconstruction. *Nat Commun* 2014;5:3122

3. Whalen P, et al. Masked presentations of emotional facial expressions modulate amygdala activity without explicit knowledge. J *Neurosci* 1998;18:411-8

4. Ingram WM, et al. Mice infected with low-virulence strains of Toxoplasma gondii lose their innate aversion to cat urine, even after extensive parasite clearance. *Plos One* 2013;8:e75246

5. 스티븐 핑커 외, 앞의 책, 109쪽

6. Flegr J, et al. Increased risk of traffic accidents in subjects with latent toxoplasmosis. *BMC infectious diseases* 2002;2:11

7. Qin S, et al Amgydala subregional structure and intrinsic functional connectivity predicts individual differences in anxiety during early childhood. *Biol Psychiatry.* 2014;75: 892-900

8. 조지프 르두, 『불안』, 임지원 옮김, 인벤션, 2017, 64쪽

9. 에릭 캔델, 『통찰의 시대』, 이한음 옮김, 알에이치코리아, 2014, 424쪽

10. 미치오 카쿠, 『마음의 미래』, 박병철 옮김, 김영사, 2015, 60쪽

11. 미치오 카쿠, 앞의 책, 182쪽

12. 스티븐 핑커 외, 앞의 책, 323쪽

13. 스리니바산 필레이, 『두려움 행복을 방해하는 뇌의 나쁜 습관』, 김명주 옮김, 웅진지식하우스, 2011, 203쪽

14. Maguire et al. London taxi drivers and bus drivers: a structural MRI and neuropsychological analysis. *Hippocampus* 2006;16:1091-101

15. 스티븐 핑커 외, 앞의 책, 342쪽

16. 스리니바산 필레이, 앞의 책, 297쪽

17. 스티븐 핑커 외, 앞의 책, 343쪽

18. 미치오 카쿠, 앞의 책, 271쪽

제2장 회피

1. 나무위키, 삼풍백화점 붕괴 사고, 2020 https://namu.wiki/w/%EC%8 2%BC%ED%92%8D%EB%B0%B1%ED%99%94%EC%A0%90%20 %EB%B6%95%EA%B4%B4%20%EC%82%AC%EA%B3%A0
2. 나심 니콜라스 탈레브, 『스킨 인 더 게임』, 김원호 옮김, 비즈니스북스, 2019, 248쪽
3. Bezerman M. *Judgement in Managerial Decision Making*. New York; John Wiley&Sons, 2002, 79-80
4. 대니얼 카너먼, 『생각에 관한 생각』, 이창신 옮김, 김영사, 2012, 357쪽
5. 최연호, 「두려움 II: 손실 기피」, 한경에세이, 2019 https://www.hankyung.com/ opinion/article/2019050798921
6. Wikipedia, bounded rationality, https://en.wikipedia.org/wiki/Bounded_ rationality
7. 나심 니콜라스 탈레브, 앞의 책, 352쪽
8. 게르트 기거렌처, 『생각이 직관에 묻다』, 안의정 옮김, 추수밭, 2008
9. 주혜진, 「때론 통제할 수 있다고 믿는 것들이 더 위험하다」, 미디어 오늘, 2016 https://m.post.naver.com/viewer/postView.nhn?volumeNo=4242081&membe rNo=3482895&vType=VERTICAL
10. 안변해, 「건설적 편집증」, 인문학 낚시 여행, 2020 https://blog.naver.com/ chambaby/221781561663
11. 크리스 클리어필드, 『멜트다운』, 장상미 옮김, 아르떼, 2018
12. Moore D, et al. A better way to forecast. *California Management Review* 2014;57:5-15
13. 나심 니콜라스 탈레브, 『블랙 스완』, 차익종 옮김, 동녘사이언스, 2008, 21쪽
14. 케빈 랠런드 외, 『센스 앤 넌센스』, 양병찬 옮김, 동아시아, 2014, 222쪽

제3장 개입

1. Sabermetrics, 희생번트는 정말 득점에 도움이 될까? 2009 https://birdsnest. tistory.com/61
2. 롤프 도벨리, 『스마트한 생각들』, 두행숙 옮김, 걷는나무, 2012, 112쪽
3. JTBC 뉴스 팩트체크, 홍역 백신이 자폐증 유발? 온라인 괴담 검증, 2019 http:// news.jtbc.joins.com/article/article.aspx?news_id=NB11759736
4. Wakefield A, et al. Ileal-lymphoid-nodular hyperplasia, non-specific colitis,

and pervasive developmental disorder in children. *Lancet* 1998;351:637-41.

5. 크리스토퍼 차브리스 외, 『보이지 않는 고릴라』, 김명철 옮김, 김영사, 2011, 254쪽

6. 크리스토퍼 차브리스 외, 앞의 책, 223쪽

7. 한성간, 「MMR 백신, 자폐증과 무관 입증됐다」, 연합뉴스, 2020 https://www.yna. co.kr/view/AKR20200427028000009?input=1195m

8. Wikipedia, Trolley problem, https://en.wikipedia.org/wiki/Trolley_problem

9. 롤프 도벨리, 앞의 책, 119쪽

10. 더위키, 세 원숭이, https://thewiki.kr/w/%EC%84%B8%20%EC%9B% 90%EC%88%AD%EC%9D%B4

11. 제롬 케이건, 『성격의 발견』, 김병화 옮김, 시공사, 2011, 57쪽

12. 최연호, 「입 짧은 아이」, 한경에세이, 2019 https://www.hankyung.com/opinion/ article/2019052831821

13. Yeshurun Y, et al. The privileged brain representation of first olfactory associations. *Current Biol* 2009;19:1869-74

14. 대니얼 길버트, 앞의 책, 52쪽

15. 최윤필, 「기억할 오늘 옐로스톤 대화재」, 한국일보, 2019 https://hankookilbo.com/ News/Read/201908181988781432

16. 위키백과, 루카스 비판, https://ko.wikipedia.org/wiki/%EB%A3%A8%EC%B9%B 4%EC%8A%A4_%EB%B9%84%ED%8C%90

17. 나심 니콜라스 탈레브, 『행운에 속지 마라』, 이건 옮김, 중앙북스, 2010, 156쪽

18. 마크 뷰캐넌, 『우발과 패턴』, 김희봉 옮김, 시공사, 2014, 191쪽

제4장 소확험

1. 미치오 카쿠, 앞의 책, 420쪽

2. Thomas Gounley, 25 years after the great Missouri earthquake that never happened, Buzzfeednews, 2015 https://www.buzzfeednews.com/article/ tgounley/the-day-the-earth-stood-still

3. 대니얼 카너먼, 앞의 책, 188쪽

4. 송해룡 외, 『광우병 사태, 한국 실패 사례에서 배우는 리스크 커뮤니케이션 전략』, 커 뮤니케이션북스, 2015 https://terms.naver.com/entry.nhn?docId=3390385&cid= 42251&categoryId=58354

5. 대니얼 카너먼, 앞의 책, 206쪽

6. 나무위키, 편견 및 고정관념, https://namu.wiki/w/%ED%8E%B8%EA %B2%AC%20%EB%B0%8F%20%EA%B3%A0%EC%A0%95%EA%B4%80% EB%85%90

7. Wikipedia, Richard LaPiere, https://en.wikipedia.org/wiki/Richard_LaPiere

8. 애덤 샌델, 『편견이란 무엇인가』, 이재석 옮김, 와이즈베리, 2015, 18쪽

9. 애덤 샌델, 앞의 책, 94쪽

10. 애덤 샌델, 앞의 책, 54쪽

11. 윤한슬, 「일식집 벽면에 '코로나 바이러스' 낙서, 도 넘은 인종차별」, 한국일보, 2020 https://www.hankookilbo.com/News/Read/202002181592339591

12. 나무위키, 혐오, https://namu.wiki/w/%ED%98%90%EC%98%A4

13. 홍성수, 『말이 칼이 될 때』, 어크로스, 2018

14. Garcia J, et al. Conditioned aversion to saccharin resulting from exposure to gamma radiation. *Science* 1955;122:157-8

15. 김효섭, 「권고 잘 들었으면…WHO, 뒤늦게 각국에 책임 전가」, 연합뉴스TV, 2020 https://www.yonhapnewstv.co.kr/news/MYH20200428017700038

16. 나심 니콜라스 탈레브, 『스킨 인 더 게임』, 김원호 옮김, 비즈니스북스, 2019, 129쪽

17. 최연호, 「남이 아는 나」, 한경에세이, 2019 https://www.hankyung.com/opinion/ article/2019052198731

18. 수잔 케인, 『콰이어트』, 김우열 옮김, 알에이치코리아, 2012, 46쪽

19. 위키백과, 브레인 스토밍, https://ko.wikipedia.org/wiki/%EB%B8%8C%EB%A0 %88%EC%9D%B8%EC%8A%A4%ED%86%A0%EB%B0%8D

20. 수잔 케인, 『콰이어트』, 김우열 옮김, 알에이치코리아, 2012, 147쪽

21. Clance P, et al. The Imposter phenomenon in high achieving women: Dynamics and therapeutic intervention. *Psychotherapy: Theory, Research & Practice.* 1978;15:241-7

22. 위키백과, 윌리엄 하비, https://ko.wikipedia.org/wiki/%EC%9C%8C%EB%A6%A C%EC%97%84_%ED%95%98%EB%B9%84

23. 에릭 캔델, 『통찰의 시대』, 이한음 옮김, 알에이치코리아, 2014, 605쪽

24. McLeod, A. Solomon Asch-Conformity experiment. 2018 https://www. simplypsychology.org/asch-conformity.html

25. Berns G, et al. Neurobiological correlates of social conformity and independence during mental rotation. *Biol Psychiatry* 2005;58:245-53

참고문헌

26. Langens A, et al. Written emotional expression and emotional well-being: The moderating role of fear of rejection. *Personal Social Psychol Bullet* 2005;31:818-30

27. Eisenberger N, et al. Dose rejection hurt? An fMRI study of social exclusion. Science 2003;302:290-2

28. 조재희, 「1970년에 예측한 미래 유망직업, 미생탈출 A to Z」, 조선닷컴, 2016 http:// news.chosun.com/misaeng/site/data/html_dir/2016/03/02/2016030200979. html

29. Levine L, et al. Remembering past emotions: The role of current appraisals. *Cognition Emotion* 2001;15:393-417

30. 대니얼 길버트, 앞의 책, 165쪽

31. 유발 하라리, 『사피엔스』, 조현욱 옮김, 김영사, 2015, 318쪽

32. 미치오 카쿠, 앞의 책, 318쪽

33. 미치오 카쿠, 앞의 책, 322쪽

34. 롤프 도벨리, 앞의 책, 206쪽

35. 롤프 도벨리, 앞의 책, 211쪽

36. 김수진, 「화장지 대란 없는 나라, 한국인이라 자랑스럽다」, 오마이뉴스, 2020 http://www.ohmynews.com/NWS_Web/View/at_pg.aspx?CNTN_ CD=A0002627838&CMPT_CD=P0010&utm_source=naver&utm_ medium=newsearch&utm_campaign=naver_news

37. The mint fresh thinking in economics, Zero risk bias: the economics of toilet paper hoarding, The mint magazine, 2020 https://www.themintmagazine. com/zero-risk-bias-the-economics-of-toilet-paper-hoarding

38. 장 프랑수아 만초니 외, 『확신의 덫』, 이아린 옮김, 위즈덤하우스, 2014, 78쪽

39. Seligman M. Learned helplessness. *Annu Rev Med* 1972;23:407-12

40. 스리니바산 필레이, 『두려움, 행복을 방해하는 뇌의 나쁜 습관』, 김명주 옮김, 웅진지식하우스, 2011, 182쪽

41. 말콤 글래드웰, 『그 개는 무엇을 봤나』, 김태훈 옮김, 김영사, 2010, 278쪽

42. 위키백과, 에어프랑스 447편 추락 사고, https://ko.wikipedia.org/wiki/%EC%97% 90%EC%96%B4%ED%94%84%EB%9E%91%EC%8A%A4_447%ED%8E%B8_% EC%B6%94%EB%9D%BD_%EC%82%AC%EA%B3%A0

43. 토마스 길로비치, 『인간, 그 속기 쉬운 동물』, 이양원 외 옮김, 모멘토, 2008

44. Berglas S, et al. Drug choice as a self-handicapping strategy in response to noncontigent success. *J Personal Social Psychol* 1978;36:405-17

45. 장 프랑수아 만초니 외, 앞의 책, 119쪽

46. Leary M, et al. Behavioral self-handicaps versus self-reported handicaps: A conceptual note. *J Personal Social Psychol* 1986;51:1265-8

47. 석영중, 「늙은 도스토옙스키, 젊은 속기사와 닭살 부부 되고…, 석영중의 맵핑 도스토옙스키」, 중앙선데이, 2018 https://news.joins.com/article/22760925

48. 권영미, 「할 일을 자꾸 미루는 나, 괜찮은 걸까? 내 삶의 심리학 마인드」, 2019 http://www.mind-journal.com/news/articleView.html?idxno=555

49. Strub R, et al. Frontal lobe syndrome in a patient with bilateral globus pallidus lesions. *Arch Neurol* 1989;46:1024-7

50. 닐 피오레, 『미루는 습관 지금 바꾸지 않으면 평생 똑같다』, 서현정 옮김, 이지앤, 2007

51. 대니얼 레비틴, 『정리하는 뇌』, 김성훈 옮김, 와이즈베리, 2015, 294쪽

52. 나무위키, 헬로키티, https://namu.wiki/w/%ED%97%AC%EB%A1%9C%ED%82%A4%ED%8B%B0

53. 원더풀마인드, 폴 에크만의 가장 손꼽히는 10가지 명언, 원더풀마인드, 2018 https://wonderfulmind.co.kr/paul-ekmans-top-10-quotes/

제5장 관점

1. 수가야, CSI 과학수사대 Season 1 에피소드, 에피소드 10: 낯선하늘, 2008 https://m.blog.naver.com/PostView.nhn?blogId=pksuk75&logNo=54958142&proxyReferer=http:%2F%2Fwww.google.com%2Furl%3Fsa%3Dt%26rct%3Dj%26q%3D%26esrc%3Ds%26source%3Dweb%26cd%3D%26ved%3D2ahUKEwiYyNuMuvTqAhVTHaYKHZ5gBYAQFjAEegQIBhAB%26url%3Dhttp%253A%252F%252Fm.blog.naver.com%252Fpksuk75%252F54958142%26usg%3DAOvVaw02SksoKg5MMmHbxuFWJW-5

2. 헥터 맥도널드, 『만들어진 진실』, 이지연 옮김, 흐름출판, 2018, 22쪽

3. 김선욱, 「'악의 평범성' 다시 들여다보기」, 인문학술 230호: 한나 아렌트, 2018 http://www.khugnews.co.kr/wp/?p=7501

4. 위키백과, 한나 아렌트, https://ko.wikipedia.org/wiki/%ED%95%9C%EB%82%9C_%EC%95%84%EB%A0%8C%ED%8A%B8

5. GS칼텍스 미디어 허브, 과정도 결과도 모두 삶의 중요한 부분, 2015 https://

gscaltexmediahub.com/campaign/life-energy-process-and-result-are-both-important/

6. 나무위키, 토머스 에드워드 로렌스, https://namu.wiki/w/%ED%86%A0%EB%A8%B8%EC%8A%A4%20%EC%97%90%EB%93%9C%EC%9B%8C%EB%93%9C%20%EB%A1%9C%EB%A0%8C%EC%8A%A4

7. 프레디, 토머스 에드워드 로렌스, Freddie's scrap, 2011 http://blog.daum.net/freddi3/408

8. 한국민족문화대백과 https://terms.naver.com/entry.nhn?docId=561371&cid=466 49&categoryId=46649

9. 토마스 로렌스, 『지혜의 일곱 기둥』, 최인자 옮김, 뿔, 2006

10. 이유남, 『엄마 반성문』, 덴스토리, 2017

11. 위키백과, 2009년 인플루엔자 범유행, https://ko.wikipedia.org/wiki/2009%EB%85%84_%EC%9D%B8%ED%94%8C%EB%A3%A8%EC%97%94%EC%9E%90_%EB%B2%94%EC%9C%A0%ED%96%89

12. 나무위키, 2009년 인플루엔자 범유행, https://namu.wiki/w/2009%EB%85%84%20%EC%9D%B8%ED%94%8C%EB%A3%A8%EC%97%94%EC%9E%90%20%EB%B2%94%EC%9C%A0%ED%96%89

13. 네이트 실버, 『신호와 소음』, 이경식 옮김, 더퀘스트, 2014, 327쪽

제6장 오류

1. 스콧 프레이저, 「왜 증인이 오류를 범하는가?」, TEDxUSC, 2012 https://www.ted.com/talks/scott_fraser_why_eyewitnesses_get_it_wrong/transcript?language=ko

2. 대니얼 길버트, 앞의 책, 320쪽

3. Schacter D. The seven sins of memory: How the mind forgets and remembers. 2002 Paperback.

4. Jacoby L, et al. Becoming famous overnight: Limits on the ability to avoid unconscious influences of the past. J Personal Social Psychol 1989;56:326-38.

5. Leechmania, 우리가 기억하는 기억은 진짜 기억인가? 거머리보감, 2016 https://m.blog.naver.com/PostView.nhn?blogId=leechland&logNo=220725780235&proxyReferer=http:%2F%2Fwww.google.co.kr%2Furl%3Fsa%3Dt%26rct%3Dj%26q%3D%26esrc%3Ds%26source%3Dweb%26cd%3D%26ved%3D2ahUK

Ewjz77nt6vTpAhWVad4KHWXZD1EQFjAGegQIAxAB%26url%3Dhttp%25
3A%252F%252Fm.blog.naver.com%252Fleechland%252F220725780235%26us
g%3DAOvVaw3llQnhBsPkGkg7XvUjqSph

6. 엘리자베스 로프터스, 「기억의 허구성」, TEDGlobal 2013, 2013 https://
www.ted.com/talks/elizabeth_loftus_how_reliable_is_your_memory/
transcript?language=ko

7. 손지영 외, 「"Neurolaw"의 기억연구와 법적 증거 허용성」, 『형사정책연구』
2012;23:91-121

8. Edelson M, et al. Following the crowd: Brain substrates of long-term
memory conformity. Science 2011;333:108-11

9. 데이비드 발다치, 『모든 것을 기억하는 남자』, 황소연 옮김, 북로드, 2016

10. 시사상식사전, 과잉기억증후군, https://terms.naver.com/entry.nhn?docId=593143
5&cid=43667&categoryId=43667

11. 나무위키, 완전기억능력, https://namu.wiki/w/%EC%99%84%EC%A0%84%EA%
B8%B0%EC%96%B5%EB%8A%A5%EB%A0%A5

12. Loftus E, et al. Reconstruction of automobile destruction: An example of
the interaction between language and memory. J *Verb Learn Verb Behav*
1974;13:585-9

13. 앤서니 그린월드 외, 『마인드 버그』, 박인균 옮김, 추수밭, 2013

14. 김현주, 첫키스, 기어나십니까? 매거진 esc, 하우 루 스킨십, 2008, http://m.hani.
co.kr/arti/specialsection/esc_section/316209.html

15. Brown R, et al. Flashbulb memories. *Cognition* 1977;5:73-99

16. 크리스토퍼 차브리스 외, 『보이지 않는 고릴라』, 김명철 옮김, 김영사, 2011, 105쪽

제7장 망각

1. 미치오 카쿠, 앞의 책, 197쪽

2. 위키백과, 망각곡선, https://ko.wikipedia.org/wiki/%EB%A7%9D%EA%B0%81_
%EA%B3%A1%EC%84%A0

3. Gravitz L. The forgotten part of memory. *Nature* 2019;571:s12-s14

4. 다우어 드라이스마, 『망각』, 이미옥 옮김, 에코, 2015, 314쪽

5. Schmitz T, et al. Hippocampal GABA enables inhibitory control over
unwanted thoughts. *Nat Commun* 2017;8:1311

6. 대니얼 길버트, 앞의 책, 257쪽

제8장 치유

1. Kross E, et al. Social rejection shares somatosensory representations with physical pain. *PNAS* 2011;108:6270-5

2. DeWall N, et al. Acetaminophen Reduces Social Pain: Behavioral and Neural Evidence. *Psychol Sci* 2010;21:931-7

3. Eisenberger N, et al. Dose rejection hurt? An fMRI study of social exclusion. *Science* 2003;302:290-2

4. Eisenberger N, et al. Inflammation and social experience: An inflammatory challenge induces feelings of social disconnection in addition to depressed mood. *Brain Behav Immun* 2020;24:558-63

5. Madden J, et al. Pain by association? Experimental modulation of human pain thresholds using classical conditioning. *J Pain* 2016;17:1105-15

6. Rhudy L, et al. Fear and anxiety: divergent effects on human pain thresholds. *Pain* 2000;84:65-75

7. Zhang L, et al. Pavlov's pain: the effect of classical conditioning on pain perception and its clinical implications. Curr Pain Headache Report 2019;23:19

8. Schulte E, et al. Functional abdominal pain in children: from etiology to maladaption. *Psychother Psychosom* 2010;79:73-86

9. Eminson DE. Medically unexplained symptoms in children and adolescents. *Clin Psychol Rev* 2007;27:855-71

10. Wikipedia, 1932 World series, https://en.wikipedia.org/wiki/1932_World_Series

11. Seltzer L, et al. Social vocalizations can release oxytocin in humans. Proc R Soc B 2010;277:2661-6

12. Kosfeld M, et al. Oxytocin increases trust in humans. *Nature* 2005;435:673-6

13. Domes G, et al. Oxytocin attenuates amygdala responses to emotional faces regardless of valence. *Biol Psychiatry* 2007;62:1187-90

14. Van Cappellen P, et al. Effects of oxytocin administration on spirituality and emotional responses to meditation. *Soc Cogn Affect Neurosci* 2016;11:1579

15. 고미혜, 「33번의 합성 터진 환희의 22시간」, 연합뉴스, 2010 (https://www.yna.co.kr/view/AKR20101014119700090

16. 조나단 프랭클린, 『The 33』, 이원경·유영만 옮김, 월드김영사, 2011

17. 김용성, 「무너진 갱도에서 피어난 영적 리더십」, 『동아비즈니스리뷰』 302호, 2010
    https://dbr.donga.com/article/view/1306/article_no/3433/ac/a_view)

18. 스리니바산 필레이, 앞의 책, 254쪽

19. 월터 아이작슨, 『스티브 잡스』, 안진환 옮김, 민음사, 2011, 106쪽

20. 함영준, 스티브 잡스 평생 스승 日 스즈키 순류 '선심초심', 아시아엔, 사단법인 아시아
    기자협회, 2019 http://kor.theasian.asia/archives/215400

21. 유발 노아 하라리, 『21세기를 위한 21가지 제언』, 전병근 옮김, 김영사, 2018

22. Machida S, et al. Oxytocin release during the meditation of altruism and
    appreciation. Inter J Neurol Research 2018;4:364-70

23. Jung YH, et al. The effects of mind-body training on stress reduction,
    positive affect, and plasma catecholamines. Neurosci Lett 2010;479:138-42

24. 에이미 커디, 『프레즌스』, 이경식 옮김, 알에이치코리아, 2016, 264쪽

25. Critchley H, et al. Neuroanatomical basis for first- and second-order
    representations of bodily states. Nat Neurosci 2001;4:207-12

26. Critchley H, et al. Fear conditioning in humans: the influence of awareness
    and autonomic arousal on functional neuroanatomy. Neuron 2002;33:653-63

27. Shunryu S, Wherever you are, enlightenment is there, Lion's Roar,
    2017 https://www.lionsroar.com/wherever-you-are-enlightenment-
    is-there/?utm_content=buffer6287e&utm_medium=social&utm_
    source=facebook.com&utm_campaign=buffer

28. Kindt M, et al. Beyond extinction: erasing human fear reponses and
    preventing return of fear. Nat Neurosci 2009;12:256-8

29. Shema R, et al. Rapid erasure of long-term memory associations in the cortex
    by an inhibitor of PKMzeta. Science 2007;317:951-3

30. Ramirez, S. et al. Creating a false memory in the hippocampus. Science
    2013;341:387-91

31. Redondo R, et al. Bidirectional switch of the valence associated with a
    hippocampal contextual memory engram. Nature 2014;513:426-30

32. Hulbert J, et al. What doesn't kill you makes you stronger: psychological
    trauma and its relationship to enhanced memory control. J Experiment
    Psychol Gen 2018;147:1931-49

참고문헌

33. 베셀 반 데어 콜크, 『몸은 기억한다』, 제효영 옮김, 을유문화사, 2016, 114쪽

에필로그: 우리는 왜 나쁜 기억을 두려워하지 않아도 되는가?

1. 반전, '아벨라르와 엘로이즈': 중세 최대의 스캔들, 그렇게 나는 우울한 일상과 정면으로 싸워 나갔다, 2016 https://m.blog.naver.com/PostView.nhn?blogId=nonepap a&logNo=220878064320&proxyReferer=http:%2F%2Fwww.google.co.kr%2F url%3Fsa%3Dt%26rct%3Dj%26q%3D%26esrc%3Ds%26source%3Dweb%26c d%3D%26ved%3D2ahUKEwjI7uiMmcDqAhVEFogKHQh3D6gQFjACegQIAR AB%26url%3Dhttp%253A%252F%252Fm.blog.naver.com%252Fnonepapa%25 2F220878064320%26usg%3DAOvVaw3Ef0orW6ZaPWZy0vuHJtpc

2. 크리스 앤더슨, 『롱테일 경제학』, 이노무브그룹 외 옮김, 알에이치코리아, 2006, 30 - 51쪽

3. American Psychiatric Association, 『정신질환의 진단 및 통계 편람 제5판』, 권준수 외 옮김, 학지사, 2013

4. 편집부, 『한국인이 가장 좋아하는 인생의 명시 100선』, 도서출판 그림책, 2012

5. 조갑제, 「나는 피, 수고, 눈물, 그리고 땀 밖에 달리 드릴 것이 없습니다, 윈스턴 처칠의 영국의회 연설」(1940년 5월 13일), 월간조선 뉴스룸, 2000 http://monthly.chosun.com/client/news/viw.asp?nNewsNumb=200004100051

6. 김원배, 「처칠의 연설만으로 영국이 승리할 수 있었나, 서소문포럼」, 중앙일보, 2019 https://news.joins.com/article/23549671

기억 안아주기

: 소확혐, 작지만 확실히 나쁜 기억

ⓒ 최연호

1판 1쇄 2020년 12월 7일
1판 7쇄 2024년 11월 15일

지은이 최연호
펴낸이 강성민
편집장 이은혜
마케팅 정민호 박치우 한민아 이민경 박진희 정유선 황승현
브랜딩 함유지 함근아 박민재 김희숙 이송이 박다솔 조다현 배진성
제작 강신은 김동욱 이순호

펴낸곳 ㈜글항아리 | 출판등록 2009년 1월 19일 제406-2009-000002호
주소 10881 경기도 파주시 심학산로 10 3층
전자우편 bookpot@hanmail.net
전화번호 031-941-5161(편집부) 031-955-2689(마케팅)
팩스 031-941-5163

ISBN 978-89-6735-837-2 03180

www.geulhangari.com